SOCIAL MEDIA

社交媒体概论

（第二版）

禹卫华 ◎ 著

上海交通大学出版社
SHANGHAI JIAO TONG UNIVERSITY PRESS

内容提要

本书聚焦于社交媒体理论框架的构建与实际应用,尝试建立一个与大众媒体时代不同的传播理论体系。全书基于用户、内容、在线社交网络、效果、平台五个理论支点,结合人工智能技术发展,以及未来传播趋势,既对社交媒体所涉及的概念、分类、生态等方面进行了系统阐述,还专门就社交媒体大数据研究方法进行了总结,形成了从理论到实践的知识闭环。

本书引入了多学科的新概念和新理论,也结合了国内外探索的最新成果,视野开阔,亮点突出。读者对象为高等院校学生和新闻传播学的研究者。

图书在版编目(CIP)数据

社交媒体概论/ 禹卫华著. -- 2 版. -- 上海:上海交通大学出版社,2024.7
ISBN 978 - 7 - 313 - 29147 - 9

Ⅰ. ①社… Ⅱ. ①禹… Ⅲ. ①互联网络—传播媒介—概论 Ⅳ. ①G206.2

中国国家版本馆 CIP 数据核字(2023)第 138450 号

社交媒体概论(第二版)
SHEJIAO MEITI GAILUN(DI - ER BAN)

著　　者:禹卫华
出版发行:上海交通大学出版社　　　　　　地　　址:上海市番禺路 951 号
邮政编码:200030　　　　　　　　　　　　电　　话:021 - 64071208
印　　制:上海景条印刷有限公司　　　　　　经　　销:全国新华书店
开　　本:710 mm×1000 mm　1/16　　　　　印　　张:18.5
字　　数:272 千字
版　　次:2020 年 9 月第 1 版　2024 年 7 月第 2 版　　印　　次:2024 年 7 月第 9 次印刷
书　　号:ISBN 978 - 7 - 313 - 29147 - 9
定　　价:68.00 元

序　言

　　近十多年来，互联网技术飞速发展。这一过程，与中国经济的高速增长，恰好大体同步，两者之间，无疑产生了相互促进的良性效应；同时，其对各国乃至全球政治、文化、社会等各个领域都产生了重大而深远的影响，这也是有目共睹的事实。

　　这一人类史上具有里程碑意义的事件，自然引起各界的高度重视和认真思考，各种研究层出不穷，成果越来越多，但总的来说，还处于初步阶段，未知多于已知，感想多于洞见，人们对其得失、因果、规律和趋势的认识，仍远远不够充分。

　　以社交媒体为例，在这一新生事物风行了十来年的如今，尽管几乎人人都托它的福而成为"媒体人"，可是，国内尚未出现对其进行完整论述的著作。

　　为此，当卫华博士邀我为他的这部新著写序时，我感到十分欣喜，初读下来，觉得其至少有以下几个显著的特点。

及时性。如上所述，互联网——社交媒体作为其排头兵，不仅强有力地改变了媒体生态，而且，在很大程度上改变了整个人类社会的运行方式，如此，尽快推出一部有助于了解其概貌的合适教材，就不单单是莘莘学子的迫切需求，甚至是各行各业的广泛期待。

系统性。由整个章节目录即可看出，架构完整、内容全面、提纲挈领、条分缕析，涵盖了社交媒体与传播的各个环节（用户、内容、网络、效果）和社会方方面面（新闻、文化、舆论、社会治理、公关与广告、规制等）的关系，可谓"一册在手，了然于胸"。

启发性。该书得益于作者的一线教学和科研活动，尽最大可能地吸纳了前沿的学术成果和鲜活的现象案例，既有对经典理论、传统方法的反思，又有对本国实践的探索，包括本人的研究心得，还提供了许多"小知识"，从而，兼具创新性、学理性和实用性。

可读性。言简意赅、行文流畅、图文并茂、生动有趣，也是其一个突出的优点。

诚如作者所说，该书一定还有不足之处，有待读者阅正；但不管怎样，社交媒体的作用不容忽视，而中国社交媒体的实践也颇有特色，总要有人率先加以总结，以不断推进这一重要领域的教育、应用和研究。

当笔者写下这些文字之时，正值新冠疫情在全国、全球肆虐之际，我相信，无论是谁，都不会否认，社交媒体在这一世界级公共卫生紧急事件中的独特功能和耀眼表现。

基于以上理由，我谨向广大同好和各界人士郑重推荐本书，这样一部佳作，值得先睹为快、掩卷而思。

张国良

2020 年春于上海

第二版前言

《社交媒体概论》（第一版）作为一本面向本学科新兴领域的教科书，出版仅三年就得到了全国 60 多所大学的厚爱，成为大学本科或研究生阶段的专业课教材，解决了很多高校对于以"社交媒体"为研究内容的教材缺乏的燃眉之急，也为学生提供了一个系统研究社交媒体的框架。

从第一版付梓的 2020 年至今，新技术、新理论与新方法层出不穷，社交媒体在内涵和外延方面又有变化。在技术上，社交媒体平台上的传播要素与人工智能高度融合，快速迭代，带来诸多变化。在理论上，复杂系统、人机传播、数字孪生等理论具有学科交叉创新的巨大潜力；在方法上，深度学习、复杂模型、智能算法、大数据方法等都成为研究者必须了解的新知识。

在此背景下，对三年前出版的《社交媒体概论》进行修订，增补新技术、新理论与新方法便成为应有之义。修改后的书稿可更加适应当前社会技术发展水平，覆盖当今社交媒体的内涵与外延。与第一版相比较，再版教材内容增加了三分之一，主要是新增了六个章节："平台"这一章主要探讨平台属性、平台功能、平台媒体与平台治理；"社交媒体与人工智能"这一章主要探讨人工智能影响传播流程的几种形态；"推荐算法与社交媒体智能流程"这一章主要探讨数据标签与用户画像、推荐算法与效果优化；"智能主体与社交媒体人机传播"这一章主要探讨智能主体与人机传播、元宇宙与未来传播；"社交媒体传播：理论与模型"这一章主要探讨复杂系统与社交媒体的交叉融合、理论转变的关键枢纽、两种社交传播模式；"社交媒体大数据：方法与素养"这一章主要探讨社交媒体大数据的概念与特征、社交媒体大数据的技术框架与分析框架、社交媒体大数据研究能力框架及组成。除了新增六个章节全新内容外，再版教材还有以下三个特点。

一是内容强调技术、理论与方法的前沿性。再版教材着重探讨了人工智能技术对社交媒体平台要素与传播机理的影响，用新闻传播学的语言把人工智能技术的内涵与外延讲清楚，重点分析复杂系统理论与社交传播理论研究的交叉点和实现路径，从新文科发展的角度探讨社交媒体大数据作为核心研究资源的价值、意义以及实现路径。

二是努力实现社交媒体知识的体系化。首先，尝试构建了基于"用户—在线社交网络—内容—效果—平台"诸要素协同联动的研究框架并统领全书。其次，用专门章节系统解释人工智能技术如何影响社交传播全过程，廓清人工智能影响社交媒体传播的核心逻辑。最后，社交媒体大数据研究方法与各章节相呼应，形成了"要素—理论—实践—方法"的研究闭环。

三是坚持社交传播的理论化导向。"学而不思则罔"。新兴媒体快速迭代，各类案例让人应接不暇，如果教材更新只跟风追寻新技术案例，而未将成果沉淀为理论，那么，教材的理论和实践价值就会大打折扣。本教材坚持从"传承经典"和"学科交叉"两个方向展开理论探索。在传承经典方面，本书所用的理论框架属于传播学经典框架，模型推导与要素更新也都源于传播学经典的模型与要素；在学科交叉方面，本书引入了复杂理论，并详细介绍了人工智能的关键技术如何与社交媒体理论研究进行交叉。理论化具体体现在三方面：社交媒体传播的基础框架、社交传播理论模型，以及大数据研究方法内涵与实现路径。这里重点讲一下"社交传播理论模型"，在讨论社交传播理论模型的章节中提出了社交媒体传播流程中的 OSNM 模式（online social network module）与 PAM 模式（platform-algrithm module），并在人机传播的框架下探讨了机器参与的传播模式，这些模型既是经典传播模型的延伸，也体现了学科交叉与融合。

当然，对社交传播理论模型的探索是一个漫长的过程，要保持对理论的基本敬畏。尽管本书尝试提出了社交传播的理论模型，但仍需要各位专家、读者批评指正，共同推动社交媒体基础理论的丰富与进步。

我们既要于彷徨中坚守，在孤寂中修炼，也要在开放中兼容、在吸收中融合。教材写作是进行理论探寻的艰难历程，也是坚持初心、探索规律的快乐旅程。《社交媒体概论》（第二版）不会是社交媒体理论探究的终点站，而是奔赴下一个理论新收获的"充电站"。未来，本书将与时俱进、不断创新，以飨读者。

前　言

　　经过十多年的高速发展，互联网已不再是新鲜事物，它已变为社会基础设施，就如自来水、煤气、电一样，只有在缺乏的时候，人们才会意识到它的存在。实际上，互联网对人类社会的深刻影响才刚开始。正如法拉第发现电流时不会想到电会给未来社会带来如此翻天覆地的变化一样，虽然互联网已明显改变了社会的方方面面，但这也只是一个开始，未来的改变可能更深更广。

　　千百年来，人类交往总被局限在一定的时间与空间范围内，时空阻隔给人们的交往造成了各种各样的沟通迟滞，因此，人类社会发展史实际上也是一部不断与时间、空间斗争的历史。荀子在《劝学篇》中说道："假舆马者，非利足也，而致千里；假舟楫者，非能水也，而绝江河。君子生非异也，善假于物也。"讲的就是提高克服时空阻碍需要一定的工具。

　　人类社会与时空抗争遵循两种路径前进。第一种路径是对速度极限的追求。比如，两千年前的"秦直道"缩短了秦帝国与边疆的传播迟滞距离，极大地提高了传播效率；工业革命时期，洲际铁路突破了道路泥泞带来的不便，使跨国贸易畅通无阻。如今，奔驰在中国大地上的高速铁路拉近了人与人之间的距离，形成了所谓的"同城效应"，未来速度达数十倍马赫的外层空间飞行器将进一步改变人类对时间和空间的固有认知。第二种路径是交流工具的进步。电子通信工具的进步大大缩短了人们彼此沟通的延迟区间，时间与空间不再是障碍，有线电报直接克服了物理空间的延迟，无线电让各大洲能够彼此互联，电话实现了沟通的同步，视频直播形成了"天涯共此时"的效应。如果说以往主要是对交通工具与通信工具传输效率的追求，那么，社交媒体时代则是互联网技术对人类社会交往的又一次深刻改变。

首先，在互联网时代，任何接入网络的人都要遵守共同的网络协议，包括超链接协议、数据库使用协议、行为规则等，这意味着人类的社会交往拥有了共同的语言和行为规则。其次，人类个体与人类的活动也逐步具有电子化的特征。所谓电子化即人类的交往具有了像电子一样可复制、游动、聚集、高速传输的特性。电子化使人们的社会交往彻底摆脱了对空间的依赖，形成了电子化的"新空间"，在这个"新空间"，人们能够自由地进行信息生产与交换，社群营建、各类网络行动也易如反掌。最后，大规模时时在线、随时互联的社会交往形态逐渐成形。遵循着共同协议而来的数十亿用户，按照新的交往逻辑展开生活的画卷。比如，家庭成员时时在线，亲情不必长久等待；政府服务电子化，实现了政府与市民沟通的面对面；大规模网络"刷屏"事件时不时突然爆发，既给社会带来了思想共识，也会造成各类群体极化。

技术一如既往地在深刻改变着我们的社会，只不过这一次，影响更大。依托互联网的特性，人人都有表达权，人人都要去表达，技术特性使沟通延迟降到了最低，信息传播效率不断提高，人群聚集的速度与范围也进一步提升，人类社会交往的形式发生了显著变化。

本书探讨的社交媒体（social media）是互联网时代改变人类沟通效率的具体载体。那么，社交媒体到底在哪些方面改变了人类交往呢？

第一，社交媒体改变了人类的时空观念。在互联网上，人们"随时在线、时时互联"成为基本的生活场景，人类传播与连接的效率大大提高，随着 5G 以及 6G 以上技术的不断涌现，人们之间社会沟通的延迟时间越来越短，几乎可以忽略不计，人们沟通的焦点逐渐从克服时空障碍简化为不断提高传播效率，空间反而不再是主要考量的范畴。

第二，社交媒体构建了人类活动的"一个世界，两个空间"。"一个世界"就是人类生存的环境。随着社交媒体的蓬勃发展，"一个世界"又包含了"两个空间"，即"现实空间"和"在线社交网络空间"。"现实空间"自不用多说，"在线社交网络空间"指的是人们基于在线社交网络构建的新空间，在线社交网络空间不再是虚拟空间，而是现实空间的一种映射，或者说人们在在线社交网络空间再造了一个现实社会，人们不断将现实空间中的事务转移到在线社交网络空间，并频繁穿梭于两个空间。比如，从社会实体的转化来讲，银行、书店、商场等早已电子化，形成了电子银行、在线书店、电子商场，现实中常见的柜台与物品变为在线社交网络空间中的图片与按钮。从个人的社会交往来看，人们构建了各类在线社群代替线下沟通，甚至为了使人们的沟通更接近真实而发明了各式各样的"表情包"，以弥补纯文字沟通带来的不便。

第三，社交媒体重塑了社会交往的意识。在社交媒体平台上，开放代替了封闭，协作代替了孤立，社群活动成为人们的基本场景，人们的交往在更广阔的范围内展开。

第四，电子化的社会交往也面临很多挑战。用户隐私、数据霸权、虚假消息、滥用话语权等问题也不断出现，如何应对是需要持续研究的问题。

目 录

Contents

1 **第一章 互联网时代的社会交往**

1 第一节 社交媒体时代传播的变革

6 第二节 社交媒体时代的新闻传播研究

9 **第二章 社交媒体概念与发展**

9 第一节 社交媒体概念与分类

13 第二节 社交媒体五个发展阶段

19 第三节 国内外社交媒体平台

30 **第三章 社交媒体传播要素、功能与生态**

30 第一节 社交媒体的传播要素

32 第二节 社交媒体的社会功能

35 第三节 社交媒体平台生态圈

37 **第四章 用户**

37 第一节 用户分类

40　第二节　普通用户

44　第三节　意见领袖

49　第四节　自营媒体

51　第五节　机构媒体

53　第六节　机器用户

56　**第五章　内容**

56　第一节　内容概念与分类

57　第二节　内容属性与特征

61　第三节　多维度的社交媒体内容

68　**第六章　在线社交网络与社群**

68　第一节　基本概念

71　第二节　在线社交网络组成与特点

74　第三节　在线社交网络的三种动态关系

78　第四节　社群动力与信息扩散

86　第五节　社群聚集与影响机制

90　**第七章　效果**

90　第一节　效果理论的革新

93　第二节　社交媒体效果的相关理论

98　第三节　社交媒体的其他效果理论

106　**第八章　平台**

106　第一节　社交媒体平台属性

110　第二节　多维视野下的社交媒体平台

113　第三节　平台媒体与传播

115　第四节　平台风险与治理

120　**第九章　社交媒体与人工智能：形态与技术**

120　第一节　人工智能影响传播的四种形态

124　第二节　社交媒体应用的人工智能技术

126　第三节　人工智能算法与社交媒体

131　**第十章　推荐算法与社交媒体智能流程**

131　第一节　社交媒体传播要素的量化与模型化

132　第二节　算法嵌入与传播流程调节

135　第三节　数据标签与用户画像

138　第四节　推荐算法与效果优化

148　**第十一章　智能主体与社交媒体人机传播**

148　第一节　社交媒体传播流程中的智能主体

150　第二节　智能主体与人机传播

158　第三节　元宇宙与未来传播

163　**第十二章　社交传播：理论与模型**

163　第一节　复杂系统理论与社交媒体

167　第二节　传播理论转变的关键枢纽要素

171　第三节　社交传播理论的类型与模式

177　**第十三章　社交媒体大数据：方法与素养**

177　第一节　社交媒体大数据概念与特征

184　第二节　社交媒体大数据研究的两个框架

188　第三节　社交媒体大数据研究能力与实现路径

192　**第十四章　社交媒体与新闻**

192　第一节　新闻生产要素分析

194　第二节　社交媒体对新闻生产的影响

197　第三节　社交媒体时代的新闻形态

204　第四节　社交媒体新闻的进路选择

207　**第十五章　社交媒体与文化**

207　第一节　社交媒体文化的属性与特征

208　第二节　社交媒体符号类型

212　第三节　社交媒体与用户新行为

216　第四节　社交媒体的社群文化

219　第五节　社交媒体亚文化

223　**第十六章　社交媒体与舆论**

223　第一节　社交媒体舆论的概念与特点

226　第二节　社交媒体舆论的生命周期

228　第三节　社交媒体舆论的应对

231　第四节　舆情引导效果评估机制的运行

234　**第十七章　社交媒体与社会治理**

234　第一节　社交媒体背景下的治理转型

238　第二节　社会治理与政务新媒体建设

243　第三节　社交媒体国际传播秩序的挑战与主张

246　**第十八章　社交媒体时代的公共关系、广告与
　　　　　　营销**

246　第一节　社交媒体时代的公关变革

250　第二节　社交媒体时代的广告

252　第三节　社交媒体平台营销的新形态

255　**第十九章　社交媒体的规制**

255　第一节　社交媒体存在的主要问题

258　第二节　中外社交媒体规制的要素

267　**参考文献**

272　**后记**

274　**第二版后记**

第一章

互联网时代的社会交往

第一节　社交媒体时代传播的变革

人类交往的电子化彻底解除了腿脚的束缚，让人类彼此互联，"无远弗届"。社交媒体平台是由电子化的个体、社群和内容所组成的"新空间"。

一、节点、社群与平台

在以在线社交网络为基础的社交媒体平台上，个体被称为节点。社交媒体的物理属性赋予每个节点相同的功能与能力，主要体现在用户表达符号（文字、声音、图像、情绪、场景等）的电子化，用户行为（转发、点赞、评论、购买、捐赠、聚集、协同等）的电子化，以及用户社会网络关系的电子化。除了物理属性，节点在社交媒体平台上还具有社会属性，即社交媒体上的每个节点是各类社会诉求和社会需求的集合体。

社交媒体用户节点化的价值既在于让人与人、人与社群之间的沟通简化为电子与电子的交流，大幅度提高沟通效率，也在于让节点的社会需求和社会诉求能够通过电子化的形式扩散与聚集。

传统意义上，人们一般隶属于某个国家、某个地区、某个群体或者某个机构，社会群体通常会受地域与时间的限制。在社交媒体平台上，人们以电子化形态聚集成为在线社交网络社群。这些社群不受地域限制，类别多样，应有尽有；人们组织与运营在线社群的效率提升，建立社群不再困难，社群结构、动力与影响力最大化成为重要话题。

无论在国内还是国外，社交媒体总是以平台的形式出现，主要是因为只有平台才具备承载海量节点与大量社群的能力，才可以形成错综复杂、规模巨大的在线社交网络结构。从商业角度来看，只有海量用户与复杂网络才能形成一定的经营模式，保证平台正常运行所需要的资源与技术。

案例：

"诗人不出门，也有回舡曲"
——全球华语大学生短诗大赛

在古代，诗人们经常把酒诗画。20 世纪 80 年代，尚有一批年轻诗人经常出没在邙山头黄河边，吟诗作诗。进入 21 世纪，身边能吟唱写诗的人似乎已消失得无影无踪，组织一次"九曲回舡"的创作诗会几无可能。人们是否还愿意写诗？诗人如何聚合？都是萦绕在诗词爱好者心头的问题。

社交媒体给出了答案。

2014 年 5 月，上海交通大学研究生会在其官方微博上发布了"首届全球华语大学生短诗大赛的征稿启事"。此"英雄帖"在社交媒体上一经发出，就得到了散落在全球各个角落的诗人们的响应，他们开始酝酿创作，随后，一篇篇佳作通过"在线社交网络"的快车道从世界各个角落汇集到主办者的邮箱。5 个月内，主办方共收到全球 828 所高校 6 528 篇来稿。这个数字是惊人的，表明我们从不缺少诗与远方，只是缺乏将诗与远方聚合在一起的平台。

微博作为社交媒体平台，具有巨量用户、海量社群和极其复杂的在线社交网络结构，微博平台上聚集了一些愿意以诗会友的人们，诗人们通过在线的方式相互转告、彼此协助、共建社群，将诗词大赛的消息传到世界的每一个角落，而创作者们不必翻山越岭，日夜兼程，只需在社交平台上展示其作品即可。

小贴士：

人类表达电子化

人类表达电子化指的是：① 电子具有高速、可复制、可计算、可保存等特性，人类在线表达与社会行为也具有这些特性。② 人类在线社会行为基于某种协议（protocal）完成，账号之间的沟通是由共同的网络协议确立的，不同意互联互通的协议便不能加入在线社交网络。由此开始。人类的表达完全电子化和协议化（protocalization）。基于互联网的社交媒体也经历了物理速度从彼此隔绝、断断续续到随时在线、随时互联的变化。

二、去中心化、再中心化与多中心化

由于技术条件的限制，人们以前无法将资源直接精准匹配给每个人，更多采用的是"中介模式"，将资源先集中再扩散，以期达到资源分配的最高效率。这种模式的结果之一就是形成了庞大的中介机构，它们专司汇聚与分发。几个世纪以来，大众媒体的发展主要得益于这种中介模式，即信息先集中到大众媒体，再由大众媒体分发给受众。在中介模式的框架下，信息生产与分发仅属于少数机构，绝大多数受众只能从中介机构那里获取信息，虽然这种模式有很多不合理之处，但就当时的技术条件来看，已是最优选择。

在社交媒体时代，个人能够生产、传播内容，信息传播不再完全依赖绝对的中介模式，"中心分发"的流程与架构面临巨大挑战，"去中心化"乃大势所趋。在"去中心化"和全民参与内容生产的变革过程中，大众媒体绝对的"中介模式"地位逐渐削弱。社交媒体使用者手中都掌握着内容生产工具，也拥有大小不一的社会网络规模。一些被大家认同，能够明显影响节点和社群的认知、态度和行为的内容生产者再次形成了信息分发的中心，社交媒体平台上又形成了一个个新的内容与影响力中心。

三、强关系、弱关系与偶然关系

研究者对强关系（strong ties）和弱关系（weak ties）研究了很多，但人类的社会关系不是仅有强弱之分，在互联网上因为偶然因素（搜索、转发、咨询）而产生关联的情形比比皆是，因此本书还将重点关注社交媒体平台上的偶然关系。

强关系与弱关系说明的是人们之间关系程度的强弱，是对现存关系的一种描述。但是，人与人之间的关系形成过程是一个长期未得到深入研究的问题，在社交媒体环境下，人们社会交往的范围更大，偶然性更强。比如，新媒体账号的粉丝增长大部分是因为偶然关系发展为弱关系，进而变为强关系，智能媒体向全网推荐各类内容的目的也是希望在最广泛范围通过偶然关系与潜在用户建立联系。

四、内容生产新趋势

以往内容生产的工具主要集中在大众媒体机构，普通人很难获得与他们一样的生产与传播能力，人们仅仅是内容的接受者或者消费者，并不具备大规模内容生产的条件。在社交媒体平台上，内容生产工具与在线社交网络成为每个社交媒体用户的基本配备，人们从被动的消费者转化为主动的生产参与者，创作、分享、互动成为用户在社交媒体平台上的基本行为。以往，影视剧或者综艺节目中的某些内容可能会主导当年的流行语趋势，比如春晚小品的用语经常转化为社会流行语。如今的社会流行语逐渐由社交媒体平台上的社群酝酿并创造。内容生产由大众媒体主导的境况正在加速改变，生成式人工智能的内容生成能力远远超过人类，其输出的内容正在不断进入人类知识体系，并产生深远影响。

案例：

骑马舞红遍全球

2012年7月15日，人称"鸟叔"的朴载相，在社交媒体平台油管（YouTube）上发布了MV作品《江南style》。在这支MV中，"鸟叔"带领舞者在韩国首尔江南区跳"骑马舞"。这首曲子节奏明快，舞蹈动作简单易学，适合个人和群体学习、娱乐。在不到3个月的时间里，该视频获得220多万个赞，3.25亿次点击率。① 这首舞曲跨越国界、跨越文化、跨越语言，红遍全世界，成为人们在各类场合中竞相模仿的内容，庆典、聚会、演出、团建等场合都会看到人们争先模仿"手握缰绳，奔腾向前"的情景，媒体内容及效果的内涵与外延都拓展了。

五、网络行为更多元

"无评论，不新闻"是网易当年提出来的口号，主要表达了网易对新闻互动的一种鼓励。在桌面电脑时期，用户能够参与的网络互动并不多，评论与转发算是其中的两种，随着移动互联网的普及，人与人之间的互动逐渐摆脱了桌面电脑时期的断断续续，转变为全天候的"时时在线，时时互联"。人们网络行为的外延进一步扩展，既包括内容生产与分享，也包括组织社群、远程学习、公益募捐、远程协助、视频沟通、电子政务等，人们在社交媒体平台上的活动能力更强了，能够接触到的服务更多了。

六、社交平台的新挑战

社交媒体平台赋予了个人更大的传播影响力，提高了个人与社会交往的效率，构建了人类社会交往的"新空间"。但是，作为现实空间映射的

---

① 地球人已无法阻止《江南style》[N]. 青年时报，2012 - 10 - 3（A08）.

新空间，它不但复制了现实空间中的美好，也将现实中的问题一并带来，比如虚假消息、语言暴力、侮辱诽谤等，而且还出现了数据霸权、网络暴力、隐私侵犯、群体极化、算法偏向等新问题。

第二节　社交媒体时代的新闻传播研究

一般而言，传播学研究框架由传者、内容、渠道、受众、效果五大部分组成，在社交媒体时代，这一经典框架依然有效，只是内涵发生了变化。

一、用户代替受众

大众媒体时期的"受众"这一概念已不能涵盖社交媒体"用户"的内涵和外延。相较于大众媒体时期的受众，社交媒体用户的内涵与外延要大得多。社交媒体内容生产者不但包括个人、意见领袖、自营媒体、机构媒体和机器用户，还包括社交媒体平台。社交媒体使用者不只是信息的接受者，更是具有生产、传播、接受、行动等能力的个体或者群体。社交媒体"用户"与大众媒体的"受众"相比，在接收信息方面相似，在生产信息、扩散信息和主动行动等方面，"用户"的主动性和自主性显然高于"受众"。

二、在线社交网络上升为研究重点

渠道研究的内涵也有变化。在大众媒体时期的相关研究中，与渠道有关的研究并不是主流，但在社交媒体时期，渠道成为非常重要的部分。社交媒体所指的渠道，其实就是连接人与人、人与社群的在线社交网络，它既有物理属性，比如高速连接、承载量大、多路并发等，也有社会属性，即它连接的每一个人、每一个社群都有各类社会需求或者诉求，人们的诉求通过在线社交网络表达呈现。不同的在线社交网络结构又形成不同的信息传播模式，传播效果迥异，传播动力结构、扩散行为、节点影响力等成为社交媒体研究的新焦点。

三、内容生产更加混合多元

社交媒体平台是包容的平台，能够容纳一切具有内容生产能力的参与者。在社交媒体平台上，由于机构性质、技术能力、在线社交网络规模等差异，内容生产主体又有很大差异，一般而言，可以分为专业机构生产内容、用户生产内容、机器生产内容。三者是竞争关系，专业机构生产内容体现一定的专业价值，用户生产内容更具社群属性，机器生产内容在效率方面更胜一筹。社交媒体的内容既不是纯粹的精英化内容，又不是完全草根的内容，也不是完全智能化的内容，而是一个综合、复杂、混合的内容生产形态。

四、人工智能对传播研究的影响

在以往的研究中，传播流程要素之间存在各种隔阂，人们试图通过社会研究方法探索各要素之间的关系，但效果一直不彰。随着社交媒体要素的数据化与模型化成为现实，社交媒体传播流程要素之间的互动关系转化为函数与系数关系，可观测、可调节、可总控。人工智能影响传播流程的另一方面是智能传播主体参与社会交往流程，并影响社交媒平台上的内容生产与分享，人机传播话题进入讨论视野。智能主体、生成式人工智能以及具身智能等成为研究热点。

五、效果研究内涵与外延的扩展

大众传播时代的效果研究比较重视以终端效果为导向的效果研究，比如"议程设置"以受众阅读大众媒体内容后的效果为研究对象，"培养理论"探讨的是大众媒体文本对个人认知和行为的长期影响。就大众传播理论来讲，受众是信息传递接受的最后一个环节，虽然也存在"意见领袖""二级流程""第三人效果"等间接影响的效果研究，整体上大众媒体时代的传播效果研究属于终端效果研究，侧重于发现信息对接受者在认知、态度、行为等方面产生了何种直接影响。

在社交媒体时代，效果研究既重视终端效果（terminal effect），又重视中间效果（middle effect）。这种转变源于用户既有接收信息的能力，又有生产分享内容的能力。社交媒体内容也产生终端效果，形成常说的各类效果，如议程设置、培养理论、沉默的螺旋等。但社交媒体用户拥有信息生产能力、扩散能力、组建社群能力、其他网络行为能力等，这几类能力使每一个用户都拥有了再创造与再分享的可能性，用户接触到媒介内容之后，可以重启一个新的传播流程。可以这么说，终端效果往往意味着传播的结束，而中间效果则意味着传播的再出发。

六、传播研究方法的改变

大众媒体时代广泛使用的抽样研究依然有效，但这一经典的社会学研究方法也同样面临诸多挑战，比如抽样困难、入户困难、拒访增多、用户活动平台变迁等，而利用爬虫代码、进行社交媒体数据采集，可弥补一般社会研究方法的不足。

社交媒体平台就是基于算法形成的平台，输出的结果就是数据。平台记录的数据往往是整体数据，不需要进一步抽样，因此，研究社交媒体就不能不懂一些数据知识与工具，而完成相关社交媒体话题的深入研究也必须具备一定的数据采集、分析、可视化能力。在工具应用上，除了大数据采集软件以外，其他学科的新工具也不断进入新闻传播学科，比如心理学科的一些多模态的分析工具。

数据成为研究社交媒体平台的基本资料，数据分析能力决定了社交媒体研究的深度，随着时间的推移，这种趋势将更加明显。比如近年来，一些新闻传播学的研究也能够登上国际顶级期刊，主要原因是社会科学在数据层面上与自然科学有了共同的"标准轨道"，这或许就是所谓"新文科"的一个表现吧。另外，随着智能传播逐渐渗透到社会的方方面面，以往采用的问卷调研、文本分析、控制实验、数据挖掘等方法也需要根据主体与主题的变化而有所变化，还要不断引入更新的研究工具，形成社会科学研究智能传播的范式。

第二章
社交媒体概念与发展

第一节　社交媒体概念与分类

目前，国内有关"social media"的翻译有两种：一种是社交媒体；另外一种被称为社会化媒体。无论哪一种翻译，其实表达的都是"social media"的意义。本书采用了"社交媒体"的称呼，但也认可社会化媒体的称谓。

一、社交媒体概念

国际上关于社交媒体的定义中，获得较多认同的一个概念是："社交媒体是基于 Web 2.0 理念与技术，并实现 UGC 内容生产与交换的一组互联网应用。"（Social media is a group of Internet-based applications that build on the ideological and technological foundations of Web 2.0，and that allow the creation and exchange of User Generated Content.）[1] 该定义强调社交媒体是基于互联网 Web 2.0 技术的一组应用。这一定义是基于英美社交媒

---

[1]　Kaplan A M，Haenlein M. Users of the World，Unite! The hallenges and Opportunities of Social Media [J]. *Business Orizons*，2010，53（1）：61.

体实践总结的理论发现。

就我国的社交媒体实践来讲，社交媒体平台不但是信息分享的工具，更是社会交往的基础设施。在我国，一些社交媒体是信息分享的平台，但另外一些社交媒体平台的功能至少包括信息生产与分享、社群运（营）维（护）、社会服务等诸多方面，范围大大超越了单纯的信息生产与交换。人工智能技术也已经嵌入社交媒体平台，所以，单纯认为社交媒体是信息传播已经不能完整覆盖社交媒体的内涵与外延。

社交媒体的概念具有广义与狭义之分。广义上，社交媒体是人类基于在线社交网络进行社会交往的平台，在这个平台上，社交媒体既可用作个人与个人、个人与社群交流的社交工具，也可用作个体面向群体传递信息的平台；狭义上，社交媒体是用户基于在线社交网络进行内容生产与分发的互联网应用。

小知识：

Web 2.0

社交网络是 Web 2.0 的典型应用，也是 Web 2.0 时代社会性、主动性特征的典型代表。Web 2.0 时代的互联网正在进行着巨大的改变——从一系列网站到一个成熟的为最终用户提供网络应用的服务平台。[①]

小知识：

为什么"social media"是社交媒体，不是社会化媒体

在我国，人们有一段时间曾经把"social media"翻译为"社会化媒体"。经过实践的反复验证，"社会化媒体"这个概念逐渐被"社交媒体"代替了。那么，到底是"社会化媒体"还是"社交媒体"？要从"social media"承载的功能来看。

人类的社会交往丰富多彩，信息交往只是人类社会交往的一个分

---

① 方滨兴. 在线社交网络分析［M］. 北京：电子工业出版社，2014：4.

支。以微信为例，我们称为社交媒体，并非只是因为它能够具备即时通信的功能，而是因为它几乎可以承载用户所有的社会交往活动，比如社会协作、网购、娱乐、募款、政务服务、构建社群、发布意见等。因此，社交媒体概念中所指的"社交"等于社会交往（传播行为与其他行为），不是仅有信息生产、分享与交换的社会化。"社会化媒体"的内涵与外延显然小于"社会交往"的内涵与外延。实际上，"social media"的翻译也有其他翻译，比如在我国台湾地区就经常将"social media"称为"社群"，如果从社交媒体的物理属性与社会属性来看，社群媒体也是一个不错的表达。

二、社交媒体的分类

社交媒体可以根据社交网络的规模与层级、包容性、覆盖领域分为综合型社交媒体平台、垂直型社交媒体平台及社交功能模块三类。

（一）综合型社交媒体平台

综合型社交媒体平台（comprehensive network service，CNS），是指承载用户及社群各类社会交往活动的在线社交网络平台。它的特点是：第一，在线社交网络规模大，互动频繁，使用频率较高，比如微信和脸书（Facebook）。第二，社交网络形态具有跨领域的特征。综合型社交媒体平台能够映射现实生活的方方面面，不会局限在某一领域，其社交网络的范围广度与深度错综复杂。第三，具有强大社会连接功能，连接人与人、人与社群、人与物，各类社会服务在综合型社交网络平台聚集，再造一个"新空间"。

（二）垂直型社交媒体平台

垂直型社交媒体平台（vertical network service，VNS），是指基于在线社交网络面向细分领域提供信息交换与社会服务的一组互联网应用。垂直社交产品是满足用户某方面社会交往需求的网络应用。按呈现形式区分，可以分为文字、图像、音频、视频（直播、短视频等）等；按与生活相关程度区分，可以分为旅游类、美食类、购物类、知识类等；按专业领域区分，可以分为汽车、房产、教育、科技等。按照社会网络关系类别程度，又可以分为陌生人、职场、兴趣等。①

如果说综合型社交媒体平台是"古希腊"，那么垂直型社交媒体平台就是一个个"城邦"。两者之间有着一定的竞争与合作。受到多种因素的驱动，大多数垂直型社交媒体平台也希望通过不断迭代从细分领域上升为综合型社交媒体平台，而那些已成为综合型社交媒体平台的社交媒体则会想尽办法保持自己的地位，于是，综合型社交媒体与垂直型社交媒体之间经常爆发一些冲突。

案例：
综合型社交媒体与垂直型社交媒体的冲突

2016 年，支付宝为了拓展其在社交领域的影响力，开发了一款名为"来往"的社交应用软件，希望构建支付宝金融系统之外的社交架构，从综合型社交网络平台中分一杯羹，结果和微信发生了激烈的攻防冲突。如今"来往"这款应用早已下架，而用户将淘宝的链接分享到微信上也依然是一串乱码。

2018 年 4 月，字节跳动（公司）下属短视频平台抖音如日中天，此时的字节跳动也希望将各垂直领域的社交应用升级为综合型社交媒体平台，但几大综合型社交媒体平台始终未开放相关权限，抖音短视频也无法在综合型社交媒体平台上通过 URL 播放。

2019 年初，多闪、马桶、日聊等垂直型社交应用扎堆上市，软件推广者都想通过在综合型社交媒体平台进行大规模推广，但这些产品的定位大都与综合型社交媒体平台重合，也没有获得综合型社交媒体的"允许"。

2019 年 8 月，字节跳动表示希望开发全平台搜索业务。闻此消

---

① 刘志丹，张晓颖，范水香. 垂直社交网站的兴起与特征：基于用户使用体验的分析［J］. 信息资源管理学报，2011（2）：108－112.

息，综合型社交媒体平台控股的微信悄悄做出改变，不让该搜索平台显示微信公众号最新的 10 组推送，仅显示其中一条推送内容，并关闭相关接口。这一招直接导致字节跳动无法完整获取微信数据，由此，搜索业务也折戟沉沙。[①]

（三）社交功能模块

除了综合型社交媒体平台与垂直型社交媒体平台之外，还有一些普遍存在的社交功能模块（social function module，SFM），比如网络新闻后面的留言板、视频内容后面的评论区、商务社交平台的留言板，这些社交功能模块已经存在了几十年，是各类平台开发中不可或缺的基本功能模块，但不算是完整的社交媒体平台。

第二节 社交媒体五个发展阶段

有一种观点认为，人类历史上所有用于人与人之间沟通的载体都可以被称为社交媒体。这种观点有一定的道理。人与人之间的交流是人类社会的永恒话题，在过去的几千年里，为了提高沟通交流的效率，人们使用了各种手段或者技术，比如鸿雁传书、电报传书、电话沟通等。

本书主要探讨的是基于在线社交网络的社交平台，具体讲就是互联网诞生以后人类社会交往的媒体，从技术进步的角度看，社交媒体的发展大致可以分为五个时期，即雏形时期、页面时期、移动互联时期、智能算法时期、万物互联时期。

一、雏形时期（ARPA 网时期）

ARPA 网是互联网的前身，没有 ARPA 网也就没有互联网。ARPA

---

① 字节跳动搜索业务将与腾讯系搜狗形成竞争，微信同为腾讯系。

网确定了一系列的互联网原则，比如"去中心化"的原则使互联网上的每个节点都具有平等的交流权利，"开放"的原则让计算机之间通过协议形成点与点之间互相沟通的结构。

ARPA 网出现之后，逐步出现了 email（面向个体与群体的电子邮箱）、BBS（公共公告板）、PLATO（多人在线游戏）等多种社交媒体的初级产品，为后续的社交媒体发展打下了基础。从内容层面来看，APAR 网时期的用户还只能对着黑色屏幕上的光标浮点进行阅读与交流，不过，在枯燥中也有一些变化。1981 年（一说是 1982 年），世界上第一个 emoji（绘文字，即表情符号）诞生；1988 年，"美国在线"推出了在线新闻阅读项目。在这一阶段，网络的普及率较低，计算机性能较差，网络协议也存在一些标准问题的争议。

此时，社交媒体没有大型平台出现，人们也无法自由进入互联网、大规模社群、各类社交应用等，但这一阶段为后来的页面端及移动端社交媒体平台的发展做好最基础的技术准备，比如点对点聊天、社群沟通、用户生产内容都在这一时期出现并不断发展。

小知识：

第一封 email

1971 年，美国 BBN 公司致力于将 ARPA 网打造成大规模网络，工程师汤姆林森（Ray Tomlinson）的任务是为机器开发新操作系统，他受到发给内部员工"征求修正意见书"的启发，为 APAR 网编写了数据传输程序。他将其命名为"SNDMSG"（send message 的缩写），并通过这一程序成功通过 ARPA 网将电子信息从自己的计算机传输到另一台计算机的邮箱。虽然汤姆林森不记得自己所发的内容，但是他带来了一种全新的信息交流方式，开启了 email 时代。

1972 年 3 月，汤姆林森首次在计算机的邮箱地址上使用了"@"符号。这个字符读作"at"，英文里的解释是"在"。汤姆林森认为它最合适不过了。[①] 这是一个介词，而且不在 26 个字母中，所以不会把

---

① 魏杰. 电子邮件第一人 [J]. 互联网周刊，2005（4）：56.

它和邮箱用户名搞混。对此，美国《福布斯》（*Forbes*）杂志评价说："对他（汤姆林森）个人来说，'@'只不过是一个小发明，但对整个世界来讲，无疑是一件伟大的发明。"① 在社交媒体平台被广泛接受之前，邮箱里保存的联系人实际上类似于今天微博的粉丝及微信联系人，因此，一些用户也会利用电子邮箱群功能向其邮箱联系人发送消息，提高传播的广度与影响力。②

小知识：

第一个 BBS 网站的出现

20世纪70年代，在芝加哥有一个"芝加哥地区电脑爱好者小组"（CACHE）的俱乐部，俱乐部成员们经常把一些资料钉在一块软木板上，形成一个布告栏，用以分享信息。1978年1月，大雪封门，俱乐部的两位工程师沃德·克里斯滕森（Ward Christensen）和兰迪·苏斯（Randy Suess）决定构建一个网络资讯共享空间，将实体布告栏搬到网络上。1978年2月16日，CBBS——"计算机电子布告栏"上线了。要知道，那是一个没有微软、没有苹果电脑、没有万维网、没有 MS‐DOS 系统的年代。计算机主要被大公司应用于专业领域，而非为私人信息的共享。CBBS 的意义不仅仅是技术上的，更是观念和模式上的，它完美体现了早期计算机社群的"共享"精神。1984年，汤姆·詹宁斯（Tom Jennings）为 MS‐DOS 操作系统开发了一个叫作"Fido"的 BBS 主机程序。基于这一程序建立的 BBS 后来实现了数据互通，将各地的 BBS 组成了一个网络，也就是"FidoNet"，一个里程碑式的社交网络，其用户遍及北美和欧洲。③

在互联网引入中国的最初几年，BBS 也风靡全国各高校，比较著名的有水木清华、南京小百合、日月光华等。那个时候，BBS 的不同

---

① 杨吉. 互联网：一部概念史［M］. 北京：清华大学出版社，2016：81.

② 世界上第一封电子邮件的内容是什么？［EB/OL］.（2018‐4‐2）［2024‐4‐2］. https://zhuanlan.zhihu.com/p/23640963.

③ 蔡一能.2月16日，41年前，所有社交网络的前身——第一个 BBS 诞生［EB/OL］.（2018‐2‐6）［2024‐4‐2］. http://www.qdaily.com/articles/61256.html.

板块上聚集了各种各样的需求，求职、交友、卖二手商品、发布新闻等，每个板块的负责人被亲切地称为"斑竹（版主）"。然而，BBS毕竟是最早的信息交流平台，随着技术的进步与用户的迁移，BBS也慢慢退出了历史舞台，一些更有特色的社交媒体平台崛起。

二、页面时期（PC时期）

第二阶段的分期标志是万维网（World Wide Web）的出现。万维网与超文本链接的出现使网络从专业机构与大型媒体走向普罗大众，上网设备迅速普及，资费不断下降，用户接入互联网（Internet）的难度大大降低，人们使用互联网的梦想触手可及。资本这一时期也开始快速进入互联网领域，普通用户成为互联网企业争相取悦的对象，各平台的用户规模也迅速扩大。各类构建人们"美丽新世界"的技术如雨后春笋般爆发出来，用户内容生产能力得到了前所未有的提升。互联网上也出现了各类社交媒体平台，包括在线交友、在线编辑、在线语音、在线视频等，人们开设博客，建立属于自己的页面，表达自己的观点，传播自己的行为，加入各类在线网络社群，与新友故交在社交平台相见。人们不仅将自己现实中的社会网络（physical social online）移转到在线社交媒体（online social network），而且还通过各类社交媒体扩展自己的社会网络。从1990年代的 sixdegree.com、myspace.com 到2005年前后的脸书和推特（Twitter），再到2009年的微博等，人们的社会网络关系不断向社交网络平台快速转移。一些比较领先的社交媒体平台也开始融合其他功能平台，社交媒体平台逐步向更广泛的社会交往入口转变。

这一阶段的终端主要依托大型的桌面PC（个人电脑）设备，尚无法完全满足"随时互联，实时在线"要求，人们之间的沟通往往因为体积较大的PC设备无法灵活移动而显得断断续续。综合而言，PC阶段确定了社交媒体的基本架构，也切分了各类垂直的市场单位，但离时时在线、随时互联还相去甚远。

小知识：

蒂姆·伯纳斯·李（Tim Berners-Lee）与
互联网的大规模应用

互联网的雏形早在 1960 年代就出现了，为什么没有迅速流传开来呢？其实，很重要的原因是早年连接到网络上需要经过一系列复杂的操作，并且不同的计算机具有不同的操作系统和不同的文件结构格式，使得各平台的信息文件只能相互独立地划成孤岛。直至 1980 年代末期，有计算机学科、物理学科、集成电路制造等背景的蒂姆·伯纳斯·李将超文本链接与互联网融合，创建了统一资源标识符（URI）、超文本传输协议（HTTP）和超级文本标记语言（HTML）将互联实现。1990 年 11 月 13 日，蒂姆·伯纳斯·李在 NEXTSTEP 网络系统上，写下了第一个万维网网页，后续成功开发出世界上第一个 web 浏览器。1991 年 8 月 6 日，蒂姆·伯纳斯·李创建了世界上第一个万维网网站 info.cern.ch。万维网发明后，基于超文本系统，用户通过点击即可穿梭于网页之间，互联网用户不再局限于点对点沟通，而是建立了点对面的渠道，真正实现了全球互联和信息共享。蒂姆最伟大之处还在于他毅然放弃了申请万维网的专利，这让每个人都可以自由地使用互联网技术生产内容和提供服务，从这个意义上说，蒂姆推动了互联网的发展。1994 年，中国科学院高能所架设了中国第一台 Web 服务器，并创建了我国第一个网站 www.ihep.ac.cn。[①]

三、移动互联时期（移动终端普及）

第三阶段就是移动互联阶段。随着 4G 技术与智能手机的普及，人们已不再满足于 PC 阶段的沟通，从 PC 端快速迁徙至移动端。那些在 PC 阶段建立庞大影响力的社交媒体平台也迅速调整方向，抢占移动传播资源。

移动互联也可称为实时互联，标志性产品是手机，它作为终端传感器成为沟通传播的主要平台。移动传播解决了 PC 阶段人们在线社会交往中的中

[①]　中科院之声. 万维网（WWW）诞生记［EB/OL］.（2019 - 3 - 12）［2024 - 4 - 2］. https：//www.sohu.com/a/300685528_166433.

断问题，实现了在线社会交往的实时性，除此之外，在我国，社交媒体平台在强大的基础通信设施的支持下还融合了各类支撑系统和连接系统，社交媒体逐步从信息交流的平台转向社会交往的入口，也成为人与物的连接入口，这是我国社交媒体发展与英美社交媒体发展的不同点。在第三阶段，一批诞生于第二阶段并在第二阶段名声大噪的社交应用轰然倒塌，比如诞生于 PC 阶段的人人网、开心网等都因没有赶上移动的大潮已难觅踪迹，另外一些适应了移动端的应用如雨后春笋般蓬勃发展，如微信、照片墙（Instagram）等。

移动终端与人的社会需求完整结合，涵盖了文字、视频、音频多种功能，融合了人们的各种社会交往功能，一个"实时在线，随时互联"的庞大社交网络逐步形成。

四、智能算法时期（AI 阶段）

随着全社会大数据的类别越来越丰富，人工智能技术突飞猛进，各类算力资源释放，社交媒体与人工智能全面结合，各类智能算法不但改变了传播信息流程的联动方式，也让平台拥有可以通过算法调控整个传播流程的能力。基于人类反馈的强化学习（reinforcement learning from human feedback，RLHF）具有智能生成能力的大语言模型 ChatGPT 在 2022 年年底突然火爆，推动整个社交媒体平台进入新阶段。在算法调控和智能传播主体的技术底座之上，人类社会的传播流程从完全自主运行，逐渐转化为人类传播与人机传播共存的状态。

五、万物互联时期（ICT）

随着互联网技术的发展，社交媒体也迎来发展的新阶段，主要特征是社交媒体平台通过复杂的传感系统与复杂的算法连接人与实体。从目前的技术趋势来看，社交媒体平台有可能最终实现基于人工智能的万物互联。目前这个阶段尚在发展之中，相关技术还正在不断更新。随着 5G 技术的兴起，时间延迟的区间进一步压缩，传输速度更快，虚拟现实（VR）与增强现实（AR）的设备将大规模应用，现实与在线社交网络之间的阻隔逐渐淡化，人们可以通过社交平台在一个新空间中与其他节点进行沟通，通过社交媒体连接万物也成为可能。

小知识：

5G 技术与社交媒体

随着 5G 时代的到来，万物互联的基础设施与关键技术都已经获得突破，基于毫米波（mmWave）、厘米波（cmWave）、波束成型（beam wave forming technology）、多进多出（MIMO）、D2D（device to device）技术、边缘计算（multi-access edge computing）等核心技术的技术生态平台，未来的社交媒体将实现低时延、高速度、大容量的信息传递，以往依托表情包、颜文字、短视频构建场景的移动互联网形式也将转向以提高临场感为导向的 VR 与 AR 应用。5G 的 D2D 技术将对社群的组建与行动产生新的影响，陌生人社群可以通过 5G 终端被直接组建完成而不再需要某一个社交平台。

第三节　国内外社交媒体平台

一、国内社交媒体平台

（一）综合型社交媒体平台

微信（WeChat）诞生于 2011 年 1 月，是一款面向移动智能平台的社交媒体应用，由毕业于华中科技大学的张小龙开发，他又被称为"微信之父"。微信的发展历程主要分为以下几个阶段：2012 年 4 月，微信推出相册和朋友圈的功能；2012 年 8 月，微信开通微信公众平台，后逐渐形成订阅号、服务号、企业号的布局；[①] 2014 年 8 月，微信以"微信公众号＋微

---

① 余秀才，童石石. 微信的发展现状和传播问题［J］. 新闻与写作，2015（9）：31-35.

信支付"为基础，帮助传统行业将原有商业模式"移植"到微信平台；2016 年 12 月，增加了小程序；2019 年 7 月，小程序开放接口，支持实现 AR 效果。

微信已从最早的即时通信工具（IM）逐步过渡到综合型社交媒体平台（CSM），而且它还在持续增加各类服务功能。如今的微信集合了线下各种各样的实体机构，构建了在线社交网络空间。正如马化腾所说："腾讯要连接一切。"微信提供了独一无二的在线社交网络接口给各方，促使更多的实体单位与之合作，允许各类实体单位接入各类小程序或者服务。至此，微信在中国的实践已经从手机端的即时通信工具，转变为名副其实的综合型社交媒体平台。值得一提的是，微信从诞生那一刻就专注于干净的社交环境，对于过度的商业活动零容忍。微信对各类非法调用数据接口的行为也保持零容忍的态度。图 2-1 展现了微信近年来的蜕变历程。

图 2-1　不同微信版本发布时间及新增重要功能

（二）垂直型社交媒体平台

1. 新浪微博

新浪微博上线于 2009 年 8 月，是在线社交网络信息服务的典型代表，也是目前国内最大微博客平台，其首页的口号是："随时随地发现新鲜事！

微博带你欣赏世界上每一个精彩瞬间，了解每一个幕后故事。分享你想表达的，让全世界都能听到你的心声！"①新浪微博基于公开平台架构，提供更简洁的社交媒体信息发布框架，任何用户都可以构建个人的社会网络，实时发布自己的动态，形成一个完全开放的在线社交网络。微博实现了在线节点之间的相互连接以及实时互动，也推动了信息流动模式的变迁。新浪微博成立之初采用通过意见领袖、重大话题、重大事件提升平台的活力以及社群黏性的策略，在一段时间内，形成了以微博为核心平台的信息聚焦效应。新浪微博的主流特征尤为明显，用户活跃度高、黏性强，社会影响力远超其他微博平台。2014年3月17日，新浪微博在美国纳斯达克上市。虽然搭上了在线社交网络的快车，但由于社交媒体更迭及移动端的兴起，新浪微博一度进入低谷期。2016年前后，微博在曹国伟的带领下又一次回到中国社交媒体的主流方阵。

2. 喜马拉雅

喜马拉雅成立于2012年，致力于用声音分享人类智慧，用声音服务美好生活。如今，喜马拉雅已经建立了从头部IP到长尾内容全面覆盖的健康、均衡、有活力的生态内容体系，在线音频服务已经涵盖了各年龄用户所需要的丰富内容，累积了包含101个品类的3.4亿条音频内容。喜马拉雅推动了以音频为特色的"耳朵经济"，2021年内容创作者数量超1351万。秉承"万物有声"的理念，喜马拉雅用声音连接和服务了数亿用户，推出国内首个全内容智能AI音箱小雅等，开启语音交互的新传播时代。同时，喜马拉雅加强智能生态的建设，完善在汽车、智能家居、智能音箱、智能穿戴等硬件终端的布局，让声音和知识像水和电一样无处不在，随取随用。在声音垂直领域用户使用社交媒体的场景很多，听喜马拉雅成为很多人生活中的一部分，它发挥了声音的陪伴功能。②在声音垂直领域用户使用社交媒体的场景很多，听喜马拉雅成为很多人生活中的一部分，

---

① 微博简介.（2024-4-2）[2024-4-2]. https：//www.weibo.com/.
② 喜马拉雅简介[EB/OL].（2024-4-2）[2024-4-2]. https：//www.ximalaya.com/more/aboutus/.

它发挥了声音的陪伴功能。

3. 抖音

抖音隶属于北京字节跳动公司，于 2016 年 9 月上线，是一个短视频分享平台。抖音应用人工智能技术为用户提供多样应用，让用户在生活中快速产出优质短视频。[①] 抖音最初的视频内容只有 15 秒，随着内容类别的增多与专业化程度的提升，抖音调整策略，根据用户类别差异分配不同的时长，鼓励用户原创内容，随着技术基础的不断累积，抖音快速攻城略地，通过原创内容、主播直播、直播带货等策略快速扩展市场，无论是在城市还是在乡村，用户拥有自己的抖音账号成为一个比较普遍的现象。抖音主打以智能算法推荐为主的智能媒体系统，基于使用者数据进行用户画像，对内容进行标签化处理，通过综合算法在使用者与内容之间建立函数关系，并根据函数关系的变化随时进行调整。同时，在该平台上也大量应用了智能主体或智能工具参与内容生产，构建了新形态下的社交媒体空间。其内部也存在规模不小的审核员队伍。作为"网红"主要的聚集地，抖音形成了一定的社交媒体商业模式。抖音上线之初就引起了业界关注，成为中国短视频平台发展的重要代表。2019 年 1 月，字节跳动公司推出"多闪"社交应用，主打视频社交，后被综合型社交媒体平台完全屏蔽。TikTok 是抖音的国际版，在一些国家发展迅速，在一些国家则面临着内容审核的挑战。由于 TikTok 在国外的快速发展，一些国家忌惮其形成的社会影响力，特别是对政治选举的影响力，一些国家开始打压甚至阻止其发展。

4. B 站

Bilibili，简称 B 站，是中国年轻人的文化社区，由徐逸于 2009 年创立。截至 2021 年第四季度，B 站月均活跃用户达 2.72 亿。围绕用户、创

---

① 抖音关于我们［EB/OL］.（2024 - 4 - 2）［2024 - 4 - 2］. https：//www.douyin.com/aboutus/#culture.

作者和内容，B站构建了一个源源不断产生内容的生态系统，成为中文互联网极其独特的存在。目前，B站94％的视频播放量都来自于专业用户创作的视频（Professional User Generated Video，PUGV）。在此基础之上，B站提供了移动游戏、直播、付费内容、广告、漫画、电商等商业化产品服务，并对电竞、虚拟偶像等前沿领域展开战略布局。B站广为人知的还是其"弹幕"功能，用户可以使用弹幕对各类视频内容进行即使点评。B站的核心是内容创作者，又被称为UP主。随着短视频平台的崛起，B站一些UP主开始转战多平台，该网站在内容生产方面出现了停更现象，这对其发展造成了一定影响。①

5. 小红书

小红书由毛文超和瞿芳于2013年在上海创立，其定位是年轻人分享生活方式的平台和消费决策入口。截至2019年3月，小红书用户数超2.2亿，其中70％用户是"90后"。小红书主要由四个部分组成，即社区、福利社、品牌号和小红书之家。小红书社区每天产生的笔记内容覆盖时尚、个（人）护（理）、彩妆、美食、旅行、娱乐、读书、健身、母婴等领域。福利社是小红书的自营电商平台，用户可购买来自全世界的美妆、家电及零食商品。品牌号连接消费者和品牌。在智能营销上，小红书也通过机器学习与大数据形成营销算法，将海量信息与用户进行精准匹配。② 经过数年的发展，小红书已打破了专属某个群体的窠臼。当前，小红书的覆盖面对象更加综合多元，成为中国社交媒体生态中发展较快的一个平台。近年来，小红书也遇到了一些质疑其信息品质、服务品质、产品质量的问题。

6. 知乎

知乎是目前国内知名的知识问答社群，创立于2009年6月，创始

---

① Bilibili 简介［EB/OL］. https：//www. bilibili. com/blackboard/aboutUs. html? spm _ id _ fron=333. 1007. 0. 0.

② 小红书关于我们［EB/OL］.（2024－4－2）［2024－4－2］. https：//www.xiaohongshu.com/protocols/about.

人周源做过程序员，也当过记者。知乎的定位是一个真实的知识问答社区。[①]
周源认为，知乎不仅是一个问答产品，它有可能成为未来人们通过自己擅长
的知识和这个世界连接的一种方式。知乎平台通过知识与内容聚合用户，并
通过一定的算法将相关内容推荐相关领域的活跃用户。由于知乎长期给用户
一种专业的印象，所以，知乎目前已经成为大学生群体最常用的社交平台之
一。随着用户大量涌入，过去以高质量问答社区著称的知乎在内容品质上也有
所下降。2019年8月，知乎完成F轮的融资，但融资主体以及新增业务板块也
引起了一些争论。2020年以后，知乎所形成的影响力已明显不如初创时期。

7. 陌陌

陌陌是一款基于地理位置开发的开放式移动视频社交应用，它主要是
基于地理位置帮助用户发现附近的人，并加入附近的群组，建立社交关
系。陌陌公司于2011年成立，2014年12月11日在纳斯达克上市。与微
信一样，陌陌同样具有搜索"附近的人""朋友圈""群组"等功能，还多
了一些需要购买会员服务才能使用的功能。在功能上，陌陌除了常用的生
产、分享功能之外，特别突出社群构建及视频直播功能的应用。然而，由
于陌生人社交的复杂性，陌陌及其收购的其他软件比如"探探"也时常爆
发一些内容品质的问题。

8. 百度贴吧

百度贴吧是早期的以话题聚合社群的平台。这类中文社区的主要特色
是通过共同话题将不同类型的人群汇集在一起，百度贴吧的用户能立即参
与、交流和发布关于自己所感兴趣话题的信息和想法。[②] 由于百度在搜索
端的强势地位，百度贴吧形成了"话题＋搜索"的模式，即利用主题（话
题）交流吸引流量，一度出现了以贴吧为主要载体的各类网络事件。近年
来，百度贴吧也出现了各类问题，这种"话题＋搜索"的模式问题频出，

---

① 沈波，赖园园. 网络问答社区"Quora"与"知乎"的比较分析［J］. 管理学刊，2016
（5）：43-50.
② 常立. 百度贴吧的传播模式解读［J］. 新闻界，2007（5）：62-63.

比如"魏则西事件"。随着移动应用越来越丰富，依托 PC 端起家的百度贴吧的价值正在快速下滑。

二、国外社交媒体平台

（一）综合型社交媒体平台

马克·扎克伯格于 2004 年 2 月 4 日开发了脸书。经过多年快速发展，脸书于 2012 年 5 月 18 日上市。目前，脸书是世界上最大的综合型社交媒体平台。在脸书平台上，用户可发布自己的状态、组建群组、分享各类信息，用户也可自主选择设置社交范围权限，向某些社群开放或屏蔽某些社群。近几年，脸书收购了一些新兴垂直型社交媒体，在数字货币等方面有新的探索。虽然脸书具有综合型社交媒体的特征，但与中国的综合型社交媒体相比，在功能与生态方面有很多差异。近年来，脸书也面临行业垄断、用户数据泄露、侵犯用户隐私、虚假消息等问题。

（二）垂直型社交媒体平台

1. 照片墙（Instagram）

照片墙（Instagram）于 2010 年 10 月问世。该应用以简洁界面和艺术气息浓厚的图片风格，以及易于分享的特性而备受青年社群的喜爱。

该平台由对图像处理颇为热爱的凯文·斯特罗姆（Kevin Systrom）创立，体现了他"以简驭繁"的设计理念。在照片墙平台上，用户能够欣赏其他用户的分享内容，同时也能将自己的拍摄作品同步至其他社交平台。[1]照片墙的两大亮点：一是多样化滤镜选择。这源于创始人斯特罗姆对摄影艺术的热爱和对滤镜效果的理解；二是与多个社交平台的关联。用户创作的内容可在多个平台分享，能迅速传播。

2012 年，照片墙被脸书公司收购，随后其功能不断得到扩展。2013

---

[1]　Buck，Stephanie. The Beginner's Guide to Instagram[EB/OL]．（2012－05－29）［2024－4－2］. http：//News.yahoo.com.

年 6 月，平台引入了短视频功能，在 2018 年，推出了长视频功能。照片墙也从单纯的图片分享平台逐渐拓展为涵盖图片和视频平台。

照片墙倡导的自然、简洁、低调的摄影审美风格成为该社交平台较为鲜明的特色，人们通常称之为"Ins 风"。

2. X 平台（原名推特，Twitter）

X 平台是一个基于开放社交网络进行资讯分享的平台，2006 年 7 月建立。X 平台的用户之间可相互关注也可以取消关注，除非自己设定了条件，一般用户可以自由完成上述动作。因此，X 平台属于开放型的在线社交网络，用户使用推特主要是生产、分享、接收各类信息，也可根据自己的喜好留下行为痕迹，即点赞、评论、转发。早期，X 平台对用户使用字数限制比较严格，主要控制在 140 个字（符）以内，后来这个限制出现了松动。X 平台降低了人们内容生产的代价，节约了人们沟通的成本，人们在 X 平台上可实时互动，随时互联，进行大规模社群交流。从这个意义上说，X 平台在社交媒体发展史中具有开拓地位。当然，X 平台也曾因支持他国政治颠覆运动而备受争议。近年来，随着其他垂直型社交媒体平台不断兴起，仅关注于社交信息生产与分享的 X 平台的影响力已大不如前。

3. 瓦次普（WhatsApp）

瓦次普诞生于 2009 年，创始人是扬·库姆（Jan Koum）。瓦次普通过读取用户的联系人列表匹配用户的状态，允许用户直接向手机列表里的用户免费发送文字、图片、音视频等，解决了短信收费及实时沟通的问题。严格意义上来说，瓦次普是一个即时通信工具，并不能与社会其他要素之间建立关联，因为免费短信交流及清新无广告的风格，瓦次普受到用户的喜爱，用户数量一直在持续增长。2014 年，脸书高价收购了瓦次普。2017 年 2 月，瓦次普新增"动态"（status）功能，用来分享图片和视频等，这与脸书的"stories"功能相似。2019 年 5 月，WhatsApp 的母公司脸书准备在瓦次普上面投放广告，具体位置就在"动态"（status）功能下面，这一做法打破了瓦次普一贯坚持的清新风格。

4. 油管（YouTube）

油管是一个以视频分享为主的网站，创始人是查德·赫利（Chad Hurley）、陈士骏（Steven Chen）、乔德·卡里姆（Jawed Karim）。2005年开始公测，获得红杉资本的投资；2006年，因为版权问题，油管开始与专业化内容生产者展开合作。2007年的美国总统大选，共有7位总统候选人在油管播放自己的宣传片，油管对政治的影响力不断增强；2010年，油管推出付费电影，形成了新经营模式，对传统电视的收费频道形成了威胁；2011年，油管开设原创者的频道；2014年，油管的流量主要由移动端贡献；2015年，油管推出游戏直播频道，覆盖新兴的流量市场。油管还参与了一些社会运动，也存在内容真实性与监管的问题，特别是在颜色革命和"阿拉伯之春"中，其成为示威者利用的平台。①

5. LINE

LINE于2011年6月上线，由毕业于首尔大学计算机系的韩国人李海珍主持开发，此人1997年创办的Naver是当时韩国访问量最大的网站。2011年6月，Naver在日本推出基于移动端的通信应用LINE，其初衷是想在日本"3·11大地震"之后，为人们提供及时的移动端信息沟通工具，解决难民想和家人在灾后联络的问题，让LINE成为被毁坏的通信设备的补充。没想到LINE意外走红，2011年10月推出免费语音通信；2012年，LINE用户数量增长到5 000万。LINE是一个即时通信工具，兼有支付和媒体等一些其他功能。LINE在日本和东南亚比较受欢迎，LINE在日本的流行与漫画文化有一定关系，LINE主打的布朗熊与可妮兔符合日本用户的使用习惯，再加上层出不穷的漫画贴纸形成了用户的使用黏性。LINE的功能有些类似微信，也有支付功能、新闻、游戏等，但在提供第三方的接口方面，尚未形成复杂的社交生态。

---

① 这十年，YouTube是怎样一步步成长为在线视频的？［EB/OL］.（2015-10-3）［2024-4-2］. http://www.chinaz.com/start/2015/1003/453529.shtml.

6. 阅后即焚（Snapchat）

Snapchat 是一款以"阅后即焚"为特征的垂直型社交媒体应用，因此，很多人也直接称其为阅后即焚，其每个短视频或图像都可以被称为"快照"（Snap），创始人是埃文·斯皮格尔（Evan Spiegel）和鲍比·墨菲（Bobby Murphy），于 2011 年 7 月上线，主要面向年轻人。阅后即焚的一般内容都会在 1—10 秒的时间内被彻底删除，后来为了保存优质内容特别增加了可长期保存图片的功能模块 Memories，用户可将喜欢的图片永久保存。阅后即焚鼓励用户拍摄实时图片与视频，也推出了自己的滤镜（类似照片墙）；阅后即焚对移动视频高度重视，不断推出各类话题与内容吸引年轻用户。阅后即焚经历了一个漫长的发展过程，最初，阅后即焚的聊天功能一直强调图片优先，直到创建 3 年后才增加了文字等方面的聊天功能。2017 年 3 月，阅后即焚在纽约证券交易所上市。阅后即焚无论是在上市前还是当前的发展势头都给脸书造成了一定的威胁。经过几年发展，阅后即焚目前的发展似乎也出现了疲态。①

7. 耳语（Whisper）

Whisper 是一款匿名社交 App，2012 年创立。Whisper 中文译为"耳语"，用户可以通过这个应用匿名分享自己的秘密。耳语无须注册，直接由系统生成账户。用户在分享秘密的同时，可以将秘密加上自己的创意：用户可以拍摄或者从相册中选择一张背景图，也可以自己搜索一张趣味图片。② 耳语 2.0 版本的两个特别功能是："巧遇"和"个性化推荐"。在首页，用户会看到"巧遇"和"个性化推荐"两个内容流（content stream），每个帖子上都会显示与多少人相遇、相遇多少次。"巧遇"功能展示与你擦肩而过的人（朋友、同学、同事等）和他们的真实所想。③ 匿名社交最

①　Snapchat 上市可能是 2017 最大科技 IPO，但它刚发布时日子也不好过［EB/OL］．（2017 - 1 - 31）［2024 - 4 - 2］．http：//www.sohu.com/a/125311156_413980.

②　Whisper CEO 迈克尔：匿名社交更适合中国人［EB/OL］．（2014 - 11 - 11）［2024 - 4 - 2］．http：//it.sohu.com/20141111/n405933357.shtml.

③　匿名社交软件卷土重来　Whisper 抢滩中国市场［EB/OL］．（2015 - 7 - 6）［2024 - 4 - 2］．http：//www.ob.com.cn/index/show/gs/cv/cv/12514066136.

大的问题就是真实性、内容低俗与个人隐私的保护的问题，耳语在这些方面遇到了很大的挑战。

纵观国内外的社交媒体发展历史，"其兴也勃焉，其亡也忽焉"，有太多的社交媒体应用曾经来过，但留下来的却少之又少。5460.com、chinaren.com、renren.com 这些当年耳熟能详的平台，如今已经没有什么影响力了；Myspace 的 MSN 也曾风靡全球，如今在国内已经难觅踪影；在新浪微博之前还曾出现过饭否、叽歪等微博客平台，如今早已销声匿迹，似乎从未出现过；一些曾经伴随我们多年的应用也因为技术的进步或者政策改变而消失，比如中国移动推出的飞信曾独霸办公室的信息传输，如今也已悄然谢幕。更多的社交媒体应用则是"出师未捷身先死"，社交媒体不相信眼泪，即便你看到了细分市场的机会，也未必能够成功。

纵观社交媒体发展的历史，解决人类的某一类需求是社交媒体成功的基本出发点，比如：瓦次普解决了聊天费用昂贵的问题，照片墙的图片功能让生活充满了惊喜，推特让人们的表达焕然一新，等等。通信技术的进步也推动了社交媒体的不断前进。2G 时代，手机报曾经风靡一时；3G 时代，多媒体时代雏形初现；4G 时代，移动传播成为主流；这里需要指出的是，在 4G 之前，我国的社交媒体发展整体特点是亦步亦趋，通俗讲就是引入已经在国外成熟的社交媒体应用，但是进入 4G 时代以后，由于我国布局了 400 多万个 4G 移动基站，覆盖密度远远超过其他国家，一些只能在 4G 平台上才能应用的功能和接口的利用使社交媒体的发展突飞猛进，比如大规模的移动支付、政府服务等。因此，在 4G 时期，中国的社交媒体实践就呈现出不一样的图景，而一些国家由于通信基础设施的相对滞后，社交媒体发展目前整体上主要还处在信息的创造与分享阶段，5G 普及后，中国社交媒体发展又呈现另一番情形，出现了基于推荐算法的垂直类社交媒体平台，比如今日头条和抖音，并开始影响世界社交媒体平台的份额。2022 年底，以大语言模型为代表的生成式人工智能进一步延展了社交媒体传播的基本模式，社交媒体发展进入了人机交互的新时期。

第三章
社交媒体传播要素、功能与生态

第一节 社交媒体的传播要素

所谓"传播"，即人类（自身及相互之间）传受（传送与接受）信息的行为与过程，[①] 凡是信息交流都需要遵守一定的传播模式，社交媒体的传播也是如此。社交媒体的信息传播与大众媒体有所不同，但并未改变传播基本流程，只是改变了传播流程中的一些基本要素。

一、社交媒体传播要素

传播学研究模型是"5W模型"，即传者、内容、渠道、受众、效果。[②] 社交媒体的出现带来了传播模型的结构性变化，即用户A、内容、在线社交网络、用户B、效果、平台。

第一，用户涵盖了传者与受众。内容生产与传播成为社交媒体用户的基本功能，用户只有生产能力与传播范围的相对差异，在功能上没有太大差异。

---

① 张国良. 现代大众传播学［M］. 成都：四川人民出版社，1998：7.
② 张国良. 现代大众传播学［M］. 成都：四川人民出版社，1998：49.

第二，在线社交网络成为信息扩散的渠道。在线社交网络由节点、社群、自组织、涌动等概念组成，与大众媒体的渠道有很大差异。

第三，内容更加多元。专业生产内容、用户生产内容、机器生产内容并存于社交媒体平台。

第四，效果研究产生改变。当用户、内容、在线社交网络、效果构成新传播模型，效果研究也随之改变。

平台也是传播要素的一个新增要素，平台设计信息传播行为的基本规则，为不同传播者赋予不同的传播权限，将传播流程参与者进行数据化，并通过算法动态优化各类传播模式，为其他数字交往行为提供服务。

二、社交媒体传播的构成要素分析

（一）身份多元的用户

大众媒体时代，传者与受众泾渭分明，大众媒体（如报纸、电视）几乎等于传者，而受众常被视作信息的被动接受者。在社交媒体时期，用户不再是单一的传者或者受众，而是"五位一体"：信息生产者、信息扩散者、信息接收者、社群活动参与人、其他网络行为人。随着人工智能的不断发展，机器作为内容生产者也成为现实，社交媒体内容更加多元化。

（二）内容

首先，内容生产的主体泛化。媒体机构、政府机构、个人甚至机器人等都有机会生产有影响力的内容，比如：在微博上，个人与机构的账号源源不断地生产各类内容；在直播平台上，内容的重点也从新闻现场、体育比赛、娱乐表演等类别向游戏、个人才艺、日常生活层面扩展。其次，生产把关的主体也从机构把关，扩展到个人把关、社群把关、算法把关等。再次，从生成形态来说，碎片化是特色，长篇大论相对较少，大量生活化的内容进入内容生产领域。最后，内容管理的层次越来越复杂，政府、平台、社会、个体都肩负管理内容的责任。

（三）在线社交网络

在社交媒体平台上，在线社交网络是人与人、人与群体连接的通路，社交网络既有物理属性又有社会属性。从传输的物理属性而言，人人都拥有个人的在线社交网络，个人的在线社交网络彼此交叉，在线社交网络系统是动态而复杂的；从社会属性来看，个人或者社群的需求也通过在线社交网络汇聚，形成各种各样的网络景象。

（四）效果

社交媒体的效果研究由完全的终端效果转向中间效果，效果观察的对象用户从单纯的信息接收对象变为"五位一体"，用户具有信息生产、社群行为及其他行为的能力，效果研究也从以测量用户认知为主转向测量用户各层次的行为。可以说，社交媒体开创了效果研究的新领域。

（五）平台

社交媒体平台因为提供数字社会交往的基础设施，因此拓展了与以往大众媒体不同的功能属性，首先，社交媒体平台为每个数字社会交往的参与者提供了行动虚拟空间，制定了节点与社群交往的规则。其次，社交媒体平台还通过数据化与算法化自动优化传播流程中的信息传播效能。最后，社交媒体平台成为社会治理的新领域。

第二节　社交媒体的社会功能

一、社交媒体的正向功能

施拉姆（Wilbur Schramm）在《传播学概论》（*Men，Women，Message，and Media: Understanding Human Communication*）一书中将媒体的功能总

结为监测环境、协调关系、传承文化、调节身心。[①] 当时理论的支点主要还是基于大众媒体的信息传播功能。社交媒体则不仅仅局限于信息的传播，而是融合了人际传播、大众传播、组织传播等传播形态，具备观察社会、人际交往、文化传承、舆论监督等功能，同时社交媒体也具有一些新特性。

（一）资源共享

一切能够数字化、电子化的内容或者实体都可以在社交平台上分享，比如：大众点评将现实生活中孤立的空间点连接成一个整体，用户可以相互分享对店铺的体验，平台上的内容成为人们认知未知事物的一个锚点。

（二）协同创新

在社交平台出现之前，社会系统的时间、空间、人力成本是极为高昂的，"一骑红尘妃子笑，无人知是荔枝来"，说的是穿越千山万水才能将荔枝送到。而社交媒体平台让人们的行为可实时共为：通过连接终端，人们可以协调行动。一些协同办公软件被大家广泛接受主要是解决了用户之间的协同问题。以微信公众号的内容生产为例，一些企业的微信公众号编辑部门并不在单位内部，而是存在于各个地方，社会协同极大提高了沟通效率。

（三）整合高效

社交媒体平台既能够满足人际交流的需求也能够完成大众传播的交流，人与人、人与社群之间的沟通已无障碍的同时，又能实现大众媒体方面的功能。

二、社交媒体的负功能

由于使用主体复杂、使用目的不同，外部监管环境不同，社交媒体也出现了一系列负功能，社交媒体负功能主要包括以下几个。

---

① 张国良. 现代大众传播学［M］. 成都：四川人民出版社，1998：66.

（一）信息过载

用户参与内容生产使内容生产简单化，信息总量急剧增加，各类社交媒体平台推送的内容不计其数。用户被迫处理各类有关或无关信息，社交媒体在这个意义上绑架了用户的私人生活。

（二）易被操纵

极少数人愿意拿自己社交媒体话语权进行交易，也有人故意生产大量僵尸账号，形成虚假指标，还有一些人雇佣水军专门从事非法业务。一些机构或者个人通过影响智能算法进而影响传播流程的互动方式，产生各类可预期影响。

（三）倦怠与孤独

用户的体验随着时间的推移而逐渐走低，倦怠感也会随之而来。近年来，"退出社交媒体"的呼声时有耳闻，实际上反映的就是社交倦怠。在线社交网络的熙熙攘攘，往往反衬出我们现实生活中的孤独与寂寞，我们常常盯着屏幕等待别人的生日祝福，却对身边的人视而不见、充耳不闻，当在线社交平台的欢乐戛然而止的时候，用户体会到的便是孤独。

（四）数据霸权

一些社交平台强制用户必须遵守一系列的要求，并滥用个人数据，形成了大数据霸权。随着时间的推移，数据量越来越大，这个问题变得越来越突出。也有人担心，倘若许多年后一些大型企业轰然倒塌，它们将如何处置我们的数据。

（五）虚假消息

近年来，社交媒体平台上的虚假消息成为一大公害。UGC的模式固然丰富了社交媒体的内容生态，但内容质量却良莠不齐；一些人出于各种目的炮制各种假消息，给社会造成了很大困扰，基于深度伪造（Deep Fake）技术所形成的虚假信息无论形式还是内容都较难辨识。

（六）社会动荡的工具

社交媒体具有极高的传播效率，又能够在短时间汇聚人群"围观"某个议题，一些人便用其从事不法行为。一些人利用社交媒体非法社群营销。近年来，在许多国家都发生了不法分子利用社交媒体从事街头暴力、恐怖、诈骗的行为，给社会造成了不同程度的动荡。

小知识：

"信息茧房"（information cocoon）的概念由凯斯·R. 桑斯（Cass R. Sunstein）在《信息乌托邦——众人如何生产知识》（*Infotopia: How Many Minds Produce Knowledge*）一书中提出。凯斯认为，人们习惯性地被自己所感兴趣的信息引导，从而导致自己生活于蚕茧一般的"茧房"之中。造成这种现象的主要原因就是大多数人们只听愉悦自己的信息。[①]

第三节　社交媒体平台生态圈

社交媒体各种要素之间的相互作用形成了独特的生态框架。从广义上说，社交媒体是人类交流的新平台，有其自身的传播生态。信息生产与交换、节点与社群、在线社交网络三个基本要素是任何社交媒体平台的核心，从核心向外围依次可以分为六层（见图 3-1）：① 核心层，② 数据、算法与算力层，③ 综合型社交媒体平台层，④ 垂直型社交媒体平台层，⑤ 资本、科技、安全、治理层，⑥ 监管与自律层。

---

① 凯斯·R. 桑斯坦. 信息乌托邦——众人如何生产知识［M］. 毕竞悦，译. 北京：法律出版社，2008：8.

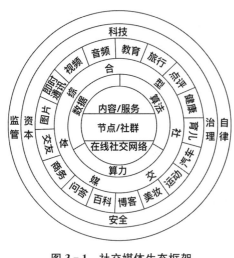

图 3-1　社交媒体生态框架

第一层是社交媒体生态核心的三个要素，包括节点/社群、内容与服务、在线社会网络。个体在社交媒体平台上被称为节点，节点的组合形成了社交媒体的社群，在社交媒体平台上形成的社交网络成为信息流动"基础设施"。

第二层是作为基础资源的数据、算法与算力，这三者是支撑社交媒体平台的基础，也是社交媒体智能化水平的保障。

第三层是综合型社交媒体平台层（CSM），综合型社交媒体平台是用户社交网络关系的主要依托平台，聚集了最大体量的用户，连接了丰富应用。

第四层是垂直型社交媒体平台层（VSM），垂直型的社交媒体形成了细分领域，并相互补足，多维、多角度满足用户需求。

第五层是社交媒体的资本、科技、安全与治理层。资本推动社交媒体不断创新，也刺激了社交媒体的迅速普及，当然也要看到资本也有急功近利的一面。科技推动社交媒体从简单的社会网络不断演进至智能算法阶段，无论哪一个阶段，都需要安全作为基础底座之一。治理在这里主要指的是通过社交媒体平台对社会的治理。

第六层是社交媒体的规制系统。社交媒体必须形成自律与他律机制来应对生产主体的复杂性。

社交媒体平台在用户生产内容方面既有创新，也面临鱼目混珠的局面，这需要相关部门必要的监管，平台方作为主要的服务提供商也需要加强自身监管，而社交媒体使用者也需要不断提高自律与他律的层次。

社交媒体不仅仅是人们从事日常沟通的一个基础媒介，它已然成为一切人类社会交往活动的一个组成部分。只有从社交媒体生态上总体把握，我们才能更系统地掌握全局，才能理解社交媒体。

第四章

用　户

第一节　用 户 分 类

一、用户的概念

社交媒体的使用者，都可以被称为用户。

受众与用户是一个有历史传承的概念。在大众媒体时期，受众不管如何积极和主动，终究还是信息的被动接受者，被动且无助。社交媒体用户则不同，用户是信息生产者、信息扩散者、信息接收者、社群活动参与者、网络其他活动的行动者，用户从单一、被动的状态转化为多层次多功能的社交媒体用户，因此，受众作为大众媒体阶段的核心概念将逐渐被用户概念所代替。

用户广泛存在，所有社交媒体的使用者都是用户，但用户不单指个人，凡是在社交媒体上活动的个体或者机构都是用户。比如，政府机构有新媒体账号，企事业单位开设新媒体账号，媒体机构在社交媒体上也有账号，他们都是用户。总之，用户不单指个体使用者，所有在社交媒体上活动的参与者都是用户。用户能做的事情很多，包括喜爱就加关注、厌恶就取消关注；自我宣传、树立形象、自我推广、扩展影响；建立社群、评论、加标签；付费、捐款、参与活动；好评并推荐、恶评并拉黑；等等。

总之，用户不再是一尊"石猴"，而是能够腾云驾雾、上天入地、拥有七十二般变化的"悟空"。

二、用户的分类

从内容生产主体多元性角度来看，用户包括了普通个人用户、意见领袖、自营媒体，这三类可以统称为"自媒体"，其中单个用户的规模最为庞大，意见领袖在社交媒体中产生的影响比较大，自营媒体已经具有相当庞大的粉丝社群。机构媒体则成为机构对外传播信息的主要阵地。除了这些，内容生产机器人也是用户中不可或缺的一部分。

三、用户的特点

（一）相互关联

个体用户是社交媒体平台上最大的群体，彼此互联，随着各类事件、各个重大节点、各类话题不断重组或者重构在线社交网络关系。

（二）社群属性

首先，个体用户聚合形成社群。其次，用户的认知与行为受到社群规模、情绪与行为的影响。在一定条件下，社群的剧烈涌动会带动普通用户的行为。最后，每个用户都有自己的影响力。用户节点聚集的量级决定影响力大小。有些节点影响力较大，有的影响力比较小，但是再小的个体也有自己的社交网络，每个人都可以通过自己的社交网络向世界传递自己的声音，用户的影响力与平台、连接节点多寡、在线社交网络结构等有关。

（三）可计算性

用户在社交网络上的任何行为都会被记录下来，并可以通过一定的算法进行计算。比如，基于用户特征值与行为数据的算法，被标签化的用户与被标签化的内容能够实现一一对应，就形成了新闻内容的推荐算法。

（四）人机共现

随着智能传播主体进入传播流程成为信息传播的一个关键要素，社交媒体用户的固有概念被打破，人类与机器用户在同一个社交媒体平台进行广泛交流成为日常生活的一部分。

四、用户对传播流程的改变

（一）绝对传者身份的消解

以往，大众媒体拥有绝对的信息生产能力，是主要的信息生产者与分发者。社交媒体平台则将所有人网罗其中，信息传递从单一单向变为多元多向，没有完的传者也没有完全的受众。大众媒体时期专司传播的一方手中掌握的权力被海量社交媒体用户的传播权力消解了，比如，很多重大消息第一来源并不是专司传播的机构，而是由目击者甚至是当事人提供。社交媒体的基础是在线社交网络，每一个节点所具备的功能都一样，不管是政府还是企事业单位，抑或是个人或组织，大家能用的功能都是一样的，没有单纯意义上的媒体机构，大家都是媒体。

（二）绝对中介机构的消解

大众媒体时期，构建传播渠道需要庞大而昂贵的设施，这是普通人所无法承受的，凭个人力量建电视台，即使有很大诱惑，普通人也只能"望台兴叹"。社交媒体上的每个人都与其他人通过在线社交网络紧密相连，渠道成本低到可以忽略不计。作为过去绝对的中介机构，大众媒体的场地、设备、人员的优势也都不复存在。

（三）绝对受众身份的消解

只能被动接收信息的受众群体已经一去不复返了，用户可以通过各种渠道表达自己的观点与意见，并在社交媒体平台上发表出来，信息传播的双方在身份上实现了平等。

五、用户思维

社交媒体时代，用户思维是所有社交媒体思维中的核心思维。用户思维的核心就是根据用户认知、态度、行为的改变，以及这种改变与社交媒体之间的关系，从中找出规律性的内容加以应用。用户思维包括以下几个方面：第一，用户是社交媒体时代运营的基础，聚集最大多数的用户，越多越好，黏性越强越好。第二，节点思维。掌握关键少数节点，形成核心影响力及倍增的传播效率。第三，社群思维。个体用户构成社群，社群内部具有共同性，社群之间有"桥节点"，社群的传播能量及行动能量在一定的条件下会爆发出巨大的动能，掌握吸引、维护社群的规律并运用是内容生产与营销的基础。第四，产品思维。社交媒体用户需要用产品思维对待内容，以用户需求为中心，设计产品，并将用户对产品的反馈作为进一步优化产品的重要依据。第五，场景思维。用户的需求与互动是基于场景的，要通过场景的设计迅速获取用户的反馈。第六，技术思维。社交媒体时代，技术进步带来各方面内容和社交网络运用的改变，必须掌握技术变化给用户行为带来的改变。

第二节　普通用户

社交媒体普通用户指的是使用社交媒体的每一个人。普通用户的特点是数量巨大、在线社交网络规模小、生产能力参差不齐。

一、普通用户的内容生产行为

社交媒体给予每一个内容参与者内容生产的能力，每一个用户都可根据自己的目的进行生产，普通用户内容生产行为又受到经济、社会、文化等因素的影响。正如司马迁《报任安书》所讲："盖文王拘而演《周易》；仲尼厄而作《春秋》；屈原放逐，乃赋《离骚》；左丘失明，厥有《国语》；孙子膑脚，《兵法》修列；不韦迁蜀，世传《吕览》；韩非囚秦，《说难》《孤愤》；《诗》三百篇，大底圣贤发愤之所为作也。"在社交媒体上，有的人为了传播知识而生产内容，有的人为了说清事实而传播内容，有的人为了成为"网红"而生产内容，有的人为了获得选票而生产内容，有的人为了向别人展现个人某方面的形象而生产内容，不一而足，普通用户在社交媒体上的内容生产行为已是一种习惯。用户生产内容（UGC）是普通用户内容生产的总体特色，UGC指的就是每个用户都有内容生产的能力和传播的渠道，用户可自己决定生产或者不生产，生产何种内容，如何传播。

　　小提示：
加锁的日记与开放的自我空间
　　社交公开尺度既有个人的尺度也受到技术发展的影响。在前互联网时代，日记是隐私，很多人给日记本加一个锁，表示"此地"不能"踏入"。在社交媒体时代，进入社交媒体平台的任何一个人都可以选择公开个人隐私的尺度，因此人们就选择公开其愿意公开的那个部分。实际上，人们只愿意公开能够公开的内容，社交媒体的信息公开某种意义上就变成了形象的建构与表演。

二、普通用户的传播行为

　　普通用户扩散行为是必然与自然的事情，说必然是因为网络基础的电子协议决定了每个人都可以向其他人传播信息，说自然是因为向自己的社会网络扩散内容已经成为一种基本行为模式。
　　在大众媒体时期，受众的扩散行为大概就是坐下来与他人一起分享报纸的内容，或邀请更多人一起观看电视，或与更多人一起听广播。在社交媒体环境下，用户拥有个人在线社交网络（或称联系人），用户的每个联系人也有自己的在线社交网络，一层一层向外发散，就构成了一个庞大并相互重叠的在线社交网络，这就是普通用户信息扩散的基本架构。扩散行为包括原创内容扩散和其他内容再扩散。从扩散方向来看，包括向个人所属社会网络扩散，向所在网络社群扩散；从扩散范围来看，包括有选择地扩散及无差别扩散，比如社交媒体平台会提供屏蔽功能。

三、普通用户的接受行为

在大众媒体时期，受众在信息接收方面存在选择性注意、选择性理解、选择性记忆。社交媒体时代的用户拥有强大自主权，接受不接受某篇文章或者某项服务完全取决于用户自身的判断。由此，在用户的选择性行为范畴内又增加了选择性退出，表现为用户拒绝行为、迁徙行为和敌视行为，具体表现为用户取消关注，或者从一个平台转移到另一个平台，从一个账号转移到另一个账号。社交媒体用户的敌对行为则是对平台或者账号持负面意见并公开表达出来，甚至号召更多人参与这种负面表达。

普通用户接受行为符合大众传播学理论所讲的劝服理论，包括恐惧诉求、专业性、单面说或双面说、假寐效果等。除此之外，社交媒体的用户也有一些新的接受特征：① 用户有优选意识。用户拥有选择与拒绝的权利，用户会在比较中做出选择，也意味着让用户接收的信息一定具有某种特殊性，比如信息的权威、及时、全面等特性。简单讲，"选择你，先给我个理由"。② 用户有成本（效率）意识。用户阅读文章的时间实际是有限的，在有限的时间内，用户需要看到最多、最全的内容，这种预期是一种基本需求，如果超过这种预期，用户比较容易形成满足感，前提是内容是用户需要的，如果低于这种预期，内容与服务便无法吸引用户长时间留驻。简单讲，"一次看够，才划算"。③ 用户有形象需要。好内容与用户的形象是关联的，用户更愿意接受和扩散与他形象类似或者能够代表其个人特质的内容。简单讲，"转你的内容让我倍儿有面子"。④ 用户有审美需要。美的东西谁都喜欢的，不同人群对美的感受是不一样的，能够产生认同感的审美对用户的接受行为很重要。⑤ 用户有信任需要。信任是用户与新媒体账号之间的基本共识，用户的信任来源于用户对社交媒体账号的稳定预期，社交媒体账号持续不断地产出，以及拥有较高的公信力，最终会在用户心目中形成稳定的预期。⑥ 用户有娱乐需要。幽默、轻松、娱乐的内容使用户理解文章内容的难度大大降低，让人们在阅读过程中的成本降到最低，从而实现阅读的愉悦。

四、普通用户的社群行为

用户的社群行为包括组建社群、参与社群、组织线上与线下社群活动等。社群是节点的集合，社群在形式上是节点的聚集，实质上是具有某类共同性的社会需求的节点聚集。按照松散程度，社群可以分为松散社群、自组织社群、组织严密的社群等。不少社交媒体赋予每个用户构建社群的能力，用户可以自由选择某些节点构建社群，实现某类社会需求。社群是节点的聚集地，也是信息扩散的放大器。社群是线上意见交流地，和线下各类活动密不可分，线上社群活动也会直接影响到线下的各类活动。

五、普通用户的其他网络行为

普通用户的其他网络行为包括慈善、众筹、打赏、购买、协作、销售、投资等行为。就我国而言，得益于中国完备的 4G 通信基础设施铺设，中国的社交媒体可以介入大量的第三方服务，用户可以选择的社交媒体的服务范围包括但不限于线上捐赠、线上投票、线上支付、线上点餐、线上教育，这些活动不再需要用户实际聚集就能够在社交媒体平台上实现。

第三节 意 见 领 袖

一、意见领袖

意见领袖（key opinion leader，KOL）是指在社交媒体平台上拥有大量粉丝和巨大影响力的个人。随着技术变革与社会需求的改变，一些意见领袖也组建了自己的团队，通过组织的形式运维意见领袖的形象。

意见领袖不是今天才有。在历史上，纵横捭阖的大家，论著雄文的作者，都是意见领袖。近代以来，评论家、政论家、作家、商界领袖、专业人士、主持人等也是意见领袖。意见领袖不是一成不变的，而是动态变化的。意见领袖需要经受历史的考验，比如进入微博客时代，早先通过博客成为意见领袖的人黯然神伤，先前长篇大论的博客作者完全不敌全文只要 140 字的微博客，一大批全新大 V 进入人们视野；进入微信时代，由于社会网络的圈层与壁垒相较于微博要高很多，那种动辄千万人的社交网络很难建立，公众号更受重视；进入直播与短视频的时代，社交网络重回开放式的结构，又造就了一批通过短视频内容成名的"网红"。

社交媒体意见领袖具有以下特征：① 在某些领域具有主导性的话语权；在粉丝社群中拥有一定公信力，成为某个领域的代言人；② 在社交网络关系中拥有大量节点，黏性较高；③ 具有一呼百应的传播力、影响力、引导力；部分拥有自己独立判断的内容生产能力；④ 具有鲜明的人格特质，容易获得某些社群的信赖；⑤ 社交媒体意见领袖一般居于在线社交网络结构的中间位置，属于具有较高影响力的节点，在获取信息和传播信息都具有较高的效率，意见领袖的直接影响力来源于庞大的在线社群规模。

二、意见领袖的内容生产

意见领袖的内容生产整体上与普通用户的内容生产差别不大；不同的

是，由于意见领袖具有庞大的社群规模，意见领袖在独家信息获取方面具有较大优势，对社群的影响更加直接，能够形成的现实效应更加明显。意见领袖进行内容生产的目的主要有：① 舆论监督、新闻报料、营销推广等。② 构建并维护自己的社群，意见领袖一定在某一方面能够影响到粉丝社群，意见领袖日常的重要任务就是维护粉丝黏性。③ 通过经营获利。一些意见领袖通过运营账号内容带货销售，一些"网红"把通过社群运营变现作为首要任务。④ 维持自己的社群影响力，发布内容是体现个人存在感的重要方式。意见领袖的影响力来源于粉丝的规模，运营与管理粉丝社群是意见领袖的重要任务。

三、意见领袖的功能

首先，意见领袖提升了信息扩散效率。意见领袖居于在线社交网络的中央位置，连通的普通节点密集，信息扩散到普通节点的距离最短，信息以最快速度到达成千上万的各类节点。

其次，使得社会监督更加透明。意见领袖的监督作用也是由其媒体属性决定的，一个账号能够连接千万人，实际上，这个账号就具有了大众媒体的功能了，其传递的信息就能够形成某种程度的舆论压力。

再次，成为社群诉求代言人。意见领袖常常也是某个社会群体的代言人，要为某类社群发声。

最后，不同意见领袖的参与使网络的声音更加多元。

当然，意见领袖也带来了一些负面问题：第一，观点不同直接带来社会群体的观点对立，甚至导致社会撕裂；第二，有一些意见领袖肆意传递不实消息、丑化各类历史，带来人们价值观的混乱；第三，过度商业化的意见领袖让粉丝不堪其扰。

四、意见领袖的形成机制

意见领袖的形成机制非常复杂，大致可以归纳为以下几种类型：① 重大事件形成意见领袖，也就是所谓的"时势造英雄"。重大事件中，在社交媒体上活跃度高，特点突出，能够解决棘手问题，碰触难点痛点，改变事态发展的关键人物往往成为意见领袖。② 重要机构的重要人士是天然的意见领袖。比如，各国国家领导人是天然的意见领袖，又如中央银行行长因掌握重大金融信息也属于天然的意见领袖。③ 在社群讨论或者竞争中形成意见领袖。即在社群的辩论中观点被大家认可，符合社群逻辑的观点而逐步被更多的人群接受，随着时间的推移，形成了庞大粉丝社群，拥有庞大规模粉丝的人自然也就成为意见领袖。④ 专业领域人士也是意见领袖。人们因意见领袖的专业而对其产生信任。比如，在医疗领域有很多专家，这些专家身份的标识往往成为人们关注的意见领袖。⑤ 极端内容与行为往往也造就意见领袖。通过极端化的言语与行为，一些人凭逞凶斗狠成为意见领袖，能为人所不敢为的人往往成为意见领袖。⑥ 具有某类特殊的能力也容易成为意见领袖。在直播带货方面，一些"网红"确实具有说服用户购买的能力。值得注意的是，也有一些人利用虚假的粉丝规模虚构意见领袖，比如在微博上虚构影响力规模，他们通过构建庞大的虚假账号的数量虚构了一个意见领袖，在微信平台上则是某些账号通过阅读量与点赞量的刷单，让自己看起来就是一个有一定规模与量级的意见领袖。

五、意见领袖的影响力

社交媒体意见领袖如何产生影响力？这主要通过控制独家资源、社群规模、节点传播效率等来实现。第一，意见领袖一般掌握独家资源，所提供资源的稀缺性是意见领袖影响力的来源之一；第二，拥有庞大的粉丝，社群的规模是社交媒体影响力的重要维度；第三，意见领袖处于在线社交网络的核心节点位置，连接的节点规模大，与每个节点沟通的距离最短，传播效率最高；第四，意见领袖之间的联合效应，为了将影响力扩展到最大，意见领袖之间常常形成联盟，将影响力做加法，影响力更大。

小知识：

个体影响力的分析与发现①

社交网络中个体影响力分析技术在社会学、通信学、经济学、政治科学等领域被广泛研究，在舆情引导与社会运作中起着重要作用。1962年，罗杰斯（Everett Rogers）等人界定了影响力个体（influentials 或 influencers），即在某种方式上能够改变其他个体想法的个体。影响力个体通常有四个特点：① 容易将自己的观点传达给其他人；② 代表大多数普通人的观点；③ 具有新颖的观点；④ 也被称为意见领袖、扩散创新理论的革新者、网络中心（hubs）、网络桥节点（connectors）、专家（mavens）等。② 2006 年，诺阿·弗里德金（Noah Friedkin）定义了社交影响力（social influence），即已存在的社交网络连接将会改变人们（可变）的特征。影响力个体的发现主要利用个体自身影响力的排名技术，个体自身的影响力主要由网络结构、活跃行为模式等属性决定。③ 影响力个体发现早期的计算方法主要基于电度中心度、接近中心度和中间中心度概念；发现影响力个体的算法主要是 HITS（hypertext induced topic search）算法，④ 即根据一个网页的中心度和权威度衡量网页的重要性、PageRank 算法。⑤ 还有研究者根据用户的行为特征决定用户的个人影响力，用户的影响行为表现为转发、恢复、复制、阅读等多种行为。⑥

六、意见领袖的管理

意见领袖在推动社会形成正能量方面，具有独特优势，同时意见领袖

① 方滨兴. 在线社交网络分析 ［M］. 北京：电子工业出版社，2014：191.

② Everett Rogers. *Diffusion of innovations* ［M］. NY：Free press，2003：304.

③ Noah Friedkin. *A Structure theory of social influence* ［M］. Cambridge：Cambridge University Press，2006：209.

④ Jon Kleinberg. Authoritative sources in a hyperlinked environment ［J］. *Journal of the ACM（JACM）*，1999，46（5）：604 - 632.

⑤ Larry Page and Brin Sergey, et al. The PageRank citation ranking：Bringing order to the web ［J］. Stanford info lab，1999.

⑥ Ding Zhaoyun, Jia Yan, Zhou Bin, Han Yi. Mining topical influence based on the multi-relational network in micro-blogging sites ［J］. *China Communication*，2013，10（1）：93 - 104.

也引起了各种各样的社会问题，比如族群撕裂、虚假消息、群体极化等。所以，在社交媒体阶段应加强对意见领袖的管理。一方面，意见领袖应自律，意见领袖个人需要遵守社会基本的道德与伦理标准；另一方面，平台方与公共管理部分的他律也至关重要，平台方通过制定相关的社会媒体活动规则，规范意见领袖活动，防止意见领袖的越界活动。公共管理部门的他律主要体现在制定相关法律法规方面，通过法治手段规范意见领袖的言行。

七、意见领袖的特殊群体——网红

在一些垂直型的社交媒体平台上还存在另外一批人，他们具有超强的影响力，人们称之为"网红"（influencer），他们拥有庞大的粉丝社群，有较强的影响力，能够推动用户认知、态度、行为的改变，在一些重大事件中拥有特殊的影响力。国内外研究者与业者都比较重视网红在社交媒体平台上的传播及其他商业价值。为此，还有人使用了"影响力营销"① 的概念，即通过有影响力的人达到信息传播效果的最大化。

网红的形成与传统意义上的意见领袖不太一样，大概有以下几种情况：① 能为人所不能。比如，具有某种特殊的能力，或者在某个领域特别有专长，又或者具有特别的技能等，比如明代魏学洢在《核舟记》里谈到的雕刻奇人王叔远，放到今天的短视频平台上也能成为网红。② 平凡中的惊喜。在短视频平台上出现的平凡人物，能够给人某种温暖。③ 语不惊人死不休。有一些人靠出格言论形成影响力。④ 情感上的认同者。比如，留学生对中国文化的热爱一般也会让传播中国文化的人成为网红。⑤ 美到极致，奇丑无比。有人审美就有人审丑，无论怎样，做到极致便有可能是成名。⑥ 文化娱乐体育明星。一些广为人知的、有才艺、有能力、有腔调的名人，在社交媒体平台上也自然成为网红。⑦ 无缘无故成名。有些普通人无缘无故就在社群的讨论中成名了，社交媒体的偶然现象最终成就了一个网红。⑧ 专

---

① 郭振玺，丁俊杰. 影响力营销［M］. 北京：中国传媒大学出版社，2005：4.

业训练出来的网红。有很多网红是通过训练产生的，一些演艺公司按照社交媒体成名的基本规律，批量生产网红参与社交媒体内容生产。

从早期的"芙蓉姐姐"到已淡出人们视线的"凤姐"，从"后街男孩"到今天的"李子柒"和所谓"带货女王"，网红从被围观、被消费的群体逐渐转化为一种成规模的文化经济产业，最重要的推动力就是网红目前具有鲜明的经济能力，能够形成规模经济效应。网红近年来也逐渐从一个负面的词汇转化为中性甚至有一些正面的含义，网红成名快、经济效益显著也影响到人们的价值观，个别年轻人总梦想着通过成为网红而一夜成名，这种思想倾向需要正确引导。

第四节　自　营　媒　体

社交媒体的 UGC 模式使内容生产的主体变得多元，其中团队或者机构通过有组织的信息生产进行经营获利，这类媒体与个人普通用户及其影响力有很大差异。

一、定义

自营媒体是指以小群体或者实体组织为主体，以提供信息和服务为主要业务、自负盈亏的社交媒体账号或者平台。自营媒体的显著特征有三个：① 自营媒体是以提供信息或服务为主，也就是说自营媒体就是专心向大家提供信息与服务的；② 自营媒体主要由小群体或者实体组织负责运维，而不是普通的个人账号，有一定的经营目标与目标定位；③ 自营媒体运维的收入与支出由自身解决。这些自营媒体均已形成了完整的团队负责运营某一个账号或平台，具有较强的经营能力，能够提供某个领域的优质内容或者服务。

无论属于营利型还是非营利型，自营媒体作为媒体社会化的产物，是社交媒体专业化发展的重要力量。用户可以通过自营媒体获取更加多元的信息与服务。这就打破了大众媒体时期信息单一、选择单一的弊端，大大丰富了用户的选择权。

二、自营媒体的特点

一是形态复杂。从规模来看，包括小群体生产、小群体与有组织的机构联合生产、完整组织支撑的内容生产三种类型。从是否营利来看，可以分为公益性的自营媒体和营利性的自营媒体。

二是呈现幂律分布。自营媒体数量庞大，但是能够产生巨大影响力的自营媒体非常有限。

三是有组织的专业化生产。自营媒体大量采用专业人士、专业设备、专业流程进行内容生产，是一种明显的专业化内容制作团队。

四是自营媒体的突出特点是将信息与服务作为经营获利的手段，自负盈亏，独立运营。

三、自营媒体生产的内容

自营媒体比普通用户有更加明确的传播目的，清楚自己所服务对象的特征，并根据这些特征制定有针对性的传播策略；形成了一定的主题、表达风格、表达特色；部分自营媒体形成了一定的经营模式。

四、自营媒体的盈利模式

自营媒体的主要盈利模式有：① 直接销售。比如通过账号打赏、直接收费，或者通过某类产品的销售产生现金流。② 流量付费。流量付费主要是与其他机构合作分享流量带来的效益。③ 衍生产品销售。自营媒体通过生产周边产品或者直接售卖相关产品产生效益。④ 网红经济。通过经营 IP（知识产权）进而产生网红效应，或者通过销售产品或者销售衍生品的形式获益。⑤ 广告模式。通过刊登广告的形式获取广告费用。

五、自营媒体存在的问题

自营媒体只有通过自身经营才能不断发展下去，存在一定的营收压力，也导致自营媒体在把关尺度方面差异巨大。近年来，受到"内容创业""流量变现"等思潮的影响，一大批营利型自营媒体野蛮生长。为了短时期内迅速变现，一些营利型自营媒体不顾法律、伦理与道德，频踩红线，产生了负面社会影响。具体表现为：① 内容质量低。如标题党屡禁不绝，虚假消息与抹黑的文章层出不穷，谣言问题突出，信息违规等。② 低级庸俗。有些自营媒体账号通过贩卖低级庸俗的内容获利。比如，已被封号的"内涵段子"，长期传播低俗恶俗内容，肆意抹黑革命烈士，丑化女性，歪曲历史，最终被平台永久封号。③ 侵犯版权。一些自营媒体机构版权意识非常淡漠，应用别人知识产权成果也不标明，造成内容的侵权问题层出不穷。④ 过度逐利。一些自营媒体为了利益最大化，常在一些敏感话题上打擦边球，甚至收钱后故意抹黑、攻击特定对象，成为社会公害。

在社交媒体时代，自营媒体不可或缺，无论是对于营利型自营媒体还是非营利型自营媒体，要充分发挥它们的长处，也要严厉制约、打击它们的违规行为，这样才能让自营媒体健康发展。

第五节 机 构 媒 体

一、机构媒体

组织机构以提供机构信息和服务为目的而建立的新媒体账号，称为机构用户。

机构用户与自营媒体不同，机构用户的账号主要体现机构组织的意志，传递机构组织的声音。机构媒体最主要的特征是小群体或者实体单位进行独立的内容生产，体现小群体或者实体单位的意志。举例而言，由报社负责运营、管理的新媒体账号，团队需要遵守报社规章制度，这个账号是机构媒体。如果电视台的几个记者离职，重新组建了公司，创建了独立的微信账号或者抖音账号，那么这些账号就是自营媒体。

从这个意义上讲，政府机构、事业单位、企业机构等账号都是机构媒体。

二、机构媒体的特点

一是组织性。组织机构运营的账号一定具有鲜明的组织性，这些账号在组织机构内部隶属于某个层级，获得资源需要机关内部层层把关。

二是规范性。由于是机构账号，既要遵守国家的法律法规，也要严格遵守组织内部的纪律与文化规则，自由发挥的空间不大。

三是多样性。机构媒体非常多样，相关账号也是多种多样，包括政府机构、事业单位、群团组织等。

四是专业性。由于组织结构的规范性要求，机构媒体在专业化程度上要求更高。

三、机构媒体的内容生产

机构媒体的内容生产主要目的包括：① 提供服务。一些机构本身就要提供各类公共服务，开通账号更有利于机构提供服务，比如上海市推进的"一网通办"就属于这种情况。② 资讯沟通。机构内部的信息可直接跟用户沟通本身就是很大进步，这将会推动或者促进信息的流动与沟通。

有一些机构媒体也被上级授权可以进行一定的经营活动，比如媒体机构本身就有经营属性，由其运营的机构媒体账号或者下属的机构媒体账号也可进行相关经营活动。

四、影响机构媒体传播效率的因素

影响机构媒体传播效果的因素有很多，主要包括：第一，机构性质。

政府机构、媒体机构、企业机构都有机构媒体，这些机构媒体账号或者平台处于不同地位，社会服务范围不同，传播效果也就不同，更高级别的政府账号能够影响更加广泛的人群，一些专业领域的用户则相对较少。第二，开放社交媒体账号的目的。有些机构将机构媒体作为对外宣传的重要窗口，有些则认为是舆情应对的渠道，有些则将机构媒体视作提供服务的主要平台，不一而足。第三，专业化水平。专业化水平包括人员素质、基本技能、表达风格、用户洞察能力等。第四，用户整体规模与特征。用户的特征决定机构媒体的整体风格，比如城市发展水平决定了政务新媒体内容的整体风格，城市的人口结构又决定了政务新媒体服务的主体对象。

五、机构媒体存在的问题

机构媒体目前的主要问题包括机制不够灵活、运维所受限制颇多、人员专业化水准不均衡、归属问题亟待解决等。实际上，专业化是制约机构媒体发展的薄弱一环，如何培养适应新媒体的创意、技能和经营的专业化人才是当务之急。目前的机构媒体的运行机制还不明确，在一些大的企事业单位，机构媒体由相关的公共关系部门或者宣传部门负责，而很多政务新媒体都是归宣传部或者新闻中心管理。目前很多机构媒体对经营两字讳莫如深，不但行政事业单位对此三缄其口，一些企业单位对此也不愿多言，如何突破是需要探讨的一个重要话题。

第六节 机 器 用 户

一、机器用户

机器用户已成为社交媒体用户的一部分，机器用户主要指机器人作为用户参与内容生产、扩散、接收、参与社群或其他行为，其中包括生成式人工智能、AI合成主播等。机器用户的出现与应用在一定意义上改变了基于人的传播形态，机器用户通过对传播对象信息识别确定目标，动态调整传播内容与传播对象，达到精准传播效果。

二、机器用户内容生产

机器内容生产与人类内容生产有诸多不同，在早期，机器用户的内容生产高度依赖深度学习等技术手段，能够完成的内容类别还比较有限。机器生产内容大致可以分为五个阶段：第一阶段，社交媒体用户根据一定的算法，比如聚类算法、卷积算法等对接收到的内容进行分析组合后形成媒体内容；第二阶段，根据指定的内容输入端口，按照一定的格式，组合形成文章；第三阶段，机器用户根据对象的特征，推送内容给特定对象；第四阶段，根据传播效果自动调整下一轮的传播内容；第五阶段，即生成式人工智能阶段，由于巨量运算参数与高能算力的结合，机器用户的内容生产进入生成式阶段。研究人员在开发大语言模型的过程中，引入强化学习方式，大量人类反馈进入大语言模型内部，机器生产内容质量不断优化，机器用户的生产方式发生了较大改变，生产效率也得到了极大提升，越来越多的生成式内容进入人类知识库。由于大模型的数据基本都来源于网络空间，用户生成的原始数据存在各类风险。

三、机器用户的信息传播与扩散

从本质上讲，机器用户的信息扩散是根据用户特征识别值进行的信息扩散，或者说精准匹配的扩散。智能算法可以根据热度动态调整算法，将上升速度最快的话题推向全网，比如各类新闻推送算法流程，首先就是将信息先推向一部分用户，再根据这些用户文章的打开率，确定推送范围与频率。媒体推荐算法直接影响到信息传播的范围，而这些算法又可以人为调整。所以，虽说是机器和算法在控制着内容的生产，实际上，还是由人类在操纵机器与算法。虽然目前一些"数字人"建立了自己的粉丝社群，并进行各类信息传播，但这些数字人主要还是由开发公司或者被称为"中之人"的组织调控，基于大语言模型的智能媒体也不能随心所欲地构建各类社交网络，尽管它也具有这样的功能。目前人机传播中的主要传播形态是大语言模型响应人类的各类请求，形成了"1 对 N"的模式，兼具人际传播、大众传播、社交传播的特点。

到目前为止，机器虽然具备了一定程度的智能，却不具有意识，使得传播这一概念还不能完全运用在人机交互上。比如，通过电脑与聊天机器人聊天，这应该毫无争议地算作传播。然而通过电脑输入一段代码调亮电脑显示器的亮度，这算是传播吗？电脑显然是对一个言语刺激（可能是非自然语言）做出了反应，但是这个反应（调节亮度）不是通常人类所能做到的。因此，在过去相关的工业设计等领域的研究中，更多使用的是人机交互（interaction）这个名词，绕开了传播的概念。①

综上所述，用户作为社交媒体的核心概念，是生产者、扩散者、接受者、行为人，用户不再是被动地接受，而是一个拥有选择权与拒绝权的主动个体。从类别上看，用户的外延也从普通用户进一步扩展，涵盖了普通用户、意见领袖、自营媒体、机构媒体、机器用户等。用户也不是完全不变的，用户存在变化与交叉，比如普通用户通过努力也可成为意见领袖，意见领袖可以组建机构成为自营媒体。社交媒体的用户研究刚刚展开，未来值得期待。

---

① 牟怡. 人工智能时代，传播学大可有所作为［EB/OL］.（2017 - 4 - 6）［2024 - 4 - 2］. http：//smd.sjtu.edu.cn/article/d/id/222.

第五章

内　容

第一节　内容概念与分类

一、社交媒体内容的定义

一般而言，社交媒体内容指的是用户在社交媒体上生产与分享的文本、图像、音频、视频、应用等。

二、内容的分类

（一）从不同生产主体分类

从不同的生产主体来看，可分为普通个人生产的内容、意见领袖生产的内容、自营媒体生产的内容、机构媒体生产的内容、机器生产的内容。

（二）从存在形式分类

社交媒体内容的表现形式太多，而且还在不断增加中，常见的包括图片、文本、视频、音频、应用等。就文本而言，可分为评论、转帖、跟帖等；音视频可分为长视频、短视频、播客、直播等；从应用来看，包括政务应用、教育应用、文化应用、医疗应用等。生成式人工智能内容包括文生文、文生图、文生视频、文生音频等。

第二节　内容属性与特征

一、内容属性

（一）平台属性

每个平台会形成自己的风格，每一类的平台的历时变化也很明显，运营者对内容理解不同会在技术和内容方面体现出较大的差异。

（二）产品属性

社交媒体时代的内容还具有产品属性。对于以信息生产为主要生活来源的人或者群体来说，社交媒体的内容就具有产品属性，即要根据各类用户的需求规划与设计，而不是闭门造车。社交媒体各类用户生产的内容林林总总，如何在众多生产主体中脱颖而出，需要内容生产主体对内容进行清晰的定位，包括用户整体画像、品牌定位、立场与观点定位、传播策略的定位、各类服务定位等。

（三）技术属性

社交媒体的新内容、新形式主要通过技术进步实现，比如直播技术的小型化、移动化、低成本催生了更大范围用户参与直播，技术的进步带动直播进入人们生活。H5 技术使相关内容的表达从单维形式扩展到多维形式。随着 5G 技术的普及，AR 和 VR 与社交媒体深度结合使"虚拟"与"真实"之间的边界模糊。机器生产的内容是各类深度学习及算法的成果，也具有明显的技术属性。

（四）现实属性

社交媒体的内容来源于现实，也会作用于现实。生活是社交媒体内容的最大来源，社交媒体内容生产主体反映的大多都是现实生活的细节，比如，在大众媒体时代从来不存在的各类"吃播（直播吃饭）"，在社交媒体平台上就颇为流行，甚至成为用户用餐时陪伴的内容。社交媒体的内容也会影响现实生活，比如社交媒体意见领袖的主张会直接影响到人们的认知、态度和行为。

二、社交媒体内容特征

（一）多元性

1. 社交媒体内容生产者的多元性

第一，社交媒体平台使社交媒体用户的生产能力扩张，内容制作者从专业群体扩散到最广泛的人群。第二，内容生产主体所秉持的原则更加多样化。大众媒体主张以客观叙述事实为主，在社交媒体时代，用户用第一视角观察社会的内容越来越多，这就拓展了大众媒体客观记录世界的原则。当每个用户都有工具时，用户态度反而成为表征个人叙事的重要元素。从大众媒体到社交媒体，内容叙事结构发生了较大改变。第三，内容的参与感增强，随着新设备新技术的使用，用户通过设备终端参与内容成为重要的方式，用户身临其境的体验大于传统媒体时期的观看体验，比如头像与滤镜结合可以生成各种新形象。第四，把关形态的多样化。社交媒体时代的把关有三个类型：用户自我内容的把关；社群对内容把关，比如社群偏爱的内容会被转发的次数最多，形成热点；算法把关，比如平台的算法决定了谁能够上"热搜"，哪些内容能够被推荐给其他人，大语言模型在内容生产中具备高效能，被引入内容生产流程后，体现出了超越人类的内容生成能力，成为社交媒体平台内容生产的重要来源。

2. 内容形式更加丰富

首先，技术发展推动了用户制作内容方式的改变，新技术大大降低了内容制作的难度；其次，用户的内容创意更重视细节，更加生活化，生活原本就很精彩，只是在大众媒体时期，版面有限、时间有限，能够呈现的内容是有限的，但在社交媒体平台上，如前所述，生活成为社交媒体内容灵感的最大来源地，以往那些被大量遗忘的角落成为社交媒体的"热点"，以前无法向远方呈现的欢乐与惆怅也可以在平台上表达；最后，社交媒体内容的表现形式更加丰富多样，与大众媒体时期不同，手机竖屏成为社交媒体进行内容创作的基本技术框架，熟练掌握无人机，能够使用 AR、VR 和 MR 等技术是专业化的基本要求，小程序、小游戏、小应用等 H5 轻应用是对社交媒体中的文字、图片、音视频这些形式的重要补充。

3. 技术更加多元化

媒体内容形态变化跟技术变革有密切关系，博客阶段虽然可以写很多文字，但对于大多数用户来讲，博客写作费时费力，非一般用户能够完成。移动互联技术让用户使用微博客的成本变得更低，人们可用极少的文字、视频、图像迅速表达想法；进入短视频阶段，各类滤镜、美颜、标签技术已完全内置到社交应用中，即便是没有任何文化基础的人，也可通过手机短视频拍摄自己的生活。随着毫米波技术的普及，内容生产的主体将进一步扩展，高灵敏度且具有智能功能的传感器设备也可能转化为社交媒体的内容生产主体，即万物皆媒，万物互联。

（二）混杂性

社会越多元，内容越混杂。在社交媒体平台上，生活化的内容异常丰富，相比之下，优质内容却显得不足。另外，以前教科书上说"今天的新闻就是明天的历史"，说的是大众媒体记录了社会发展的轨迹，实际上，从另一个角度说，大众媒体并没有记录社会发展的轨迹，只是记录了社会的某个或者某几个瞬间。

社交媒体时代的内容来源复杂多元，用户生产的内容看似与社会整体之间毫无关系，但如果一个个碎片化的内容拼起来，就形成了社会全景。当然，混杂性的另一面也意味着良莠不齐。比如，在社交媒体平台上，有人为了牟取利益，通过各类应用侵害他人知识产权；有人架设各类"群控机器"，形成虚假账号群，进行虚假宣传；有人为了战胜竞争对手，不择手段地进行抹黑等。

（三）社群性

社交媒体的内容丰富，但意义从哪里来？从前，意义由重要人物、重要事件、重要机构等界定。社交媒体兴起之后，网络社群接管了社交媒体内容的定义权，社群开始界定流行与热点。比如，2023 年，一款名为MBTI 的测试在年轻人中火了起来，取代星座成为最流行的社交标签。MBTI 测试，即迈尔斯-布里格斯性格类型指标，是美国布莱格斯母女基于瑞士心理学家卡尔·荣格的人格分类理论研发的性格评估工具，现多被企业用来评估职员的性格特点和发展类型。"i 人""e 人"出自 MBTI 测试中代表"注意力方向"的两种倾向：内向内倾（introversion）和外向外倾（extroversion）。流行语中，"i 人"泛指在社交中失去能量、一般来说性格内敛的人，而"e 人"泛指在社交中获得能量、一般来说性格外向的人；"×门"指一些人出于对某样东西超乎寻常的喜欢，遂聚集成一个虚拟阵营。此前多用于亚文化内部的圈子。真正让"×门（永存）"成为网络热词的，是某知名餐饮连锁品牌喜爱者自发形成的"麦门"。[①]

内容只有与社群结合才具有生命力。社群焦点变化，社群取向变化，内容创作也就发生变化。符合不同社群认知、态度的内容往往会在较大范围内传播，并获得最大范围的影响力。

（四）人格化

内容的人格化主要是指：第一，内容的生活化与去精英化。社交媒体平台实际聚集了大多数民众，因此，社交媒体平台的整体氛围是平等对话，强调单向说教的运营策略会遇到越来越多的困难。第二，内容分享的平民化。社交媒体内容分享对象主要是普通百姓，如果社交媒体使用者对普通百姓社会心理缺乏准确把握，就不可能获得最大范围的认同。第三，表达的平民化。内容特性代表了阅读者的整体特性，获得最广泛的用户认

---

① 2023 "十大网络流行语"公布，你知道几个［EB/OL］.（2023 - 12 - 9）［2024 - 4 - 2］. https://new.qq.com./rain/a/20231209AO5SYO00.

同的内容，一定是让最广大用户能够感同身受的内容。

第三节　多维度的社交媒体内容

社交媒体平台上的很多内容的形式均可在社交媒体早期的技术中找到源头，（微信）朋友圈的源头其实就是个人页面；微信群在很多年前就是网络聊天室，从微信后台数据来看，微信群就被称为"@chatroom"；弹幕很多年前就是在线聊天室中呈现的文字。手机端游戏的源头则可以追溯到插卡式电子游戏及手持电子游戏机甚至更早。当然，一些全新技术的出现也带来了一些全新的内容，比如一些新型手机端游戏就应用了 AR 增强技术，能够在手机屏幕上实现 AR 效果。本节主要从技术、形式和主体来看社交媒体的内容。

一、从技术发展看内容生产

（一）从个人页面技术发展看内容生产

一是博客发展。博客让普通个人首次拥有个人表达平台，开启了社交媒体的新时代，然而博客的整体风格还是专家型的，对普通人而言，长篇大论还是很难完成，博客今天依然还在，但使用人群已经少了很多。代表平台如博客中国。

二是微博的内容。微博与博客相比，它更小更轻更易掌控，国外代表是推特，国内代表是新浪微博。用户可以使用微博轻松地表达自己，140 字符的限定表达让用户的生产热情全面爆发，自由开放的在线社交网络方便用户获取更丰富的信息。微博的意义就在于让每一个用户能够有机会在社交媒体上以极小的代价生产出内容，而不用担心编辑的专业性与出版的复杂性。

三是公众（账）号。个人或者机构的公众号本质也是博客，是移动端的博客，用户可将资讯、符号、互动、在线社交网络综合在一起，内容可长可短。公众号长盛不衰的一个重要原因是它提供了海量的信息供用户选择。代表平台微信公众号、百家号、头条号、企鹅号等。

四是个人状态呈现页面。个人状态呈现页面实际是移动端微博，其本质还是个人博客，只是这个博客更加轻量化，用户可以更简单、更直接、更快速地在社交媒体平台上生产内容。代表平台包括早期的 Myspace、QQ 空间、微信朋友圈、脸书的 Moment 等。

（二）从传输技术看内容生产

不同的通信技术决定了不同形态的社交媒体。在 2G、3G 时代，在网络流量比较低的时候，用户使用最多的是文字，因为文字对流量的要求不高，所以最早的聊天室直播也都是文字直播。随着技术的进步，直播形式进一步分化，音视频直播成为主流，比如 2000 年前后红极一时的 podcast，主要就是音频直播。视频技术及 4G 的进步使网络视频直播变得极为简单，在 4G 时代社交媒体迎来了用户视频直播的大爆发，各类直播平台和短视频平台前仆后继，都想分到视频直播的一杯羹。进入 5G 时代，VR 和 AR 兴起，底层技术的变革将极大地推动 VR 和 AR 直播的应用，社交媒体下一步可能就是与 VR 结合，形成无处不在的虚拟现实。进入 5G 时代后，信号传输速度极快，时间延迟极低，各类应用的模块化程度更高，一些新技术应用将直接影响用户的生活。比如，政务服务应用的场景将从手机端的政务功能模块过渡到政务服务的虚拟场景，人们直接在虚拟场景中完成各类服务应用；再比如，汽车企业、房屋中介等，也会大量采用 VR 技术进行虚拟现实的营销，为用户提供一个更加真实的环境。如果 VR 与 5G 完全结合起来，如前文所述，"一个世界，两个空间"的形态就完全形成了，现实生活的各种要素，将直接转化为在线社交网络空间的各类要素，现实社会与在线网络空间趋近于对等。

（三）从轻应用的技术进步看社交媒体内容与应用

H5 是一种新技术，基于 H5 技术，用户可以在移动端竖屏条件下制作相关内容。H5 的代码相对简单，制作过程相对容易，有很多模块，也有很多应用接口，因此 H5 也被称为"轻应用"。轻应用主要是将内容与互动结合起来，普通用户可直接参与阅读或者体验，形成新的传播效果。

（四）从终端载体性能看内容生产

PC 终端与移动终端呈现的内容明显不同，PC 端体积庞大，移动不便，人们不能随身携带，基于 PC 端的网络信息流是断断续续的，设备分布不均匀。移动终端可随时连入网络，随时交互，不存在断断续续的情况，因此，移动端成为社交媒体用户使用的主要平台。

（五）从接口变化看社交媒体应用的变化

应用类服务其实早就存在，比如常用的电话语音服务等，这类服务覆盖范围有限，服务内容较固定，用户与机器之间的交互体验难说良好。PC 端兴起，企事业单位纷纷开通各类网站服务，通过 PC 端提供各类服务。随着数据库技术的兴起，社交媒体移动端接入各类服务成为新应用形态。比如在中国，微信开放了很多数据接口，方便其他应用接入微信平台，各类应用直接通过接口接入社交媒体平台，形成了规模庞大的社交媒体应用生态。

（六）从智能算法迭代看内容生产

早期的人工智能技术大致只能机械地生产简单的内容，比如备受诟病的苹果社交机器人在人机交互方面没有显示出人机交互的流畅性，在很多方面不如人意。随着生成式人工智能技术、海量参数、高性能算力的结合，大语言模型以前所未有的方式向人类知识体系输出机器生产的内容，形成了人类生产知识与机器生产知识并存的局面。由于这些内容产生太过容易，产生过程相当模糊，世界各国也在审慎思考如何应对机器生产的巨量内容带来的潜在风险。

二、从呈现形式看内容生产

（一）文字符号

文字是社交媒体用户交流的基本符号，在社交媒体平台上，除了文字符号，还有一些比较特殊的文字内容，比如颜文字、流行词、弹幕等。

（二）音频类别

音频主要有录播与直播的分类，从类别上看，文化、娱乐、经济、历史、英语、脱口秀等是音频内容的主要板块。典型平台代表：喜马拉雅和荔枝等。

（三）图片类别

图片编辑的发展经历了复杂的过程，图片的形式也因为滤镜而涌现出各种各类的新形态，比如有长微博图片、将电视直播内容转化过来的动图、截图、各类表情包、基于生成式人工智能的图片。

表情包实际是最能够表现社交媒体特征的图片形式。表情包在传统媒体内容生产中极为罕见，它是基于网络技术符号形成的，随着技术的不断进步，人们制作表情包的技术与创意不断提高，表情包也从平台自带表情包逐步发展到用户设计开发表情包。

（四）视频类别

视频是内容生产的重要组成部分，在社交媒体平台上既有长视频也有短视频，基于生成式人工智能的文生视频由于网络传输容量的提高，直播视频渐成主流，比如主播直播、会议直播、游戏直播、活动直播，一切可直播的均要拿来直播。近年来，短视频成为用户青睐的内容之一。短视频的源头可追溯到 MTV、MV，或者电影的预告片，即在较短时间内将最精华的情节与内容呈现出来的视频形式。短视频是一种创作思路，需要将主题、情节、时间、流量、画面、切换、音乐整合于一体，它进一步扩充了社交媒体版图，未来还可能与虚拟技术结合，形成新内容生态。但是，短视频制作并不容易，叙事方法也极为复杂，生产优秀的短视频更是难上加难，因此，并不是人人都可以生产出优秀的短视频。

小知识：

第一台网络摄像机的故事

1991 年，计算机科学家弗雷泽（Quentin Stafford-Fraser）和保

罗（Paul Jardetzky）为了提前掌握剑桥大学计算机研究中心主机房咖啡机里剩余咖啡的情况，将一台飞利浦相机安装在主机房，对准咖啡机，并编写程序将照片回传到研究部门的内部网络进行分享，网络摄像机的雏形便由此诞生了。1993 年，约翰逊（Martyn Johnson）因为联不上内部网络，无法查看监控软件，于是编写了一个程序让自己可以收到拍摄的照片，从而突破了内部网络局限，真正连入了互联网。至此，网络摄像机才走入普罗大众的生活中。

（五）IP（intellectual property，版权）或者网红

IP 或者网红，不属于文字、音频或者视频，但在社交媒体上可以产生巨大的传播力与影响力。IP 直译为"知识产权"，包括文学、音乐和其他艺术作品、发现与发明，以及一切倾注了作者心智的语词、短语、符号和设计等。现在通常所说的 IP，广泛意义上来讲是指那些被广大受众所熟知的、可开发巨大潜力的文学和艺术作品。IP 的形式多种多样，既可以是一个完整的故事，也可以是一个概念、一个形象甚至一句话。① IP 凝聚了社群共识，成为社群知晓率最高的符号，任何 IP 都凝结了社群的某种情感或者期待，比如《秦时明月》的 IP 价值就在于凝聚了大多数二次元社群共同的想象与价值，《秦时明月》本身就表现了社群"国风""国漫""二次元"等形象。

三、从专业化程度来看内容生产

内容生产又可以分为专业内容生产、用户内容生产及机器内容生产。专业内容生产指专业人员基于专业化的流程、利用专业化的设备进行内容生产的形式，只有聚集了专业的人员、设备、具备专业流程才可以称为专业的内容生产模式。用户内容生产主要指非专业力量进行的内容生产，内

---

① 朱梦培. 从短视频"网红"papi 酱看时下"IP 热"［J］. 信息技术与信息化，2016（7）：11 - 13.

容涵盖多种多样。机器内容生产主要是通过智能载体进行的内容生产与扩散，比如机器人写稿、数字人主播、智能推送、传感器新闻等。

　　案例：

　　　　信息生产主体的变迁（见图 5-1）

图 5-1　变迁：爱德华·默罗—马特·德拉吉—亲历者—
写作机器人—生成式人工智能内容（AIGC）

　　爱德华·默罗（Edward R. Murrow）是美国哥伦比亚广播公司主持人，第二次世界大战时，他深入战火纷飞的伦敦，手握话筒向全世界直播战争实况，彼时，默罗的话筒是人们了解战争实时进展的唯一渠道，默罗也因他在"这里是伦敦"（*This is London*）节目的表现成为一代名主持。在传播高度依靠大众媒体的时代，各类媒体机构具有独家、权威、及时的优势，大媒体机构往往能够成就著名主持人。

　　马特·德拉吉（Matt Drudge）梦想进入哥伦比亚大学新闻学院，然后成为一名记者，但他屡试屡败，最终只在哥伦比亚广播公司下属礼品公司谋得一职，新闻梦似乎要破碎了。有一天，德拉吉的父亲送给他一台电脑，他开始用"德拉吉报道"网页写作，内容主要是他从电视台废纸篓里找到的弃用资讯，然而，媒体弃用的资讯反而吸引了受众，于是，一时间，德拉吉声名鹊起。1997 年，"德拉吉报道"独家报道美国总统克林顿绯闻，成为博客时代用户生产内容的典型代表，而深入调查克林顿绯闻数月的《新闻周刊》（*Newsweek*）因德拉吉的报告却丧失了首发和独家的机会，遭受重创。16 年后的 2013 年，《新闻周刊》决定不再出版纸质内容，德拉吉报道的兴起，看似历史的偶然，其实也是历史的必然。

2005 年 7 月 7 日清晨，伦敦，当整个城市沉浸在成功获得 2012 年奥运会举办权的喜悦之际，伦敦多个地铁站突然遭遇连环爆炸。伦敦的广播与电视立即中断正常播报，报道这起突发事件。由于爆炸非常严重，警方暂时无法确认是否会有第二轮爆炸，便封锁了事发现场，各路记者不能第一时间到达遭遇炸弹爆炸的车厢。当媒体都在焦急等待车厢照片时，一位受伤的乘客通过 moblog 的手机端发布了一张模糊不清的照片。随后，世界媒体都采用了这一张无论从艺术还是构图等方面都很差的照片。不管照片多么粗糙，但它表明了一个事实——在一些突发事件发生的时候，距离现场最近的并不是媒体的镜头，而是现场的手机，这件事意味着新闻生产的绝对地位不可避免地受到社交媒体的冲击。

2015 年 9 月，腾讯财经开发了自动化新闻写作机器人 Dreamwriter，并开始发稿。随着自然语言与深度学习功能的不断成熟，机器对于固定结构的文章的写作能力也不断增强。所谓写作机器人主要能够在自动生成以及文章摘要方面有所作为，在具有宏观的政治、经济、社会问题的探讨方面，写作机器人目前还无法胜任。2024 年初，OpenAI 公司推出了文生视频的大模型 Sora，引起整个世界的关注，该模型能够根据人类的语言提示进行视频创作，最长能够生产一分钟的短视频，其生成的视频内容质量产生了飞跃式的提升。尽管存在一定的画面与逻辑瑕疵，但整体上 Sora 已超越了早期生成式人工智能的生成结果，也改变了人类作为主体进行内容生产的主要形态。

第六章
在线社交网络与社群

第一节 基本概念

一、在线社交网络的概念

在线社交网络是一种在信息网络上由社会个体集合及个体之间的连接关系构成的社会性结构，这种社会结构主要包含关系结构、网络群体与网络信息三个要素。其中，关系结构是社会个体成员之间通过社会关系结成的网络系统。个体也称为节点，可以是组织、个人、网络 ID 等不同含义的实体或者虚拟个体；个体间的相互关系可以是亲友、同事等多种关系。基于这些关系，社交网络中的个体自发组织成各种各样的社群，社群是社交网络的一个子集，具有社群内节点之间关联密切、不同社群的节点间关联稀疏等特点。在上述关系的基础上，社交网络中个体与个体之间、个体与社群之间、社群与社群之间传递着各种各样的信息，这种信息传递、迭代便是社交网络中的信息传播。受网络结构和信息传递的影响，个体就某个事件在某个社群聚合或集中，相互影响、作用，有目的地以类似方式进行行动，便形成了社交网络的群体行为。[①]

---

① 方滨兴. 在线社交网络分析 [M]. 北京：电子工业出版社，2014：2.

二、在线社交网络属性

（一）小世界现象

小世界现象是指地理位置相距遥远的人可能具有较短的社会关系间隔。1967 年，哈佛大学心理学教授斯坦利·米尔格拉姆（Stanley Milgram）通过一个信件投递实验，归纳并提出了"六度分割理论"（six degrees of separation），即任意两个人都可通过平均 5 个熟人相关联系起来。[1] 1998 年，邓肯·沃茨（Duncan Watts）和史蒂文·斯托加茨（Steven Strogatz）在《自然》（*Nature*）杂志上发表了里程碑式的文章《小世界网络的集体动力学》（*Collective Dynamics of 'Small-World' Networks*），正式提出了小世界网络的概念并建立了小世界模型。小世界现象在在线社交网络中得到了验证，根据 2011 年脸书数据分析小组的报告，脸书约 7.2 亿用户中任意两个用户间的平均路径长度仅为 4.74，而这一指标在推特中为 4.67。[2] 这意味着在 5 步之内，任何两个网络上的个体都可以互相连接。小世界现象表明，从理论上讲，世界上任何两个人之间都可彼此联系。是否能够真正建立联系取决于社会网络结构的构建、社会网络结构中节点的影响力及信息的属性。具体而言，建立在高连接密度网络之上的传播、通过有重大影响力的节点的传播都可以使联系更快地建立，信息的急迫性也会影响传播的范围与速度。

（二）无标度特性

标准刻度，即标度。在线社交网络形态的突出特点是无标度特性。无标度是指节点度分布不存在有限衡量分布范围的性质，由于大多数真实的大规模社交网络都存在着大多数节点有少量连接边、极少数节点有大量连接边的特点，其网络因缺乏统一的衡量尺度而呈现出异质性。目前，网络

① Milgram Stanley. The small world problem [J]. *Psychology today*，2（1）：60-67.
② 方滨兴. 在线社交网络分析 [M]. 北京：电子工业出版社，2014：30.

主要包括三类模型：一是 WS 模型，即小世界模型，指通过小世界模型生成的小世界网络是从规则网络向随机网络过渡的中间形态；二是 BA 模型，BA 模型考虑到现实网络中节点的幂律分布特性，生成无标度网络；三是其他模型，包括森林火灾模型、克罗内克模型（kronecker）和生产模型。[①]无标度网络表现出来的度分布特征为幂律分布，这就是此类网络的无标度特性。

小知识：

度与度分布

度（degree）和度分布（degree distribution）是图论和网络理论中的概念。一个图（或网络）由一些顶点（节点）和连接它们的边（连接）构成。每个顶点（节点）连出的所有边（连接）的数量就是这个顶点（节点）的度。度分布指的是对一个图（网络）中顶点（节点）度数的总体描述。节点、密度、最短路径、最大影响力等常被用来测量社会网络结构。度：节点的度，定义为与该节点相连的边的数目。网络平均度反映了网络的疏密程度，而通过度分布则可以刻画不同节点的重要性。网络密度（density）：网络密度可以用于刻画节点间相互连边的密集程度，常用来测量社交网络中社交关系的密集程度及演化趋势。聚类系数（clustering coefficient）：用于描述网络中与同一节点相连的节点间也互为相邻节点的程度，反映了社交网络中的聚集性。[②]

（三）同配性

任一在线社交网络中的用户所拥有的关联用户的数量及性质均不相同。同配性（assortativity）特指相近用户间相互关联的程度。一个在线社交网络中，如果多数用户均与拥有相当数量及相同属性的用户相连，则该

[①]　方滨兴. 在线社交网络分析［M］. 北京：电子工业出版社，2014：30.
[②]　方滨兴. 在线社交网络分析［M］. 北京：电子工业出版社，2014：23－27.

网络是正相关的，即同配；反之，网络就是负相关的，即异配。简单讲，就是同类用户之间往往能够相互吸引和聚集。[①]

（四）互惠性

互惠性（reciprocity）一般被用在有向网络中，以此衡量网络中两个用户形成双向连接的程度。[②] 一方面，互惠性可体现两个用户之间的关系亲密度；另一方面，互惠性可弥补之前在线社交网络中忽略有向性所产生的误差。在所有的在线社交网络类型中，交友类在线社交网络的互惠系数普遍偏高，以分享为主的社交媒体类社交网络中存在许多名人与传媒节点，拥有大量的粉丝（入度），但其关注量（出度）很少。[③]

第二节　在线社交网络组成与特点

在线社交网络又被称作"有心跳的宽带（网络）""有脉动的宽带（网络）"。在线社交网络是社会属性与网络传输物理属性结合的产物，用户通过极速的网络宽带技术实现与最广范围内人群的连接，它本身具有物理属性；同时，在线社交网络又有社会属性，其中包含社会需求和社会心理。从物理属性上来看，它具有实时性与及时性，从社会属性上看，它集合了社会的需求。在线社交网络对社交媒体用户而言，就是通过在线社交网络的物理属性满足各类社会需求。

计算机科学中的节点与传播学的节点之间，最大的区别在于传播学节点有社会动力结构。传播学研究在线社交网络，重点探讨内外部因素如何影响节点的在线社交网络结构和在线行为。计算机科学往往倾向于计算网络的拓扑关系，计算看得到的社会网络关系，很少探讨人为何要

---

①　方滨兴. 在线社交网络分析［M］. 北京：电子工业出版社，2014：34.

②　Diego Garlaschelli and Maria I Loffredo. Patterns of link reciprocity in directed networks［J］. *Physical Review Letters*，2004，93（26）：268-701.

③　方滨兴. 在线社交网络分析［M］. 北京：电子工业出版社，2014：37.

传播的问题。

一、在线社交网络的组成要素

（一）节点与社群

节点是社交网络上的任何个体，无论是个人还是机构，在社交媒体平台上都表现为节点。这类节点在计算机科学中表现为电子节点，在社会科学中表现为具有生产、扩散、组织等能力的人或者机构。节点具有信息传播的动力机制，在信息特性、社群压力、经济利益等因素的刺激下，节点会产生不同能量等级的生产和扩散动力。

社群就是节点聚集的形态，是具有共同性的节点聚合。在线社群时时在线、时时互联，它有稳定形态与涌动形态。一般而言，社群正常情况下都处在一个相对稳定的状态，不偏不倚、不涨不落；当重大事件发生，或重大节点异动，或重大信息发布对社群形成影响，社群整体就进入涌动的临时状态。在这种状态中，节点行为参与度高，信息交换速度快，形成明显的社群高涨的状态。比如，有人在微信群发红包往往是微信群组最活跃的时候，实际上，就是发红包的人用一个刺激物打破了社群的稳定状态。

（二）在线社交网络结构

节点与节点建立关系、节点与社群建立关系，都形成一定的在线社交网络，由于每个节点连接的节点和社群的总量差异很大，所以，社交网络节点影响的范围也有差异。在社交网络中拥有强大节点吸引力的用户，就是"节点巨人"，我们可称为"意见领袖"。在社交媒体平台上有亿万零星的小节点围绕这些"节点巨人"，形成了一个巨型的放射状网状结构，吸引的小节点越多，"节点巨人（意见领袖）"的影响力越大。

社群是由节点组成的，在社群中，节点密集程度体现了节点之间的互动频度，信息流向则体现了不同节点在社群中的重要性，密集程度与信息流向结合体现某个社群的整体结构。

（三）信息

信息是在线社交网络传播的符号，它既是维持社群连接的基本要素，又是刺激社群产生各种行动的刺激物；它既有技术和形式上的特性，又有社会心理刺激物的特性。

二、在线社交网络的特点

（一）共同性

社交网络在整体上具有共同性。共同性，即用户在时间、空间、情感、经历等方面存在一致性，所谓志同道合就是如此。需要注意的是，社群有共同性并不意味着社群一定都相互认识或者一起共事过，彼此之间只要有共同的特性，就可以被归为一个群体。比如，谈及大学生群体，并不是特指"C9"高校学生还是"双一流"高校学生；再比如广大知识分子，彼此并不一定相互沟通，却有共同的利益。

（二）动态性

社交网络具有动态的特性。工作关系、同学关系、同事关系都在动态变化。比如一些因某类事件而临时拥有共同性的社群不断变化，事情发生，围观者蜂拥而至，事情结束之后就消失得无影无踪。在线社交网络的行为也有动态性，这些行为可以从理性转向非理性，也可以从线上转到线下。

（三）组织性

与自组织相比，有组织的机构传播效率更高，有严格纪律要求的组织机构与一般意义的组织机构在任务完成方面的差异也比较大。在线社交网络上的社群组织复杂多元，绝大多数的社交网络组织比较松散，很多情况下，社群活动并不是由上而下系统组织起来的，而是按照自组织的形态形成的。

（四）行动性

社交媒体用户的行为可以影响或者改变现实。用户获取网络信息与付诸行动之间是连续的，在线信息可以直接通过用户的行动作用于现实。在线社交网络的行动性有时局限在某一个地区，有时则是全球蔓延，这种行动性既可以促进社会发展、推动社群进步，也可能被其他因素干扰或利用，成为社会动荡的根源之一。

小知识：

"老三论"与"新三论"

新闻传播学大量借鉴了其他学科的一些研究成果，大众传播学研究借鉴了系统科学的信息论、系统论和控制论（称"老三论"），将传播要素与传播过程视作信息传播的系统，具有控制的可能性。在社交媒体时期，原有信息框架下传播要素与流程发生了巨大变化，传播主体、传播流程、传播效果出现了新情况，需要引入新的理论框架加以解释。目前系统科学中的耗散理论、协同论、突变论（称"新三论"）可以较好地解释社交媒体信息传播中的一些现象。比如，在社交平台上的群体行为涌现的机理，用耗散理论、协同论、突变论来解释就更有力。

第三节　在线社交网络的三种动态关系

一、强关系、弱关系与偶然关系

（一）强关系

强关系指在血缘、心理、情感、合作、接触频度等框架下的密切关系。强关系有多种表现形式，比如基于血缘的血缘型强关系、基于情感的情感型强关系、基于交流频次的交流型强关系，基于利益的利益型强关系等。

存在血缘关系是天然的强关系形态，但是强关系并不仅限于血缘关系，即便没有血缘关系也可构建强关系。比如，《三国演义》里面的刘备与其子刘禅属于天然的强关系，而刘备又与张飞、关羽"桃园三结义"，也属于强关系，这种强关系是利益关联的强关系。所以，刘备的社会网络关系既有血缘型强关系，也有接触型强关系，还有情感型强关系等。

上述几类强关系还可放到临时、较长、永久三个时间框架里进行观照。比如，有的同窗密友是强关系，但是毕业后各奔东西，天各一方，不常联系，那么强关系也就不复存在了。对新媒体的粉丝来讲，有的粉丝在一段时间内非常密集地与新媒体账号互动，呈现强关系的特性，但是随着时间推移，这种热络关系逐渐平淡，强关系也就难以维持了。

强关系由谁来界定？我们看到的强弱关系的研究大多是由研究者界定的。研究者通过社会网络分析方法与文本分析方法确定节点之间的关系数值，从而确定两者之间的强弱关系。事实上，是否为强关系最终由用户自己界定，情感型、交流型、利益型由用户自身判定才最准确。

（二）弱关系

人类社会交往网络中还存在弱关系，比如一般的同窗、战友、同事、同乡等，这些关系存在共同性，但在相互了解程度、心理距离、接触频率、感情依赖等方面，强度远不及强关系。弱关系可以分为很多级别：

（1）熟悉且沟通频繁（如工作同事，班级同学）；

（2）认识但沟通较少（如见面熟悉）；

（3）认识但从不沟通（如一面之交）；

（4）不认识、不沟通，仅共存于一个社群中（各类微信群的很多人，虽然在一起共存，却从未有任何沟通）；

（5）不认识、不沟通，不在一个社群，但被社会归为某一类人群。

上述五等弱关系也要放到临时、较长、永久三个时间框架里。有的弱关系是永久的，比如小学同窗、初中同窗、高中同窗，这种弱关系将会延续一生；有的则是较长时间内共存，比如同处一个微信群的人们，在微信群被删除之前长期处于一个共同空间内；有的则是临时形成的弱关系，比如为完成一项任务，临时构建的在线社交网络关系，当工作任务完成，弱关系也就消失了。

（三）偶然关系

长期以来，研究者重视强关系、弱关系的研究，较少探讨强弱关系以外的关系，然而人类社会是复杂的，只用强关系与弱关系框架人类社会网络关系并不符合实际。事实上，人类社会中还有一种关系是偶然关系，即因某种机缘而连接的节点形成的临时关系，这些机缘包括内容（看到别人转过来的公众号文章）、场合、咨询等。

人生中存在大量的偶然关系，从古至今，"相请不如偶遇""有缘千里来相会""萍水相逢，一见如故"都属于偶然关系。

进入互联时代，偶然关系更是成为一种常见的关系，甚至成为社交媒体时代的一种主要特点。或者说，没有偶然关系就没有在线社交网络关系的拓展，社交平台上的偶然关系包括：

（1）在搜索关键词（热搜）时遇到你的账号（搜索中偶遇）；

（2）在别人的推荐中看到你的名字（推荐中偶遇）；

（3）看到别人转发的公众号的内容（转发中偶遇）；

（4）在机器推送的内容中看到你的内容（智能的偶遇）；

（5）在各类论坛中看到你的表现（空间中偶遇）；

（6）漂流瓶、摇一摇、附近的人等（功能型偶遇）；

（7）在短视频软件的观看过程中因机器推荐给你（智能推荐而偶遇）。

像"既然在千百万人中遇到我，就点赞、加关注吧"这样的台词，表明在社交媒体世界有多少种偶然相见就有多少种偶然关系。

二、三种关系的动态转换

强关系、弱关系、偶然关系是动态变化的。偶然关系在一定条件下可变为弱关系，弱关系也在一定条件下变为强关系。同样地，强关系也会变为弱关系，弱关系也会倒退回"一刀两断"的阶段。三种关系的转换有以下几种类型。

（一）正向的动态转换

正向转换的模式是偶然关系—弱关系—强关系。比如，前文提到的《三国演义》里面有一章"桃园三结义"说的是刘、关、张三人在市场相见，此时，三人属于偶然关系；随后因为刘备劝关羽与张飞两人停止冲突，三人由偶然关系变为弱关系；最后因为志趣相投而"桃园结义"，三人从偶然关系而变为强关系。

（二）逆向的动态转换

当吸引力下降，服务水准下降，心理上的距离逐渐疏远，社交网络关系的强度也就下降了，从强关系下降到弱关系，再到无关系，甚至从强关系直接下降到无关系。举例来说，《西游记》中孙悟空拜师学艺，与三星洞的菩提祖师是强关系（日日接触，亲自教授，容忍泼皮），孙悟空学道 7年，学有所成，突然有一天，菩提祖师告诉孙悟空："从今往后，不准你说是我的徒弟。"两者一刀两断，从强关系直接变成了无关系。再比如，某明星的忠实粉丝长期跟随明星团队，作为志愿者前往各地协助巡演，对明星的热爱无以复加，明星突然传出婚讯，该粉丝无法接受这种消息，愤而"脱粉"，从此屏蔽一切与明星有关的消息，断绝一切往来。

三、动态关系与社交媒体用户管理

就社交媒体粉丝形成的过程来看，用户可能因为偶尔看到某篇文章或者某条短视频而与某个公众账号形成了偶然关系；之后，因为在某一点上被打动，于是加关注形成弱关系；最后，由于互动比较频繁，用户与媒体账号之间形成强关系，该用户成为社交媒体账号的忠实粉丝，这就是正向的关系转换。

社交媒体的信息传播是由近及远的，而社交媒体关系的收获是由远及近的，关键点在于信息的品质与用户的匹配度。用户与社交媒体账号之间也有逆向的关系转换。比如，经常给新媒体账号编辑留言的忠实粉丝，对于新媒体账号的改版风格非常不满，反复几次，用户便不再与后台编辑联系，也不再参与讨论，最终取消关注。因此，从社交媒体运营来看，管理者要高度重视社交媒体社群关系的正向转化，尽量避免出现社交网络关系逆向转化。

小知识：

名词"路转粉"

人们在社交媒体平台上常说的"路转粉"，讲的就是三种关系动态转换，人们通过搜索、他人推荐、机器推荐等方式，偶然遇到某一类内容，形成偶然关系；点开阅读发现符合用户自身的需求，再由偶然关系过渡到弱关系，即加为粉丝。从这个意义上讲，与粉丝的第一次见面是在偶然中相遇，在认同中形成弱关系。因此，社交媒体的运营还要高度重视偶然关系的构建。

第四节　社群动力与信息扩散

用户信息扩散的动力机制是什么？哪些信息有可能得到扩散？什么样的在线社交网络结构能够让信息扩散的效率最大化？如何让节点的影响力达到最大化？哪些因素阻碍信息实现扩散的最大化？如何克服障碍实现最大化？这些问题背后都暗藏着社交网络信息扩散的内在机理。

"人以群分"。一般而言，社群都会有某种共同性，比如共同的心理特征、共同的行为阈值、共同的行为启动条件等，比如基于血缘、地缘、立场、观点、意识形态、内容、共同经历、情绪（对某个事件的相同情绪）等共同点而形成的亲朋、老乡、支持者、知青、同学、战友等群体。具有共同特征的社群一般具有相似的传播动力机制、扩散条件、接受点、爆发点，只要条件允许就可能爆发相似的行为。社群中的关键节点掌握大量的社会资源，有千万个其他节点与之建立联系，这些关键节点的传播力与影响力巨大。

从开放程度来看，社群可分为无圈层社群与有圈层社群。无圈层社群，以微博和推特为例，用户的在线社交网络完全开放，用户之间可自由交流，不会受到社会圈层壁垒的影响。有明显社群圈层的社群，比如微信平台和脸书平台，具有明显圈层的社群形态，只有被用户允许的其他用户才可以建立联系进行沟通，不属于某个社群的人群则会被阻隔在外。

不同社群之间也存在结构性壁垒。一种壁垒是缺乏社群共同点，即"道不同不相为谋"，完全不同的两类社群几乎无法交流；另一种壁垒是所谓的"结构洞"。这两种壁垒都不利于信息扩散及社会网络关系延伸，解决方法是通过建立"桥节点"或寻找共同话题等方式打破信息传播壁垒，这就是人们常说的"破圈"。

小知识：

结构洞

1992年，伯特（Ronald Burt）在《结构洞：竞争的社会结构》（*Structural Holes: The Social Structure Competition*）一书中提出了结构洞理论（structural holes），他把这种占据其他未联结结点之间的结构位置称为"结构洞"。伯特的结构洞理论指出，在社会网络中存在两种形态：一种形态是处于网络中的个体（个人或组织）与其他任意个体都存在着联系；另一种形态更为常见，即网络中的个体仅与部分个体存在直接联系，而与其他个体都不存在直接联系。这样，在第二种形态中，整个网络中就出现了某些个体与另外一些个体联系断裂的现象，就像网络结构中出现了洞穴一样，故称为"结构洞"。如果个体占据了网络中的结构空洞，即联系着相互之间没有直接联系的两个个体，那么该个体就获得了这种状态赋予他的信息和控制资源的优势。[①]

结构洞研究一方面发现了人们之间关系的断裂，另一方面告诉人们，若要消除结构洞带来的信息沟通障碍就需要重新搭建个体之间的

① Burt, R. *Structural Holes: The Social Structure of Competition* [M]. Cambridge: Harvard University Press, 1992: 69-70.

联系。比如，在建立婚姻的过程中，能够打破相距甚远、互不相识、从未谋面的男女关系结构洞的重要因素就是媒人的存在，"父母之命，媒妁之言"是中国古代婚姻中的重要组成部分。[①]

一、社群传播的动力机制

从平淡无奇到信息"刷屏"，从无人关注到众人围观，从理性和平到群体极化，这其中就包含着某种传播动力机制。实际上，在以往相关研究中已有很多理论解释了传播动力来源。第一是落差机制。比如"认知不协调理论"强调不同的关系倾向会带来不同的传播倾向，关系落差带来传播与互动的动力。"第三人效果理论"（third person effect）表明负面信息往往激起人们对他人与自身认知判断的落差，认为负面信息对其他人的影响大于对自己的影响。"第一人效果理论"（first person effect）说明了正面信息与人们积极的信息传播行为之间的关系。第二是刺激反应的动力唤醒机制。比如"认知基模论"（cognitive schema）指出认知基模影响人们对今天的判断与行为，只要用户接触到类似信息就会直接做出反应，这种反应也没有很复杂的信息过程，当遇到类似情形的时候，用户就会出现类似行为。"集体记忆与情绪"（collective memory and emotion）指出记忆与情绪往往因为某些因素而爆发。"挫折—攻击理论"（frustration-aggression theory）指出，人们在情绪或者行为方面遭遇挫折以后就会转向攻击行为。"激励与报偿"（incentives and rewards）机制说明某些传播行为之所以发生是因为用户预期可以获得更多的报偿激励。第三是"从众"（conformity）机制。比如"信息流瀑"指出当其他人都在进行某一项事情的时候，用户也就跟着做了。"群体极化理论"（group polarization theory）指出极化的人群可能就是一群乌合之众。"沉默的螺旋（理论）"（the spiral of silence）既说明了人们为什么传播，也说明了人们为什么不传播等。第四是影响力

---

① 张广利. 社会资本理论几个命题的解析 [J]. 华东理工大学学报（社会科学版），2007（3）：1-5.

机制。"二级传播理论"（theory of two-step flow of communication）说明，在人们了解事实的时候可能也受到了意见领袖的情绪与意见的影响，从而产生新行为，拥有巨大影响力的个人的态度和行为强度也会影响到普通用户的态度和行为的强度。

社交媒体信息传播动力机制的效能发挥还可能受到以下因素的影响。一是从信息层面来看，信息的显著性、信息倾向、信息叙事结构等会影响到人们传播动力的强弱。符合最大多数人需求的信息，一般能够引起社群的关注。与房屋装修质量差、停车难、道路施工扰民等话题相比，婴幼儿疫苗、食品安全、空气污染等话题能够引起更大范围的关注。二是从动机与预期来看，用户使用社交媒体的目的与倾向、用户对行为效果的预期等因素也会影响到用户采取何种社交媒体行为。希望利用社交媒体解决社会问题的用户在使用积极性上要高于其他类别的用户。用户对使用社交媒体的结果有预期也会有更强的使用愿望。三是从用户的自我评估来看，用户的自我认知、用户对自我效能的评估、用户对其他人使用社群行为的感知也会影响到用户的行为。也就是说，自我评估以及社群压力会带来不同的传播动力能量。四是从在线网络结构来看，拥有重大影响力的核心节点或者有强大社群支撑更有可能带动信息的快速传播。五是用户情绪、年龄、教育程度、预存立场等，这些因素都有可能推动或者阻碍各个因素发挥作用。

小贴士：

占领华尔街运动

2011 年 9 月 17 日，一群美国年轻人通过社交媒体发布消息，号召人们到华尔街聚集，并在那里安营扎寨，开展长期抗争，抗议美国社会日益严重的贫富不均问题。这一抗议活动随即在美国迅速蔓延，燃遍多州，这就是"占领华尔街"运动。后来，社交媒体又将这股抗议热潮传输到其他国家的数百个城市，形成了一次基于社交媒体的全球社会运动。

二、社群信息扩散路径

社交媒体平台上的信息虽杂乱，但也显示出一些可供总结的信息传播路径。社交媒体信息扩散的路径有四条，分别是普通用户集体爆发、通过最大影响力节点扩散、通过社群扩散、通过算法进行智能推荐。第一条路径是由普通节点发出，通过社交网络直接扩散。即由一个普通用户生产扩散的信息，比如个体用户通过微信朋友圈、微博、知乎或者脸书账号等发布信息，然后其他普通用户逐层扩散，形成"万箭齐发"的效果。一般而言，普通节点的社会影响力较低，要想形成多波次的信息转发，需要穿透层层社群壁垒，而且这些信息需要拥有某种特性，比如其包含的情感情形能够强有力地带动记忆，才能在普通用户中实现大规模扩散。第二条路径是信源将信息交给社交媒体意见领袖，由社交媒体的意见领袖向其一个或者多个庞大的粉丝社群传递。意见领袖凭借其节点扩散效率高、影响范围大的优势，将信息以最短的时间通过在线社交网络传递出去，这种传播模式就比普通节点自己努力更有效率。抓住关键节点，可实现效果最大化。第三条路径是信源将信息首先发布在社群，如论坛、贴吧、微信群、抖音平台、小红书等，由社群向外传递这些内容。第四条路径是社交媒体平台方的加入，形成全网影响力，比如短视频等平台向全网推送的内容，其效率显然高于其他社群和意见领袖。实际上，信息的传递没有单一的渠道，都是经过以上路径交叉传播的，最终才形成了大规模信息传递的效应。

三、影响信息社群扩散效率的因素

信息在社群中的扩散必须关注传递效率的问题：有的信息在社群传播过程中困难重重，而有的信息则能够瞬间成为焦点。实际上，影响信息扩散效率的因素很多。

第一，重大节点或者跨社群节点的积极性。重大节点的积极性直接影响信息的扩散广度与深度，重大节点之间的配合往往带动信息的大规模扩散。

第二，社群情绪。情绪是社群之间最大的公约数，欢乐、恐惧、愤怒是人类共同的情绪，这些情绪往往成为影响社群信息扩散的重要刺激物。

第三，社群内在结构特性。不同的社群品质不同，接受程度与反应程度也不同。一个由喜欢深度阅读的人群组成的社群自然比普通社群更能看懂各类复杂深奥的专业术语，而对短视频的观众来说，则不需要较强的文字理解能力或者较多的知识背景。因此，了解社群特征可以优化社群扩散效率。

第四，信息特性。信息特性与信息扩散关系密切，信息牵涉的社群范围越广，牵涉的范围越大，信息扩散的广度越大。

第五，社群间压力。一是群体对个人的压力；二是社群对社群的压力。

第六，社群壁垒被突破的层级。突破不同社群壁垒是提高信息扩散的关键一环，只有突破社群壁垒，信息才可以进行跨（不同）社群的传播。比如，热爱大排量汽车的社群与主张绿色出行的群体，两者所构成的社群壁垒比较坚硬，两者的沟通非常困难，只有突破社群壁垒，找到两个社群之间的最大公约数，信息才可以得到更加广泛的传递，而实现这样的突破就需要找到双方都能够接受的共同话题。

第七，平台方对信息扩散的政策与算法。在线社交网络上的信息扩散还受到平台方的影响，平台方中意的内容会通过一定的算法被推送上来，因此，即便是默默无闻的一个事件，由于平台方的积极推动也会成为焦点话题。

小知识：

影响力最大化[①]

社会网络在信息、观点、创新的传播扩散过程中发挥了基础性的作用。影响力最大化问题是社会网络信息传播领域研究的关键问题之一，其目的是发现社会网络中最有传播影响力的集合，这在许多场合有着广泛的应用，如在市场营销、广告发布、舆情预警等方

---

① 方滨兴. 在线社交网络分析［M］. 北京：电子工业出版社，2014：365.

面，因此具有极高的研究价值与应用价值。举例而言，在基于社会网络的口碑营销和广告发布中，必须充分考虑利用哪些用户进行商品和广告推广，通过什么方法和平台传播，才能最大化品牌的推广效益和传播范围。[①] 在竞争环境下，两种或多种主题之间的相互竞争、各自争取最大传播范围；或者相互帮助，共同争取最大的传播范围。

随着社会网络技术的发展，当前的社会网络规模越来越庞大，具体体现为节点数量多，节点间关系复杂；同时，社会网络动态性越来越强，具体体现为节点数目及节点间关联关系变化频繁，而且随机性强，难以预测。目前，运行时间、算法精算和可扩展性是度量影响力最大化算法优劣的三个重要标准。影响力最大化的算法包括贪心算法和启发式算法。其中贪心算法包括 BasicGreedy、CELF 和 MixGreedy及其他算法；启发式算法包括 DegreeDiscount 启发式、PMIA 启发式、LDGA 启发式等。

案例：

校友微信群的影响力结构

该研究[②]通过对 500 人的校友微信群进行数据挖掘，微信的@形成关系连接，这种@功能可以直接确定两者之间的互动关系，并依据单个节点通过@功能与其他节点形成互动的两两关系构建节点之间的共现矩阵，进行社会网络分析。基于中间中心度确定节点大小，用NETDRAW 生成微信群节点直接的社会网络图，在图 6 - 1 中，中心度最高的节点是 A001、A002、A003、A004、A006 等，说明微信群交流的不平衡性，即少数节点的中心度很高，而绝大多数节点的影响力是有限的。

---

① David Kempe, Jon Kleinberg, Eva Tardos. *Maximizing the spread of influence through a social network* [J]. In Proceedings of the ninth ACM SIGKDD international conference on Knowledge discovery and data mining, 2003: 137 - 146.

② 禹卫华. 微信群的传播分析：节点、文本与社交网络——以三个校园微信群为例 [J]. 新闻记者, 2016 (10): 61 - 65.

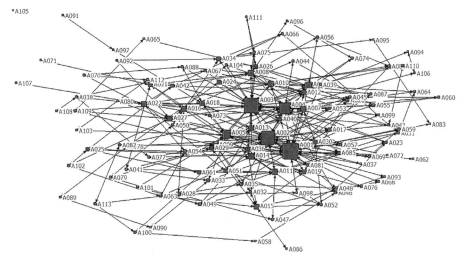

图 6-1 校友微信群的影响力个体的发现

四、提升信息社群扩散效率的路径选择

第一，寻找社群最大公约数。最大公约数包括共同话题、共同情绪、共同行为等，比如水与高铁、空气与汽车、医疗与饮食、娱乐与考验等。相比而言，水、空气、医疗、娱乐具有更大的影响范围，而高铁、汽车等的影响范围更小。

第二，寻找重大影响力节点和跨社群的桥节点。因为社群之间的沟通存在"结构洞"，因此建立彼此的桥节点显得非常重要，桥节点就是两个完全不同社群的共有特性，比如某个用户不但热爱马拉松运动也热爱围棋运动，那他就是能够将马拉松群体与围棋群体连接起来的"桥节点"。这种节点对信息大规模扩散至关重要，桥节点越多，信息扩散的范围越广。

第三，通过头部社群影响其他社群。意见领袖并不是单一的，如同普通的个体用户一样，意见领袖群体也有自己的在线社交网络，意见领袖联合体发布的内容往往可以迅速影响信息的扩散。比如，近些年一些网络大V被组织起来到各地采风，主要还是希望利用网络大V的影响力推动地区信息的扩散，这种情况在博客时代、微博时代、微信时代、音频时代、短视频时代都存在。

第四，通过组织影响行为。从提升扩散效率来看，依托庞大组织的信息扩散比信息的自然扩散更有效率，另外，通过营销手段进行信息推广也是非常重要的一个方面。

第五，通过平台方在全平台扩散。在线社交媒体平台是最佳的信息扩散路径，因为它是所有用户总的管理者，拥有最高权限，因此，通过平台发送信息是效率最高的方式，随着社交媒体传播流程的数据化、函数化以及模型化，平台方控制了信息流动方向、速度、幅度等关键功能的总体算法，能够实现各类规模层级的信息扩散。

第五节　社群聚集与影响机制

社群的连接既可能产生智慧，也可能产生极化。到底产生哪一种结果，实际上会受各种因素直接或者间接的影响。我们既要创造条件实现群体智慧，又要有针对性地消除群体极化出现的环境，抑制导致群体极化出现的因素。

一、群体智慧

（一）群体智慧的定义

群体智慧涌现于个体的合作与竞争。群体智慧是指许多个体通过竞争与合作、分化与整合、反馈与选择等创新机制而产生的执行各种单体个体难以完成的任务的能力。[①] 在社会学领域，涂尔干（Durkheim）认为，社会作为一个群体，在时空上超越了它所包含的个体，具有更高的智慧。[②] 在线社交网络为群体智慧的实现提供了一种更高效的平台。在新的时代背景下，群体智慧依托新的技术手段发挥着高效率的知识共享功能，大大加

---

① 方滨兴. 在线社交网络分析［M］. 北京：电子工业出版社，2014：200－255.

② Émile Durkheim. *Rules of sociological method*［M］. NY：Simon and Schuster，1982：123.

快了全球文化与知识的互相流通。①

（二）群体智慧产生条件

索罗斯基（James Surowiecki）在他的著作《群众的智慧》（*The Wisdom of Crowds*）中指出："在适当的情况下，群体的智慧是非常惊人的，他们通常会优于其中智商最高的人单独做出的判断。"② 但索罗斯基也强调了群体智慧产生的前提条件，即"如果能够召集来自不同行业、不同领域、具备不同知识背景的人合作，他们对重大问题做出的正确决策将明显优于一两个所谓的精英"。综合相关研究，群体智慧产生的条件包括：第一，具备具体的协作目标；第二，群体内的个体具备独立思考的能力；第三，群体内的个体必须多样化、异质性较高且分散存在；第四，分散智慧的集中化。

群体能产生智慧，但并非在任何情况下都能够产生高质量的群体智慧，其中影响其质量的充分条件是群体的规模，每个个体对于问题的推测与判断都由两部分决定——信息与误差。但即使满足上述所有产生的条件，让一群涉世未深的儿童预测股票市场，显然也无法出现正确的结论。③

（三）影响群体智慧产生的因素与算法

影响群体智慧产生的因素包括群体规模、群体内部成员的异质性、群众个体的参与及退出机制、个体间的沟通渠道、群体的组织管理形式、冲突的特殊作用。群体智慧的分析算法包括基于贝叶斯理论的群体智慧算法、基于蚁群的群体智慧算法、基于粒子群优化算法的群体智慧模型等。

二、群体极化

群体并不一定都会产生智慧，在一定条件下，群体也会变成非理性的

---

①　Émile Durkheim. *Rules of sociological method*［M］. NY：Simon and Schuster，1982：　.
②　James Surowiecki. *The wisdom of crowds*［M］. NY：Random House LLC，2005：　.
③　方滨兴. 在线社交网络分析［M］. 北京：电子工业出版社，2014：214.

外物，即群体极化。[①] 勒庞（Gustave Le Bon）在《乌合之众》（*The Crowd: A Study of The Popular Mind*）一书中指出，个人在群体中往往是缺乏独立思考的。[②]

（一）群体极化的定义

群体极化最早由麻省理工学院教授斯托纳（James Stoner）于 1961 年提出，他发现在群体决策情景中，个体的意见或决定，往往会因为群体间彼此相互讨论的影响，而产生群体一致性的结果。[③] 这和心理学的从众效应（herd behavior）相似，从众效应又被称为羊群行为，具体是指只做其他人做的事情，而忽略了自己的私有信息。[④] 在信息学中，群体极化又被称为信息级联（information cascade），这个概念强调的是信息传递对人的影响，当个体接收到来自群体中其他个体的行为信息时，会倾向于隐藏个人的信息，做出跟随的行为反应。王根生对群体极化进行了科学的分类，具有很好的借鉴意义。他认为群体极化有四种现象：① 单极聚化。表示观点在演化过程中形成了完全一致的效果，即出现了信息极联。② 两极裂化。表示用户在交互过程中形成了完全对立的两种观点，两极力量可能不对称，但是较为稳定地存在。③ 多极碎化。表示用户在交互的过程中形成了多种观点，这些观点较为稳定地存在。④ 零极淡化。表示观点或态度在演化过程中因某种原因突然消失。[⑤]

（二）群体极化生产的条件

群体极化产生的条件包括：第一，必须有能激发群体的事件出现；第二，群体内的个体能够看到前人的选择；第三，群体信息缺乏；第四，群体具有一定的同质性。在协同过滤作用下，大家选择跟从他人认为正确的

---

① 方滨兴. 在线社交网络分析［M］. 北京：电子工业出版社，2014：228.
② Gustave Le Bon. *The crowd: A study of the popular mind*［M］. London：Macmillan，1897.
③ James Stoner. *A comparision of individual and group decisions involving risk*［D］. Massachusetts Institute of Technology，1961.
④ 王根生. 网络舆情群体极化动力模型与仿真分析［J］. 情报杂志，2012，31（3）：20 - 24.
⑤ 王根生. 网络舆情群体极化动力模型与仿真分析［J］. 情报杂志，2012，31（3）：20 - 24.

观点，而不是独立思考，并认为这是最佳选择。

（三）群体极化产生的影响因素

群体极化产生的影响因素有三个：主体维度、群体维度和信息维度。从主体维度来看，个人的独立性和个体的初始观点情况影响群体极化现象的产生，思考越独立的个体越不会受到极化的影响；从群体维度来看，群体的同质性、群体密度和初始被影响群体将影响群体极化；从信息维度来看，信息的敏感度、信息的公开度与信息的模糊度会影响群体极化。[①]

在应对群体极化的过程中，首先，要提高主体的独立性，培养用户独立思考、独立判断的能力；其次，要尽量增加用户的异质性，使群体能够接触到不同的声音，声音越多元，极化的可能性越低；最后，降低信息敏感度、提高信息的公开度也是减少群体极化的重要措施。

综上，在线社交网络是社交媒体的基本组成部分，由节点与社群组成，节点是每一个在线社交网络的个人或组织，社群是由众多节点组成的，社群的信息传递存在动力机制，信息属性、在线社交网络结构、社群压力、情绪等有可能影响到信息传播的效率，通过寻找最大公约数、建立桥节点、利用头部社群、构建网络社群组织等方式可以提高社群信息的传播效率。

---

① 方滨兴. 在线社交网络分析［M］. 北京：电子工业出版社，2014：232 - 233.

第七章

效　　果

第一节　效果理论的革新

技术的不断发展使诞生于 20 世纪 70 年代左右的一些传播学理论在如今面临很多挑战，比如传播的主体更加多元，传播的渠道同时具有物理属性与社会属性，传播内容从阅读到体验，这些都在呼唤新效果研究的展开。

不过，放眼世界范围，从 20 世纪 90 年代至今尚未有一套被普遍接受的新的传播理论。有趣的是，尽管在本学科尚未取得突破，但在其他学科已经有了一些理论可供借鉴。让我们先看下传统的传播理论有哪些变化。

一、议程设置的多主体性

议程设置理论认为大众媒体反复强调的内容在受众心中会处在较高位置，媒体可能无法决定人们怎么思考，但是可以决定人们思考什么，这就是议程设置的核心。进入社交媒体阶段，单一传播主体变为多元主体，有限内容变为海量内容，人们心中的议题框架如何被塑造需要重新思考，生成式人工智能形成了"1 对 N"的传播模式，议程设置形成影响力的基本要素发生了改变。

二、从"二级传播"到"多级传播"

二级传播的前提是用户获取信息的渠道比较缺乏，信息只能从意见领袖那里扩散到普通用户，这种扩散既包括信息的扩散也包括影响力的扩散。在社交媒体平台上，几乎不存在信息缺乏问题，人人都有自己的把关标准，都可以向外扩散信息，信息传播的层级变得更多。信息扩散与意见领袖存在关系，但普通用户也扮演了多层扩散的角色，社交媒体信息传递的层级已发生改变，需要理论做出回应。

三、从涵化理论到沉浸感、临场感

涵化理论也面临媒体环境改变的问题。最大问题之一就是沉浸式应用越来越多。诞生于大众媒体时期的涵化理论主要探讨电视屏幕前的受众与电视之间内容的关系，某些内容可能会对电视观众产生显著影响，比如暴力内容对青少年受众产生的影响。社交媒体随时在线、随时互联，海量视频内容铺天盖地地涌到用户面前，用户更容易产生沉浸感。未来5G普及之后，社交媒体还会大量使用 VR 和 AR 设备，用户会经历更强的沉浸感与临场感。对于这些新现象需要引入新理论模型。

四、创新扩散理论的再出发

创新扩散理论探讨的是大众媒体环境下人们接受创新的过程。这一理论依托的是人际传播与大众传播背景，它把人们接受创新的形态分为5种，这5种形态主要根据接受创新的先后顺序确定。在社交媒体环境下，空间与时间的限制降到最低，按照接收时间先后顺序形成的研究框架就需要重新调整，从用户的角度重新观照人们接受创新的不同阶段与影响因素。

五、"沉默的螺旋"理论的改变

沉默的螺旋理论的核心点是受众通过"舆论皮肤"感受外界舆论的"冷暖"，从而决定自己后续行为是沉默下去还是公开表态。社交媒体环境下，用户可以自己决定社会网络的格局，通过开关、亲疏、远近的设置，将自己的可见范围设置为愿意公开自己意见的环境，这种技术进步打破了外部环境一成不变的常态。对于任何普通用户来说，他们可以通过社交功能开关将外部环境所构建的"舆论冷暖"切换为"恒暖"的状态，在这种状态下，是否匿名并不重要，人们公开表达的积极性也有变化。所以，在社交媒体时代，最大的改变就是人们可以对"公开"的外部环境进行人为调控，形成一个无法影响人们"舆论皮肤"的人工环境，用户可以做到只把自己的言论发到跟自己持有相似观点的人群中，实现"同温层社群"，即观点一致的社群在一起，舆论皮肤感知冷暖的功能变得完全单一：要么完全支持，要么完全反对。因此，"沉默的螺旋"理论需要进一步完善。智能主体参与传播过程并不会受到诸如社会规范、群体压力、传播后果等因素的影响，所谓"沉默的螺旋"的形成机理、内涵也发生了改变，这也是需要展开研究的新现象。

六、"第三人效果"理论在社交媒体语境下的行为拓展

"第三人效果"理论主要谈的是面对负面消息，人们往往会预期其他人受到的影响更大，自己受到的影响较小，为了保护其他人，可能采取一系列的行为；当面对正面消息时，可能出现消息对别人的影响大于对自己的影响的预期。以往第三人效果在行为层面上的研究主要是抢购物资、支持管制、身体塑形等。在社交媒体环境下，用户拥有完全的传播权，这就大大超越了大众媒体时期受众的传播能力，人们可以加关注、取消关注、

评论或者转发，或者发动社群组织相关社群活动以应对不同感情色彩信息传播。这些都是新的情形，需要新的研究思路。在生成式人工智能技术出现之后，"第三人效果"理论的基本要素也发生了变化，比如经典的"第三人效果"研究一般都认为负面信息往往带来"第三人效果认知"，但因为生成式人工智能所需要的数据具有错误的风险，因此，"第三人效果"的经典范式从"负面信息"转向"不确定信息"。

第二节　社交媒体效果的相关理论

一、沉浸理论

沉浸理论（flow theory）最早是由积极心理学家契克森米哈（Csikszentmihalyi）于 1975 年提出的。契克森米哈将沉浸体验解释为当个体处于沉浸状态时，他们完全被所做的事深深吸引，心情非常愉快并且感觉时间过得很快。契克森米哈总结出沉浸理论的 6 个要素，包括活动与意识的融合、注意力集中、自我意识的消失、控制感、清晰的反馈、自成目标经验。[①] 后来澳大利亚学者杰克逊（Jackson）又增加了 3 个：挑战与技能平衡、明确的目标、时间感扭曲。之后的学者针对不同研究领域下的沉浸理论对上述 9 个要素进行相应的调整和补充。霍夫曼（Hoffman）和诺瓦克（Novak）等[②][③]学者在研究网络虚拟环境下的沉浸体验时，增加了"远程临场感"和"交互性"两个要素。庄宗元在探讨模拟情景中学生沉浸感对情绪创造力的影响时去除了"自成目标体验"的要

---

① Csikszentmihalyi, M. *Flow: The Psychology of Optimal Experience* [M]. NY: Harper Collins Publishers，1990：117.

② Hoffman, D., Novak, T. Marketing in hypermedia computer-mediated environments: Conceptual foundations [J]. *Journal of Marketing*，1996：50－68.

③ Skadberg, Y. X., Kimmel, J. R. Visitors' flow experience while browsing a website: Its measurement, contributing factors and consequences [J]. *Computers in Human Behavior*，2004（20）：403－422.

素。① 目前，大部分学者在进行领域内的沉浸测量时主要还是围绕上述 9 个要素展开。

二、技术接受模型

技术接受模型（technology acceptance model，TAM）是目前信息系统研究领域中被广为接受的理论之一，由弗雷德·戴维斯（Fred D. Davis）在 1985 年提出，TAM 模型主要关注用户的"感知有用"和"感知易用"这两种认知导向概念。② 该理论认为使用者感知有用和感知易用的两种认知概念，同时影响和决定了用户在使用系统或技术时的态度；而使用的态度又决定了用户的行为意向，最后影响实际使用系统的行为。其中，感知有用性（perceived usefulness，PU）反映一个人认为使用一个具体的系统对他工作业绩提高的程度；感知的易用性（perceived ease of use，PEOU）反映一个人认为使用一个具体的系统的难易程度。

技术接受模型认为，系统使用是由行为意图决定的，而行为意图由想用的态度和感知有用性共同决定，想用的态度由感知有用性和感知易用性共同决定，感知有用性又由感知易用性和外部变量共同决定，而感知易用性是由外部变量决定的，外部变量包括系统特征、用户特征、任务特征、组织特征、管理特征等。③

三、计划行为理论

菲什拜因（Fishbein）和艾森（Ajzen）在 1975 年发表的论文中提出，理性行为理论认为人们通常去执行他们想要执行的行为，行为态度

---

① 庄宗元. 模拟情境设计历程中，探讨学生沉浸经验对情绪创造力的影响［D］. 阳明交通大学，2007.

② Fred D. Davis，Jr. *A technology acceptance model for empirically testing new end-user information systems: Theory and results* ［D］. Massachusetts Institute of Technology，1985.

③ 颜端武，刘国晓. 近年来国外技术接受模型研究综述［J］. 现代情报，2012，32（2）：167-177.

(behavioral attitude，BA) 和主观规范 (subjective norms，SN) 直接影响行为意向。^① 1985 年，他们增加了一个变量，即知觉行为控制 (perceived behavior control，PBC)。^② 1991 年，艾森发表《计划行为理论》(*From Intentions to Actions: A Theory of Planned Behavior*) 一文，标志着计划行为理论的框架成型。^③ 该理论包括三个要素：行为态度、主观规范和知觉行为控制。行为态度是指个体对执行某特定行为喜爱或不喜爱程度的评估。主观规范是指个体在决策是否执行某特定行为时感知到的社会压力，它反映的是重要的他人或团体对个体行为决策的影响。知觉行为控制是指个体感知到执行某特定行为容易或困难的程度，它反映的是个体对促进或阻碍执行行为因素的知觉。计划行为理论可以分为三个阶段：第一阶段是行为意向决定个体行为；第二阶段是行为态度、主观规范和知觉行为控制三方面共同决定行为意向；第三阶段是行为信念决定行为态度、规范信念决定主观规范、控制信念决定知觉行为控制。^④

四、社会临场感理论

社会临场感 (social presence) 又称社会存在、社会表露、社会呈现。该理论最初由肖特 (Short)、威廉姆斯 (Williams) 和克里斯蒂 (Christie) 三位学者于 1976 年提出，他们认为社会临场感是指在利用媒体进行沟通过程中，一个人被视为"真实的人"的程度及与他人联系的感知程度。^⑤ 不同的研究者对社会临场感的理解也不同，所以社会临场感的定义至今没被统一

---

① Fishbein M，Ajzen I. *Belief，attitude，intention，and behavior: An introduction to theory and research reading* [M]. MA：Addison-Wesley，1975.
② Ajzen I. From intentions to actions：A theory of planned behavior. In Kuhl J，Beckman J，(Eds.)，*Action control: From cognition to behavior* [M]. Heidelberg，Germany：Springer，1985：11 – 39.
③ Ajzen I. The theory of planned behavior [J]. *Organizational Behavior & Human Decision Processes*，1991，50 (2)：179 – 211.
④ 徐祎飞，李彩香，姜香美. 计划行为理论 (TPB) 在志愿服务行为研究中的应用 [J]. 人力资源管理，2012 (11)：102 – 104.
⑤ Short，J.，Williams，E.，Christie，B. *The social psychology of telecommunications* [M]. London：Wiley，1976.

界定，相对被大家认同的界定有以下三种：第一种，社会临场感是指在利用媒体进行沟通过程中，一个人被视为"真实的人"的程度及与他人联系的感知程度。[①] 第二种，社会临场感是指通过使用通信媒体，社区参与者试图在社交和情感上把自我投射为真实人的能力。[②] 第三种，社会临场感是学习者在网上学习小组内的归属和认同知觉而导致的沉浸感。[③]

五、UTAUT 理论

2003 年，文卡特什（Venkatesh）、莫里斯（Morris）等学者综合了综合技术任务适配模型（task-technology-fit，TTF）、创新扩散理论（innovation diffusion theory，IDT）、理性行为理论（theory of reasoned action，TRA）、规划行为理论（theory of planned behavior，TPB）、动机模型（motivational model，MM）、复合的 TAM 与 TPB 模型（combined TAM and TPB，C-TAM-TPB）、PC 利用模型（model of PC utilization，MPCU）、社会认知理论（social cognitive theory，SCT）等理论，提出了 UTAUT 理论（unified theory of acceptance and use of technology，整合型技术接受与使用理论），旨在探讨影响用户使用意愿和使用行为的因素。

UTAUT 理论有四个核心变量：绩效期望、努力期望、社会影响和便利条件，以及四个调节变量：性别、年龄、经验和自愿性。[④] 以下是理论的变量解释[⑤]（见表 7－1）。

---

① Lowenthal, P. R. The evolution and influence of social presence theory on online learning [J]. *Social Computering Concepts Methodologies*，2010，124－134.

② Garrison, D. R., Anderson, T., Archer, W. Critical inquiry in a text-based environment：Computer conferencing in higher education [J]. *The Internet and Higher Education*，2000，2（2－3）：87－105.

③ Rogers, P. , Lea, M. Social presence in distributed group environments：the role of social identity [J]. *Behavior & Information Technology*，2005，24（2）：151－158.

④ Venkatesh, V., Morris, M. G., Davis, G. B, et al. User Acceptance of Information Technology：Toward a Unified View [J]. *MIS QUART*，2003，27（3）：425－478.

⑤ 何钦. UTAUT 模型在我国信息采纳中的研究现状 [J]. 科技信息，2011，367（11）：63＋90.

表 7 - 1 UTAUT 理论变量定义及来源

核心变量	定 义	因 素	模型来源
绩效期望 （performance expectancy, PE）	使用者感知到的使用系统可以帮助其获得更好的工作绩效的程度	感知有用性	TAM、C-TAM-TPB
		外在激励	MM
		工作实用性	MPCU
		比较优势	IDT
		结果期望	SCT
努力期望 （effort expectancy, EE）	使用者感知到的系统是否容易使用的程度	复杂性	MPCU
		感知易用性	TAM
		易用性	IDT
社会影响 （social influence, SI）	使用者感知到的对其重要的人认为他/她是否应该使用新系统的程度	主观规范	TRA、TPB、DTPB、 C-TAM-TPB
		公众形象	IDT
		社会因素	MPCU
促成因素 （facilitating conditions, FC）	使用者感受到的组织在相关技术、设备方面对系统使用的支持程度	感知行为控制	C-TAM-TPB、 TPB、DTPB
		促成条件	MPCU
		兼容性	IDT

UTAUT 理论在网络教育、健康医疗、企业管理、社会治理等诸多与新技术紧密相连的领域均有应用，该理论解释了影响技术接受和使用的多种因素。2012 年，Venkatesh 等学者对研究者对 UTAUT 理论进行了进一步调整和完善，推出了一个名为 UTAUT2 的新模型[①]，可更精确地解释和预测当前面向消费者的各种技术需求。UTAUT2 模型在原有理论的基础上，新增了

① Venkatesh, V., Thong, J. Y. L, Xu, X. Consumer Acceptance and Use of Information Technology: Extending the Unified Theory of Acceptance and Use of Technology [J]. *Social Science Electronic Publishing*, 2012, 36 (1): 157 - 178.

三个关键的自变量：习惯（habit）、成本价值（price value，PV）和享乐动机（hedonic motivation，HM），并剔除了自愿性这一调节变量。这些改进显著提升了模型对使用者意愿和行为的解释能力，从原先的 56％和 40％提升至 74％和 52％。至今，UTAUT 2 理论在阐释用户意愿和行为方面依然保持着最高的解释力。2022 年 Blut 等人通过元分析方法（meta-analysis）对 UTAUT 理论的应用进行了深入研究，他们指出，当前基于 UTAUT 理论的研究在跨文化和跨技术情境下的验证尚显不足。为了进一步提升理论的解释力[①]，他们建议将技术细分为移动技术、在线技术、交易技术等不同类别，并综合考虑社会环境、用户教育背景和个人创新性等多重因素。唯如此，UTAUT 理论才能得以完善，并更好地指导实证研究。

第三节　社交媒体的其他效果理论

一、用户忠诚度

美国营销学会对品牌忠诚度给出如下定义："品牌忠诚度是指消费者在较长的时间内，对于某品牌的高度认知与偏好程度。"品牌忠诚度可分为情感忠诚度和行为忠诚度。情感忠诚度是指品牌个性与消费者的生活方式、价值观念相一致，消费者对品牌产生一定的感情，进而达到熟悉的程度。情感忠诚度的高低决定着消费者能否在较长时期内表现出持续的购买行为。行为忠诚度是指消费者能够持续购买某一品牌的行为。消费者对品牌的偏好、个人的购买冲动、消费惯性，或者是企业的促销活动或市场覆盖率等，都可促进行为忠诚度的产生。

品牌忠诚度可从 6 个方面加以理解：品牌认知、总体评价、品牌价值

---

① Blut，M.，Chong，A. Y. L.，Tsigna，Z.，et al. Meta-Analysis of the Unified Theory of Acceptance and Use of Technology (UTAUT)：Challenging its Validity and Charting a Research Agenda in the Red Ocean [J]. *Journal of the Association for Information Systems*，2022，23（1）：13-95.

的判断、消费者满意、消费者购买与消费习惯、向其他人推荐。[①] 消费者的忠诚度与用户的使用黏性本质上是一致的，黏性是人们受外部吸引而出现的一种行为和心理偏好转变。[②]

社交媒体环境下，社交媒体的各个主体提供了承载大量信息与服务的产品供用户选择，用户选择的过程就是竞争的过程，只有那些具有显著特点、符合社群特征、能够持续提供各类可预期的资讯与服务的产品才能被用户广泛接受。随着时间的推移、用户使用时间的增加，用户使用体验不断积累，最终形成对于某个账号、某类内容、某种服务的使用忠诚度。社交媒体忠诚度至少包括以下几个方面：对内容稳定与服务的预期、对内容和服务的高依赖性、持续稳定的满意评价、积极响应诉求（积极转评赞，或者其他网上参与行为）、对不同声音的自觉反驳。

用户忠诚度主要基于用户的信任感、满意度与期待感，是长期互动的结果，其培养不能一蹴而就，无论是对意见领袖的忠诚度，还是对某一类公共账号的忠诚度，都是长期情感与行为互动的结果。比如，"上海发布"微信、微博账号发布的信息，在第一时间、权威性、在地化、准确性等方面特点突出，逐渐在用户中形成使用忠诚度。久而久之，阅读"上海发布"成为用户习惯，当用户希望了解上海最新情况或重大事件时，第一个念头就是打开"上海发布"浏览信息，有些用户甚至将它作为唯一的信息来源，点开"上海发布"看权威资讯已成为其日常生活中的一部分。实际上，"上海发布"用户情感忠诚度与使用忠诚度是由以下几个方面的要素决定：持续不断的第一时间发布信息、持续不断的权威信息、持续不断的真实互动、持续不断的独家服务。品质、收益、创新，最终培养了用户的使用黏性。

二、再传播效果

信息的再传播行为受到很多方面的影响：

① 于洪彦. 品牌忠诚度的构成及其测量 [J]. 吉林大学学报（社会科学版），2003（5）：112－117.

② 赵青，张利，薛君. 网络用户黏性行为形成机理及实证分析 [J]. 情报理论与实践，2012，35（10）：25－29.

　　一是信息特征。研究无论是从传播主体、传播内容还是用户出发，运用哪一种理论框架，信息本身都是影响用户再传播行为的一个要素。信息所蕴含的特征也被细分为许多维度，包括形式（文字、图片、视频等）、价值（功能性、娱乐性等）、情感值、主题类别等。

　　二是可信度。来源可信度越高，受众再传播的意愿会越高，最终传播的覆盖面就会越广。这一结论在传统媒体或是新媒体中都得到了验证。①

　　三是自我效能。自我效能的概念由班杜拉（Albert Bandura）在社会认知理论中提出，是指个人对自己处理某一情景中的问题的能力的信念，自我效能是一个自我评估的概念，能够影响个人的行为决策。②

　　四是使用与分享动机。除了媒介使用动机，也有对媒介信息分享意愿的动机进行的研究。坎坎哈利（Kankanhalli）等人的研究证明，帮助他人的愉悦感会正面影响企业员工对企业在线知识库的使用，即分享知识。③《纽约时报》（New York Times）2011年的一项研究认为，用户在社交媒体上的分享行为包括：带给他人有价值和有趣的内容；定义自身在他人心中的形象；增进关系；自我实现；将自己关注的事件信息传播出去。④叶忠楷研究发现，信息获取动机、社会归属动机、社交性动机和休闲娱乐动机对微信朋友圈转发意愿有显著正向影响，且休闲娱乐动机影响效果最大；而公开表达动机和经济性动机对转发意愿影响不显著。⑤袁园采用满足度的表述方式，发现休闲娱乐、自我认同和社会交往的满足度与用户的微博转发意愿具有显著的正相关关系，而信息搜索的满足度对用户微博转发意愿的影响不显著。⑥吴敏琦调查了微博用户后发现，促进他们进行转发的因素主要有两类：利他和利己因素。利他因素是出于对他人有所帮助而进行转发，而利己因素则主要包括信息收藏需

---

① 钟宏彬. 影响网络谣言传播的因素及扩散模式［D］. 台湾政治大学，2003.

② Bandura，Albert. *Social foundations of thought and action: A social cognitive theory*［M］. Englewood Cliffs，NJ：Prentice-Hall，Inc，1986：6.

③ Kankanhalli，Atreyi，Bernard CY Tan，and Kwok-Kee Wei. Contributing knowledge to electronic knowledge repositories：an empirical investigation［J］. *MIS quarterly*，2005：113－143.

④ The Psychology of Sharing［EB/OL］.（2012－2－24）［2024－4－2］. New York Times，https：//contently.com/strategist/2012/02/24/psychology-of-sharing/.

⑤ 叶忠楷. 微信朋友圈消息转发意愿影响因素研究［D］. 北京邮电大学，2016.

⑥ 袁园. 微博用户转发意愿的影响因素研究［D］. 南京大学，2013.

求、社交需求和情感满足等需求。①

五是社交媒体参与水平。在社交媒体的研究语境下,参与水平被证明对用户的行为有影响。杰西卡(Jessica)等人的研究证明,参与水平对脸书用户的政治信息互动的积极性有一定影响作用,高参与水平者更期待获得他人的赞同和欣赏,因此互动分享行为更加积极,而低参与水平者则仅仅是获取信息,以围观的态度观看事态的发展。② 参与水平对个人转发动机和转发意愿的关系有调节作用。③ 上述研究涉及了较多细分的动机,归纳后可以分为获取信息、社会交往(增进关系)、休闲娱乐、帮助他人等,这些因子都被不同程度地证明与媒介使用行为和信息分享行为显著相关。④

三、"刷屏"现象

"刷屏"表现为信息在用户终端界面上重复出现,在一定时间区间内主导话题的现象。"刷屏"既是过程也是结果,"社群共振"(social resonance)是其背后的真正原因,即信息在不同网络社群产生相似情感与行为的现象。

社交媒体的"刷屏"现象与物理学中物体间的共振现象类似。物理学范畴里,共振概念主要指两个振动频率相同的物体,当一个发生振动时,引起另一个物体振动的现象。用户之间的共振指的是不同用户对某一个事件、某一种情感、某一种应用等表现出来的共同情绪与行为(传播和其他行为)。比如,用户甲的情绪与行为,经过传播后对于用户乙丙丁也产生了"于我心有戚戚焉"的情绪与行为。之所以称其为"社群共振",是因为来自不同社群圈层的用户在同一信息的激发下不约而同地呈现了相似的情绪与传播行为,这种情况与物理学意义上的"同频振动"的现象非常相

① 吴敏琦. 微博用户日常生活信息获取行为模式及其影响因素研究 [J]. 情报科学,2013,31(1):86-90.
② Jessica Vitak, Paul Zube, Andrew Smock. Carr, Nicole Ellison, and Cliff Lampe. It's Complicated: Facebook Users' Political Participation in the 2008 Election [J]. *Cyberpsychology, Behavior, and Social Networking*. 2011,14(3):107-114.
③ 张艺. 基于说服传播理论的微博用户转发意愿研究 [D]. 华南理工大学,2014.
④ 陈琪君. 老人社交媒体信息再传播行为影响因素研究——以微信为例 [D]. 上海交通大学,2019.

似。社群共振表现在以下三个方面：具有共通性的信息的出现；不同用户/社群产生相似的情感与行为；信息在不同社群多次传播，并彼此印证。

首先，社群共振与"从众"现象有关。当某个社群的强关系节点和弱关系节点都在表达共同的情绪和行为时，彼此相连接的其他用户也可能受到这种情绪与行为的影响，产生相同的情绪与行为。在社会网络的信息扩散流程中，只有一部分人会第一时间主动分享与表达，更多人会在沉默中等待表达的时间点，当用户认为不同社群中的多数人都主动表达的时候，才会分享和表达自己的情感和立场。因此，第一批主动表达和传播的用户对后续"刷屏"的形成至关重要。

其次，与社群圈层有关。不同类别的社群在信息接收偏好上存在明显差异，信息在不同类别的社群之间流动可能受到"社交跨圈"的影响，社群与社群之间的信息流动存在传播壁垒（social circle barriers），即社群性质会阻挡信息的"跨圈层"流动。比如，大多数情况下，金融社群讨论的话题几乎不可能被分享到马拉松社群里，有关体育专业的话题也不太可能被植物爱好者接受。因此，那些适合在特定社群内传递的内容会被社群壁垒拦阻在一定的社交网络关系的范围之内，只有那些穿透社交圈层壁垒、被不同类型人群同时接收的信息才能快速裂变扩散，形成二次或者多次扩散的可能性。

最后，"刷屏"还与社会网络的结构有密切的关系。从信息扩散的角度来看，信息先在弱关系中传播，突破圈层壁垒再向临时关系扩散，临时关系最大的价值就是能够形成"蝴蝶效应"，即在未知领域（不可见的领域）能够吸引具有相似情感与行为的人和社群。临时关系层引发的共振越多，刷屏的可能性越大，社群共振距离原点就越远，共振波及的范围越广。

用户、内容、社交网络是形成"刷屏"的三个要素。用户是传播主体，包括个体与社群，用户可以分享事实，也可以散播情绪；内容是推动"刷屏"形成的"刺激物"，不同类型的内容能够激起或平抑不同类型的用户行为；社交网络则是用户传播内容的主要载体，是"刷屏"形成的基础。用户通过社会网络获得信息，也通过社交网络传播信息，并开展各类社群活动。

"刷屏"是有生命周期的，没有永久的共振。刺激用户产生"刷屏"

的信息的强度下降后，用户的传播动力减弱，热情持续放缓，"刷屏"最终结束。

"刷屏"现象可能是网络空间中用户的自发行为，也可能是被机构控制的人为操控行为。比如，一些深知社群"刷屏"内在规律的营销人员，根据社群共振的规律炮制了容易激发用户分享的信息，雇佣或诱导一批账号在社群中首先转发分享，形成第一波的"某条信息突然汹涌而来"的假象，目的是吸引更多用户在社交媒体平台上跟随分享，最终产生多波次的跨圈层信息传递，形成传播营销者所需要的情绪与行为，人为地制造出"刷屏"假象。很多被界定为社交媒体"恶意分享"的文章或者应用都是这种情况。由此可见，"刷屏"具有自发与人为两种特性，研究"刷屏"现象不仅需要厘清"刷屏"的内部机理，还要进一步探索降低社群共振被人为操控的可能性。

案例：

《人民日报》客户端"军装照"刷屏

《人民日报》客户端于 2017 年推出了"军装照"应用，其 H5 分享与扩散的高峰发生在大阅兵直播的前后，伴随着大阅兵直播，社交网络上也在不断涌现海量用户英姿飒爽的"军装照"。军装照片和参与者的赞美作为刺激物在最广泛的社会网络圈层内激活了用户的参与热情。用户在分享军装照 H5 应用过程中获得了归属感、参与感、美感等，内心深处内容生产与扩散的动力被激发。用户 A 以自身为圆心，向用户 A 的社交网络（比如微信联系人列表）展示其"英雄梦"，用户 A 的几百个或数千个关系节点感受到了用户 A 的兴奋。同样地，他们也兴奋不已，持续转发各自的"军装照"，以此类推，"刷屏"迅速形成。"刷屏"的第一种形式是相似内容的生产与分享，第二种形式是对个人社交符号的修改与分享，军装照的"刷屏"就体现了这种特点，用户除了分享自己的信息之外，更进一步将自己的头像换为穿上军装照的照片，从简单的转发与评论转化为全面参与的社交行为。从"军装照"的发展过程来看，经过了 8 月 1 日和 8 月 2 日的高峰之后，人们的参与热情就降低了，由此可见，"刷屏"具有一定生命周期。

四、用户倦怠感

亚当·帕特里克（Adam Patrick）注意到人们被社交网站信息所淹没的现象，第一次明确提出了社交媒体倦怠（social media fatigue，SMF）的概念，并指出社交网站过多，垃圾邮件泛滥，人们成了社交媒体的猎物。[①] 艾弗·托塞尔（Ivor Tossel）认为，当人们忙碌于注册各种社交网站时，也为此感到烦恼和倦怠。上述早期的研究通常关注的是社交媒体倦怠的起因。[②]

2011 年，加特内（Gartner）将社交媒体倦怠的定义聚焦于使用意愿、投入时间等方面[③]（之后的研究也普遍沿用这种定义）。这种定义更强调用户对社交媒体产生倦怠后的确切体验、反应和行为，可以阐释为：由于个人或平台或社会的原因，用户对社交媒体产生情绪上的疲乏、厌烦、厌倦感，进而对社交媒体的使用频率降低。[④]

以上研究并未区别社交媒体的功能类型和使用类型。由于国外研究者多以脸书为研究对象，用户对脸书的倦怠，即对社交媒体的线上虚拟社区功能的倦怠；而国内社交媒体，如 QQ、微信，除了虚拟社区功能（QQ空间、微信朋友圈）之外，还有即时通信（私聊）和群组沟通（群聊）的功能。用户对社交媒体的功能使用还存在多种可能组合，比如，只使用即时通信功能而不使用虚拟社区功能，或只参与虚拟社区围观而不进行虚拟社区自我表达。与之相对，用户的社交媒体倦怠也存在多种表现形式，高频率打开社交媒体软件并不代表用户不存在社交媒体倦怠。[⑤]

---

① Adam P. More than love to be found on networking sites [N]. *Reuters*, 2004 - 2 - 25.
② Ivor Tossel l. Who do you want to be today? [N]. *The Globe and Mail*, 2007 - 2 - 16.
③ Gartner，Survey Highlights Consumer Fatigue with Social Media，Analysts to Explore Social Media Landscape at the Gartner Portals [EB/OL]. (2011 - 5 - 11) [2024 - 4 - 2]. http：//www.gartner.com/it/page.jsp?id=1820015.
④ 陈璐. 朋友圈你疲倦了吗? ——社交媒体自我表露倦怠影响因素研究 [D]. 上海交通大学，2019.
⑤ 陈璐. 朋友圈你疲倦了吗? ——社交媒体自我表露倦怠影响因素研究 [D]. 上海交通大学，2019.

　　陈璐将社交媒体倦怠聚焦到虚拟社区内容发布倦怠这一细分方向，即针对用户"想发、多发朋友圈"到"怕发、不发朋友圈"的心理、行为变化进行研究，采用倦怠量表（MBI 量表）将"倦怠"的测量集中于心理状态而非倦怠后的社交媒体使用表现。具体来说，用户在社交媒体经历了长期的内容浏览和自我表露后，产生了对于自我表露的疲惫感、对自我表露采取消极行动、不再从自我表露过程中获得成就感和满足感等一系列行为。而这种情绪耗竭、人格解体、成就感低落，正是"倦怠"的表现。研究发现，微信朋友圈用户的媒介使用、社会资本、风险感知和人格特质均与自我表露倦怠显著相关。同时媒介接触水平、媒介交往深度、社会关系深度、社会风险认知、孤独感和人际信任这六个维度均对社交媒体自我表露倦怠有显著预测作用。[①]

---

　　① 陈璐. 朋友圈你疲倦了吗？——社交媒体自我表露倦怠影响因素研究［D］. 上海交通大学，2019：73.

第八章

平　台

第一节　社交媒体平台属性

社交媒体平台是为用户提供数字化社会服务的复杂功能组合体。社交媒体平台能够提供满足社会交往的基础设施与服务，实现人与人的连接、人与物的连接，并且有责任规制平台参与要素行为。多数社交媒体平台是基于企业运行的实体，具有获利属性。社交媒体平台既要为社会提供服务，又要维护自己的实际利益；既要建立内部规则，又要遵守国家法律法规。因此，社交媒体平台可被视为具有复杂意义的组合体。

一、社交媒体平台属性

社交媒体平台既非单一产品，也非单一数字空间，而是多种功能与多元主体参与的共同体，具有多重属性，包括：① 社会属性。社交媒体平台重构人类社会交往空间；平台参与构建的数字化网络空间；个体和社群重构的在线社会网络关系；平台作为服务提供者参与的社会治理。② 服务属性。社交媒体平台提供多元服务是在激烈竞争中生存下来的基本要求，它通过技术手段赋能各类平台参与者，包括普通个人、企事业单位和政府部门，使之便捷获得各类服务。③ 技术属性。技术与平台相互成就，技术推动社交媒体平台发展，社交媒体平台又牵引技术的发展方向，从社交媒体的发展历程来看，移动互联技术、推送算法、元宇宙、AIGC 等技术都较早地被应用于社交媒体平台。④ 产业属性。平台产业属性由投资与收益关系决定。任何社交媒体创始者创立社交媒体平台后若要维持运转，必须通过产业化经营获得持续利润增长，因此，社交媒体平台具有自身利益与诉求，受各类风险资本影响较明显。⑤ 法治属性。社交媒体平台是人类社会交往的新空间，法治便为应有之义。平台法治分三层：第一层是外部法治要素对平台本身的约束，国家法律法规规制平台空间上的所有要素，是平台法治的总框架；第二层是自身的法治化建设。平台通过规章制度对平台活动的参与要素进行规范；第三层则是平台参与者的自律规范框架。

二、平台媒体发展的内在逻辑

"平台"的概念早已有之，只是"平台"一词在不同时期含义差异较大，比如：电信缴费平台指用户缴费的应用程序；股票交易平台指用户直接通过客户端进行买卖股票交易的软件或应用。

互联网作为基础设施得到普及后，"平台"这一概念才被广泛使用。平台在不同时期体现的内涵也有较大不同。在博客兴盛时期，用户创建的账号可订阅、关注、评论、转发，博客是普通人可以主动表达的第一个社交平台，但博客篇幅长，专业性较强，用户对于内容生产的热情迅速下降，再加上新技术不断兴起，博客也随之被更优秀的应用替代。2009 年，微博平台出现，它让用户摆脱了在博客平台上发表长篇大论的创作压力，为每个用户提供了随时随地发表观点的便利，网络社群快速从博客向微博"迁徙"。微博风光无限的表面之下也存在缺陷，即并非人人都愿意把个人生活的细节展示给陌生人，人们不愿意将个人空间与公共空间混为一谈，期待能够区别对待私人空间与公共空间的新应用出现。腾讯抓住机会推出微信，对人们的社会交往圈层重新排序，将个人社会网络中的"强关系"与"弱关系"排在了"偶然关系"之前，即在"强关系"层面让用户保有隐私，在"弱关系"和"偶然关系"层面让用户选择部分开放的架构。这样的社会网络架构更符合用户实际需求，因此，微信一经推出，便迅速在移动端普及，成为基本应用。"平台进化"并未停止，需求推动变革。2017年，以字节跳动为代表的平台试图通过传播要素的数据化与算法化，构建全流程可动态总控的新型传播模型，最大限度地减少信息与用户需求之间的误差。此时，平台作为"总控装置"，全面掌握传者、内容、渠道、受众、效果全环节的权重分配与动态调度的权力。由此可见，社交媒体平台迭代进化是技术与社会发展的共同结果，未来的社交媒体有可能向立体、多元、沉浸的方向发展，并引入更多人工智能因素。

三、社交媒体平台主要功能

社交媒体平台是多元利益结合的共同体，是复杂社会结构的新形态，它在赋予参与者在网络新空间进行社会交往权利的同时，也要兼顾自身生存与发展的利益。

社交媒体平台主要功能包括：① 牵引发展。平台技术应用直接推动社会发展，如大规模移动支付及各类应用服务，购票、娱乐、支付等功能能够显著提升人类交往便利性，加快数字化社会的建设进程。② 迭代服务。为社会提供各类数字化连接与基础服务是社交媒体产业化生存的逻辑起点，社会在变化，技术在发展，社交媒体平台提供的服务也必然在不断迭代。③ 规制要素。作为新兴数字社会的基础设施的提供者，社交媒体平台负有规则制定和维护网络平台空间清朗的责任，平台提供准入、交互、竞争、合作、淘汰等规则，规范所有在平台上的参与者。④ 优化算法。社交媒体平台通过智能技术动态识别各传播要素的实时变化，并根据实时效果动态分配流量，此时，传播效果并非自然生成的效果，而是由平台依据"总控算法"调试后的效果。这种新型信息传播模式具有鲜明的创新属性，在新闻传播理论与实践方面具有意义。⑤ 运营获利。社交媒体平台持续经营才能维持不断发展，因此，经营获利是平台首先要解决的关键问题，至于采取何种经营模式，不一而足，常见的经营模式有缴费模式、广告模式、销售模式等。

四、平台成为研究对象

大众媒体时期的信息传播主要还是依托人力或者电子信号传递信息的载体。平台虽有一定的功能，但整体而言，大众媒体时期的所谓媒体平台在规模、功能与效率方面非常有限，能够直接影响受众的手段与技术也较为有限。因此，"平台"这个概念在大众媒体时期并未引起产业界与理论界的关注。

在社交媒体时代，没有平台便没有所谓的在线社交网络，也就没有大规模的数字交往行为，也就不存在社交媒体，因此，研究平台成为发展社交媒体的基本要求。平台提供了基本的社会交往技术支撑，将在平台上的所有个人和集体通过数字化转化为能够彼此联系的节点和社群，并通过提供动态优化的算法不断调整信息在传受者之间的传播效能。平台不但能够优化信息传播流程，而且也在面向其他社会主体提供服务。当然，社交媒体平台实质上还是具有公司属性或者受到资本驱动的实体，有自己的利益，平台治理也是关键话题。

五、智能技术深度影响传播基本格局

随着人工智能技术与传播要素的不断结合，传播模式从基于人与人之间的交互过程拓展至人与机器，以及机器与机器之间的交互过程，传播主体从生物学意义上的"人类主体"拓展至基于数据与算法的"智能主体"，这些非生物学意义上的主体能对话、能写作、能推理，在各层面上向人类持续学习并不断迭代。因此，传播学的核心要素、传播流程、传播生态都面临着新的挑战，各类新研究问题也层出不穷，成果蔚为壮观。

小贴士：

平台社会

平台社会指人们在互联网平台上开展社会交往活动、共享社会资源的一种新型社会形态。包括 6 个方面：① 信息查询和获取行为依托各类搜索引擎、信息分类和信息聚合服务平台；② 社会交往活动基于社交网络平台实现；③ 学习离不开在线学习平台和知识技能分享平台；④ 交易行为在购物平台和支付平台实现；⑤ 休闲娱乐可通过在线视频和游戏平台实现；⑥ 物资可通过在线共享平台付费使用。平台化发展的结果可能会形成若干个超大平台，这是否有利于媒介生态系统的健康发展还有待进一步观察。①

第二节　多维视野下的社交媒体平台

社交媒体平台首先是企业产品，体现了企业经营的哲学。为了支撑社交媒体平台的运转与发展，社交媒体平台还构建了与用户需求匹配的技术架构，并推出诸多产品形态，满足用户在多维度、多层面上的需求。

一、企业视野下的社交媒体平台

社交媒体平台多是董事会领导下的企业架构，通过提供产品与服务满足社会的某类需求并获利。脸书虽被称为平台，但其实质是以扎克伯格为主要领导的互联网公司的应用产品。同理，抖音也是"字节跳动"公司向用户提供短视频服务的产品。无利不起早。企业投资社交媒体平台的目的是通过提供服务从而持续快速地获得相关利润。因此，与新闻传播界关注数字劳工、社交媒体倦怠、算法抗拒等社会议题不同，投资界评价、衡量社交媒体平

---

① 李卫东. 智能新媒体［M］. 北京：人民邮电出版社，2021：81.

台获利潜力时大多以"日活量""新增用户数""新增下载数"为指标。

　　用户常认为平台是社会的重要组成部分，却未意识到社交媒体平台背后实际是企业实体。在投资者看来，平台是大规模用户的"蓄水池"，一旦积累出庞大的社群规模，并培养其使用习惯，其他各类应用便有基本保障，相关盈利模式便有可能实现。

　　资本介入在多数情况下可推动社交媒体快速成长，但也会直接影响其价值取向。从有利方面来看，社交媒体受资本青睐，拿到关键资源，可快速兴起；从不利方面来看，社交媒体平台被资本裹挟而迷失方向的案例也屡见不鲜，个别平台为快速套现，枉顾社会价值、用户观感、使用体验，强推各类灰色服务，甚至铤而走险，危及国家安全，导致各类社会风险出现等。

二、技术架构下的社交媒体平台

　　社交媒体平台需要通过技术架构承载公司层面的战略构想，服务于企业发展、用户需求、社会要求。从底层架构来看，社交媒体底层技术架构分为三种：Saas（software as a service，软件即服务）、Paas（platform as a service，平台即服务）、Iaas（infrastructure as a service，基础架构即服务）。从连接协议来看，连接人与人的"用户使用协议"以及连接人与物的"公用服务协议"是两大基本协议。在连接人与人方面，平台提供的连接协议保证所有参与者能获得相同权利并承担相应的责任，用户基于连接协议完成大规模的社群互动与沟通；在连接人与物的协议方面，腾讯推出的小程序最有代表性。小程序，作为一种编程规范，将企业、政府、学校等实体单位紧密连接在一起，被腾讯管理层视为实现"去中心化赋能"的核心要素。从技术层面分析，腾讯公司通过确立这一编程规范，将关键的社交媒体数据或资源向社会实体开放，从而使得社会实体更倾向于选择腾讯作为获取各类服务的首选入口。这一举措不仅展现了腾讯在技术创新方面的领导力，也进一步巩固了其在互联网行业中的重要地位。从要素与总控来看，社交媒体的主要技术可分为"数据化"与"算法化"的多种传播要素与面向传播要素动态控制的"总控算法"。社交媒体平台的底层逻辑是支撑起人与人、人与物、要素与总控的技术架构，既面向特定或综合场景，提供交互体验以及更好服务，也为未来发展留出技术空间。

三、产品视野下的社交媒体平台

社交媒体产品体现了平台对用户需求痛点的理解以及对未来的判断，是整个社交媒体平台面向社会需求提出的解决方案，受技术水平、社会治理、经济环境等条件约束。① 平台勃兴多是技术约束条件下的较优选择。在桌面电脑时期，网络设备的移动性较差，设备之间的关联度不高数码相机只能专司拍照。桌面电脑则具有网络连接功能，照片上传网络只能先从数码相机中导出，接上电脑才能上传图片或视频，设备之间的自动连接是断裂的，彼时的社交媒体平台主要基于这种相对静止割裂的技术条件进行产品开发。移动互联网大规模普及后，社交媒体平台依托移动设备提供产品服务，比如移动客户端成为连接节点之间、人与社群、人与实体之间的关键接入点。② 社交媒体产品类型反映用户需求变迁。社交媒体平台因用户的需求层次、规模与种类存在差异，在产品设计上也表现出明显的不同，如基于内容匹配与算法推送的短视频平台，较为重视使普通用户拥有短视频表达的能力，开发了大量简易型的视频编辑工具，让普通人不再受专业视频编辑工具的束缚。例如，小红书作为年轻人分享生活的重要平台，从修图、发文、互动等方面进行多次产品优化，重点增强年轻社群在该平台上的黏性。社交媒体平台也重视产品体系的建设以满足用户多层次的信息需求。字节跳动公司在其产品体系中大量应用人工智能技术，开发了从长视频到短视频，从新闻推送到数据监测的产品体系，每一种产品都覆盖特定的用户群体，满足其某一类需求。

社交媒体平台是企业为广大用户提供的、用于社会交往的数字平台，具有公司、技术与产品的三层逻辑架构。公司架构会影响技术架构和产品架构，技术架构与产品架构的变化又会影响公司治理结构的改变。因此，理解社交媒体平台应从综合视角来进行判断，把握社交媒体平台背后的运行逻辑。

第三节　平台媒体与传播

社交媒体平台被业界与学界称为"平台媒体"，大致是因为社交媒体平台作为信息传播者与接受者参与传播流程，也可作为"总控者"动态调整传播过程中的各要素。从实际运行上来看，社交媒体平台既生产内容又具有监管内容，既面向普通个体又面向整个平台，属于新形态。

一、平台媒体的两个类型

平台媒体具备媒体功能。平台技术系统中本身就自带媒体功能，平台所有者在开发之初便完成了对系统架构的权限分配。开发者会为自己设定最高权限，俗称"超级管理员"，不同级别账号被分配对应的权限。基于此架构，平台方作为"超级管理员"可向平台上所有账号推送信息，从而具备媒体功能。随着人工智能技术不断进步，基于传播要素数据化与算法化的新型平台媒体不断涌现，平台媒体进一步发展到新阶段，分为两类：① 基于在线社会网络的平台媒体。各类用户和社群在平台上构成了错综复杂的关注与被关注的关系网络以及互动形态，对于个体与社群的社会属性可通过大数据进行解读，确定传播效果最优的推送对象。拥有最高权限的平台方基于数据洞察直接向所有用户账号或特定账号推送信息。② 基于智能传播架构的平台媒体。社交媒体平台通过内容标签化、用户画像、算法识别与算法推荐等方法提高传播要素流动的速度与精准性，全面参与传播流程。与第一种类型相比，这类平台媒体更加依赖数字化与算法化的传播要素，属于新型平台媒体。

二、平台媒体总控信息传播逻辑

第二类平台媒体将人类主导参与的传播过程转化为基于数据化与算法化进行总控的新型传播架构，具体表现在以下 4 个方面。

（一）平台通过系统算法总控所有的传播要素与信息传播环节

平台媒体根据传播数据的情况，通过各类算法集合调控各要素之间匹配关系以及相关传播策略，此时的平台媒体与电容器开关的功能相似，流量大小、流动方向、时间长短、覆盖范围均由平台控制。除了传播信息方面的总控系统，平台媒体还要开发大量具备快速识别违规内容能力的机器人，构建面向内容的审核队伍，通过人工智能与人工审核结合的方式管控平台。

（二）调节内容生产的总量与速率

首先，在内容生产方面，平台媒体通过自己的账号进行内容生产或组织活动。平台媒体通过系统账号与普通账号对话。社交媒体平台在进行系统升级与优化操作之前，会通过平台账号向所有用户推送"系统升级"之类的通知。与之相似的还有"定向广告"，即平台向符合相关条件的目标账号推送的广告内容。其次，平台媒体通过组织大型活动来放大平台的聚焦效应，通过焦点内容带动流量与关注度。如在各类短视频平台举办的知名歌手演唱会便属此种类别。最后，在推动用户内容生产方面，平台媒体通过降低软件使用难度、调整规则、鼓励传播者模仿等方式辅助内容生产者轻松、快速地产出内容。在一些短视频平台，用户直播可直接与平台进行收入分成，这也激发了用户追随平台算法进行内容生产的动力。

（三）动态调整信息流动的方向与范围

平台媒体根据内容图谱与用户画像进行算法匹配和推送，再根据匹配结果动态调整渠道分配策略，完成信息传播。一方面，平台媒体通过数据分析掌握用户属性，将用户分为若干类别，形成不同行为倾向的用户模型；另一方面，平台根据内容分类标签进行匹配，根据用户接受效果进行正向或反向调整和优化，形成内容与需求的最优对应关系。

（四）基于传播效果的算法优化

从传播链条上看，呈现传播效果是传播流程中的最后环节，平台媒体可通过用户行为呈现的实际效果对用户、内容、渠道等进行动态调整，使传播各要素能在不断调整中持续优化。

平台媒体的两种形态既体现了技术发展给媒体形态带来的变化，也体现了新技术条件下传播基本逻辑的变化，了解平台媒体不仅要探索平台媒体的拓展形态，更要发现这种变化在新闻传播领域产生的理论与实际意义。

第四节 平台风险与治理

社交媒体平台不仅处于用户与用户、用户与社群之间，还处于公民与管理部门、决策者以及监管机构之间，这种独一无二的位置使平台媒体成为整个数字社会治理系统的关键枢纽。[①] 平台治理并不仅是一个单一的概念，而是一个复杂的治理系统，包括三个层面：① 现实层面的社会治理；② 现实与社交媒体的交叉部分；③ 社交媒体平台部分。从治理主体来看，包括公共管理部门、平台自身、用户本身；从管理对象来看，既包括平台允许的行为，也包括各方均不允许的行为。

一、社交媒体平台风险

（一）数据安全风险

社交媒体平台聚集了多种类型数据，包括普通用户数据、企业数据、部分政府数据等。平台数据具有公共性，但平台利用数据进行分析和算法推荐而赚取利润，又显现出资本逐利的特性。[②] 平台作为提供数据的机构，

---

① 沈国麟. 平台善治［M］. 北京：华夏出版社，2021：11.
② 沈国麟. 平台善治［M］. 北京：华夏出版社，2021：11.

可能存在各类安全风险，包括国家安全、金融安全、社会安全、用户安全等。

（二）企业周期风险

社交媒体平台很难永续存在，此阶段存在，彼阶段却可能破产消失。长久来看，社交媒体平台最终消失是大概率事件，当年火热的一些社交媒体平台如今难觅踪影，无论哪种社交媒体平台，或早或晚其生命周期的末段终究可能会到来。当社交媒体平台进入生命周期的末段，平台无力提供持续服务，如何让平台上的参与者能够平稳过渡，避免用户利益损失，目前尚无明确解决方案。

（三）资本垄断风险

社交媒体平台面临着各种经营压力，其中来自投资方的压力最大。投资方的压力有时会直接影响平台的道路选择与价值观倾向。对于社交媒体平台，最宝贵的资源是用户，最有价值的资源是用户产生的数据，但在资本裹挟的环境下，为了迅速变现，社交媒体平台有可能会触碰各类法律红线，侵害用户利益。

（四）监管松懈风险

社交媒体平台有自身利益，平台治理又关乎社会治理的价值，在经营与管理之间寻找可能的平衡点一直是个难点。大多数情况下，平台往往会在监管中选择较为宽松的监管措施，比如，对一些违法现象的处置力度不够；对一些优先级别不高的问题放任不管；为了不伤害商业利益而牺牲社会利益等。

二、社交媒体平台治理

综合中国、美国、欧盟国家和其他国家的平台治理措施来看，目前平台治理大致按照治理公司的逻辑运行，涉及数据监管、内容审查、反垄断和隐私保护四个方面。①

（一）数据监管

如何处理数据流动不仅是一个政治和安全问题，也是一个经济和发展问题。我国对互联网主权明确表态：互联网是国家重要的基础设施，中华人民共和国境内的互联网属于中国主权管辖范围，中国的互联网主权应该受到尊重和保护。在 2011 年和 2012 年，中国在联合国和国际电信联盟等国际舞台多次宣示互联网主权，倡议数据的本地化管理。② 互联网主权和数据本地化管理的主张既是对美国进攻性的"互联网自由"的防御，也是维护发展中国家在数字经济与虚拟空间中的发展权、治理权和参与权等权益的保障。③ 世界各国以数据主权④的依据相继出台了诸多法案，限制数据跨境流动。一项针对 64 个经济体的研究显示，1960—2017 年，对跨境数据流动的限制性规定从无发展到 87 个，这些规定大部分是强制公司将数据保存在特定的边界内，少量涉及限制数据入境。

（二）内容监管

社交媒体平台主要是用户生产内容，一方面，带来表达的多元化，丰富了人们认知社会的领域与场景；另一方面，各类杂音也都传递至社交媒体平台，一些政治经济机构通过发布各类信息直接影响政治与经济的走向，一些第三方机构甚至通过社交机器人伪造社会舆论。因此，社交媒体平台需要建立面向各类不良内容的监管法律体系，加大对不良内容的监管力度。

（三）反垄断

互联网领域内有诸多投资、合并事件，平台公司对其他中小企业的整

---

① 沈国麟. 平台善治 [M]. 北京：华夏出版社，2021：12 - 16.
② 章剑锋. 中国的互联网主权宣示专访中国互联网络信息中心副主任李晓东 [J]. 南窗，2011（1）：34 - 35.
③ 王爱玲、达妮莎. 坚持"网络主权"的中国声音及国际认同分析 [J]. 大连理工大学学报（社会科学版），2020（6）：6 - 13.
④ 沈国麟. 大数据时代的数据主权和国家数据战略 [J]. 南京社会科学，2014（6）：115.

合与合并趋势愈发明显，形成垄断之势。对于普通消费者而言，垄断企业有可能会侵害个人权益；对于市场主体而言，垄断企业会垄断议价权，抑制公平竞争，从而扼杀创新；对于政府机构而言，垄断企业会侵蚀公共权利，甚至危害社会稳定。垄断会妨碍市场的公平竞争——这是世界各国政府达成的共识；对于任何国家的政府而言，如何避免市场被垄断在少数企业手里，避免市场的寡头化，以保障多数消费者和中小企业的权益是不得不考虑的问题。事实上，全世界的政府都在考虑如何限制平台公司的垄断之势。

（四）隐私保护

平台掌控了个体隐私，并受到资本驱动通过隐私计算以获得更大商业利益，需要从外在管制、内部管控与技术监测三个层面形成对个人隐私的保护。外部管制，即通过法律规范对用户隐私行为进行具体规范，并根据技术进步更新相关条目。内部管控是指要求平台提供相关算法备案、隐私使用算法等内部管理条例。技术监测是指建立大规模针对平台履行隐私保护义务的技术监控—预警—处置体系，并形成面向全体用户的隐私侵犯的举报体系。

治理平台需要国家制定法律规范。对内挖掘平台的公共价值，增加公共产品的供给，推动经济持续发展，促进社会稳定和融合，最大限度地发挥平台的公共价值；对外维护本国的数据主权和信息安全，保障本国的网络空间不被他国侵扰。当然，在进行平台治理的过程中也要兼顾平台、用户、社会三者的平衡，既不要"一管就死"，也不要"一放就乱"，应该在发展、技术与治理三者中找到一条中间道路。

> **小贴士：**
>
> ### 隐私计算[①]
>
> 隐私计算（privacy compute 或 privacy computing）是面向隐私信息全生命周期保护的计算理论和方法，是隐私信息的所有权、管理权和

---

① 李凤华，李晖，贾焰，等. 隐私计算研究范畴及发展趋势［J］. 通信学报，2016，37（04）：1-11.

使用权分离时隐私度量、隐私泄漏代价、隐私保护与隐私分析复杂性的可计算模型与公理化系统。具体是指在处理视频、音频、图像、图形、文字、数值、泛在网络行为性信息流等信息时，对所涉及的隐私信息进行描述、度量、评价和融合等操作，形成一套符号化、公式化且具有量化评价标准的隐私计算理论、算法及应用技术，支持多系统融合的隐私信息保护。隐私计算涵盖了信息搜集者、发布者和使用者在信息产生、感知、发布、传播、存储、处理、使用、销毁等全生命周期过程的所有计算操作，并包含支持海量用户、高并发、高效能隐私保护的系统设计理论与架构。隐私计算是泛在网络空间隐私信息保护的重要理论基础。

第九章

社交媒体与人工智能：形态与技术

第一节　人工智能影响传播的四种形态

数千年来，人类孜孜以求探索传受双方之间信息流动的更优模型，可以说，传播模型发展史就是人们挣脱空间与时间束缚的抗争史，优化传播模型须克服空间与时间这两个关键障碍。时间问题最终是空间问题，空间拓展速度决定了时间压缩程度。除了时空问题，不同时期的传播模型还取决于关键传播要素的优化，衡量模型优化结果的标准大致有六类：传播者的多样性、传播内容丰富度、传播渠道覆盖度、接受者匹配度、传播效果精准度以及传播整体效率。人们通过技术的、系统的、制度的手段优化各传播要素，目的是解决传播主体多样性不强、传播内容丰富度不足、传播渠道不完全、接收者存在信息不对称、内容匹配性差、传播效果存在延迟等问题。人们在不同时期采取了不同解决方案，从传播形态上来看，可分为大众传播、社交传播、智能传播。

在大众媒体时期，人们采取工业化路径，以集体加工的形式，依托精英群体进行内容生产，通过"集中再分发"形式传播，给信息接收者提供多样信息，并通过问卷调查、访谈、实验等方法了解读者的满足情况及未来需求，形成了基于标准化、工业化、系统化的传播模型，但这种模型面临着生产效率阈值受限、内容形式容易固化、抽样研究样本较小、反馈时效性不强等问题。工业化与中心化优化了传播模型，但仍有一些关键问题尚未解决。

在社交媒体平台发展早期阶段，互联网赋予每台机器互联的权利。每个普通参与者通过拓扑网络中的机器彼此互联，企业构建了具备拓扑网络的社交媒体平台，向广大用户提供社群服务。在社交网络平台上，个体节点相互连接，形成社群结构，信息流动方式从"集中-分散"转向"点对点""点对群"的网络拓扑结构，个体全面参与内容生产并通过社交网络相互传播信息，用户设备的拓扑网络结合现实社交网络形成了所有节点彼此互联的在线社会网络。平台基于大数据技术构建用户类别标签以及内容标签进行匹配与推送，发挥了"总控"与"开关"的作用，但这一阶段的社交媒体主要应用技术还是网络技术与基本的数据挖掘技术，具有识别、决策与预测功能的人工智能技术尚未被大规模应用。

随着人工智能技术全面介入传播流程各层面，社交媒体的智能化程度不断提高。人工智能技术与传播过程的各要素结合表现为四种形态。① 应用于传播全流程的"算法集群"，还可称为"智能流程"。社交媒体平台是应用驾驭此算法集群的主体，内容标签化、用户画像、推荐算法都可归入算法集群。平台为每个传播要素植入不同类型算法，通过总控算法对信息流量、方向与速率进行动态调控。② 具有独立内容生产、传播与交互能力的"智能主体"。AIGC 的生产主体、数字人、社交机器人都可归入此类别，这种类型能够根据各类文本、社交网络数据、用户反馈数据进行识别、判断并自主进行交互。这类智能主体根据技术应用层次可分为半自主的智能主体，以及具有独立自主判断能力的智能主体。比如虚拟主播很多情况下只是将语音技术与智能图像技术结合起来，并不具备完全自主的判断能力，这类应用可归为半自主的智能主体。那些完全可以根据场景进行自我调节，并找出最优解的智能主体则属于独立的智能主体。尽管这些智能主体具有或多或少的独特的传播能力，但其背后依然是由相关人类业者提供技术支撑。③ 基于智能技术的虚实结合的空间还可称为"智能空间"。随着智能技术、物联网、区块链、云计算等技术的不断进步，基于虚实结合的新型社交媒体空间渐行渐近，元宇宙成为人们对未来社会交往形态的一种构想。④ 基于人工智能技术的"智能软件"或"智能工具"。短视频剪辑软件、字幕自动识别软件、自动文字校对编辑软件等，这些应用基于人工智能技术，提高了内容生产者的生产效率，也带来一些风险。

人工智能从四个层面对传播流程、传播主体、虚实空间以及传播工具产生了明显影响，这四个部分可分为两类，第一类是与传播要素有关；第二类则与传播生产工具有关。就传播要素而言，各类标签化、匹配优化、优化联动算法提升了信息传输的速率、范围与频次，优化了信息与对象的匹配关系。基于新兴智能技术的智能主体的成熟推动传播学研究迈入人机交互新领域。基于智能技术的虚实空间虽然目前尚在初级阶段，但似乎也让人们触摸到人类传播的图景。就内容生产工具而言，智能生产工具或者自动化生产工具的出现，提升了人们的工作效率，也让内容生产因高度自动化产生了风险。

小贴士：

数　据　化

人类与客观世界的互动经历了从符号化、数字化到数据化的过程。第一阶段人类社会要素的抽象化与符号化。从结绳记事到文字出现，人类社会一直在探索对世界组成要素的抽象化与符号化，典型代表是通过文字记录世界，经过数十个世纪的发展，人类构建了与人类社会各类要素对应的符号体系，比如文字体系、声音体系、非语言符号体系等，抽象化与符号化基本满足了人类社会认知与记忆传承。第二阶段是从抽象化、符号化到数字化。抽象化与符号化解决了人类沟通的问题，但并未解决抽象符号可测量的问题。人类可为人或物标定符号，使用符号进行交流，但很难进行复杂运算。符号的电子化以及二级制解决了从沟通表达到测量的问题。第三阶段是数字符号的阈值化，即符号被赋予阈值，相同类别的符号可进行计算。如果说二级制解决的是符号电子化复制传播计算的通用标准问题，阈值化则解决了不同类型符号的计算规则问题。例如多人在社交媒体平台上共享了各自的地理位置，每个人在地图上呈现为一个闪动的"光点"，这便是数字化。但要计算多人实时距离的远近变化需要基于一定的运算规则和阈值才能实现。可见，数字化是基本属性，数据化才具有研究与产业价值。当然，很多社会要素还无法完全实现数字化或数据化，比如社会心理、哲学思考、艺术表达等领域的符号。经过抽象化、符号化、数字化、数据化四个阶段，人类社会组成要素便完成了从客观事物向数据化的转变过程。

小贴士：

算 法 化

算法目前尚无明确定义，算法可以理解为是某类问题的最优解或较优解；或者是持续提高决策行为精确性逻辑模型。从技术定义来看，国家标准中对"机器学习算法"的定义是采用机器学习技术理论求解问题，明确界定的有限且有序的规则集合，并基于输入数据生成分类、推理、预测等的算法。[①] 算法可用多种符号表示，包括自然语言、流程图、drakon 图表、编程语言或控制表。算法可实现自动化，能够自动识别、判断并采取行动，提高效率，降低难度，比如记者编辑常受到错别字或用语不规范的困扰，应用"智能校对软件"不但可提高识别准确性也能大大提高工作效率。算法化指的是人工智能算法全面应用于社交媒体平台各要素互动过程，包括：① 算法与社交数据资源结合。算法优越性与数据总量关联，丰富的数据资源会带来更优秀的算法。② 面向各类场景的算法迭代。场景变化，算法也随之变化。③ 算法之间的协同。算法可分为独立算法与集成算法，独立算法是为了解决某一类问题而单独开发的模型或者程序，用户可通过应用某类新算法，提高运行效率。集成算法整合了各类独立算法并提供了协同运行的算法体系。

---

① 全国信息安全标准化技术委员会. GB/T 42888－2023 信息安全技术机器学习算法安全评估规范［S］. 2021.

第二节　社交媒体应用的人工智能技术

人工智能是数据、算法与算力结合的外在表现形式，数据由社交媒体用户实时创造，算法则体现了现有技术条件下的最优路线，算力是支撑数据与算法的基础设施。本节从人工智能的基本概念、技术架构、算法以及算力四个层面探讨人工智能与社交媒体的关系。

一、人工智能基本概念与社交媒体

人工智能系统是为了实现特定目标，采用人工智能建立的智能机器和智能系统。人工智能系统集成了机器智慧，为各领域的应用提供设施与平台，其包括模型开发、系统分析、构造技术、建造工具、语言处理等结构，涉及机器感知、机器思维、机器学习、机器行为等多方面内容。① 机器感知是使机器具有人类的感知能力，其中以机器视觉（machine vision）和机器听觉（machine hearing）为主；机器视觉是让机器能够识别并理解文字、图像、物景等；机器听觉是让机器能识别并理解语言、声响等。② 机器思维是指对通过感知得来的外部信息及机器内部各种信息进行处理，使机器能获得类似于人的推理、判断、决策的能力。③ 机器学习（machine learning）就是研究如何使机器具有类似于人类的学习能力，使机器能通过学习自动获取知识。要使机器具有智能，就必须使其拥有知识，并能够获取知识和运用知识。④ 机器行为是指机器具有类似于人类的表达能力、行动能力，即"说""写""画""走"等行为能力，是机器作用于外界的重要途径。①

对于新闻传播而言，人工智能的应用主要在于机器视觉、听觉、机器学习等方面，人工智能赋予"算法集群"具备趋势预判、精准匹配、动态调优、自主决策等功能。赋予的"智能主体"具有自动识别、自动写作、自动交流等功能。赋予虚实空间自主运行的可能。赋予"智能软件"具备快速生

---

① 李卫东. 智能新媒体［M］. 北京：中国工信出版社，2021：4.

产的可能性，从而提高内容生产效率，降低复杂媒体设备使用难度。①

二、人工智能技术架构与社交媒体

人工智能的技术原理较繁杂，可从知识表示与处理技术、知识推理与搜索技术、自然语言处理技术、智能体与多智能体系统方面解释人工智能的基本技术架构。① 知识表示与处理技术。知识是人类在实践生活和科学研究中积累起来的对世界和人类自身的认识和经验。知识表示方法包括一阶谓词表示法、产生式表示法、框架表示法等。② 知识推理与搜索技术。在人工智能系统中，实现推理的程序被称为"推理机"。推理可划分为演绎推理、归纳推理和默认推理。③ 自然语言处理技术。人工智能让机器能像人一样思考或行动，理解人类自然语言是其必备的基本能力。自然语言处理技术是使人工智能与人进行深层互动的重要技术之一。自然语言处理分为三层：词法分析、句法分析、语义分析。④ 智能体与多智能体系统。多智能体系统能够通过实现多智能体之间的相互协作来达到整体目标，从而解决现实中广泛存在的复杂大规模问题②。

在人工智能领域，实际也有智能体与多智能体系统之分。① 智能体（agent）可看作一个程序或一个实体，它嵌入环境中，通过传感器感知环境，通过效应器作用于环境并满足设计要求。目前，"智能体"的能力不断加强，可以越来越多地模拟人的思维和行为，在分布式人工智能、机器人学、人机交互、智能搜索等领域被广泛应用。一般而言，"智能体"含有独立的外部设备、输入/输出设备、各种功能操作处理程序、数据结构和相应的输出，具有自主性、反应性、社会性、进化性等特点，对于现实中的复杂大规模问题，只靠单个的智能体往往无法描述和解决。② 多智能体系统（multi-agent system，MAS）。多智能体系统通过智能体自身具备的问题求解能力和行为目标，以及多个智能体之间的相互协作，从而达

① 李卫东. 智能新媒体［M］. 北京：中国工信出版社，2021：4.
② 李卫东. 智能新媒体［M］. 北京：中国工信出版社，2021：5—8.

到整体目标。多智能体系统是一个协调系统，各个智能体之间相互通信，彼此协调，集成各个子系统信息，从而提高问题求解效率。[①]

在社交媒体平台上，完成了数据化与算法化的传播要素都可以看作"智能体"，而社交媒体平台则可以被看作多智能体系统，总控各个"智能体"的信息通信与交流模型。

第三节　人工智能算法与社交媒体

常用人工智能算法包括机器学习、卷积神经网络等六类，在"智能流程""智能主体""智能空间""智能工具"等类型中均有应用。

一、人工智能的主要算法

（一）机器学习

机器学习使计算机能模拟人的学习行为，自动地通过学习来获取知识和技能，不断提高性能。一个机器学习系统一般包含环境、知识库、执行与评价、学习四个基本部分。环境指外部信息来源，可以是工作对象，也可以是外界条件知识库用于存储学习得到的知识。执行是指计算机将所学到的知识用于现实问题的解决。评价是指由系统或人工协助对执行所得到的结果进行评价。学习是指计算机根据反馈信息决定是否需要从环境中进一步索取信息进行学习，以修改完善知识库中的知识。机器学习的发展阶段主要经历了神经元模型研究、符号概念获取、知识强度学习、连接学习和混合学习、大规模学习和深度学习等阶段。[②]

（二）人工神经网络

人工神经网络是从微观结构和功能上对人脑的抽象、简化，旨在模仿

---

① 李卫东. 智能新媒体［M］. 北京：中国工信出版社，2021：8.
② 李卫东. 智能新媒体［M］. 北京：中国工信出版社，2021：9.

人脑结构及其功能的智能信息处理系统。人工神经网络是模拟人类智能的一条重要途径，它反映了人脑功能的若干基本特征，如信息分布式存储、自适应学习、联想记忆和容错性、模式分类、鲁棒性等。随着时代的发展，计算机视觉、语音识别（speech recognition）、自然语言处理等领域对信息处理需求越来越高，传统的人工神经网络显得力不从心。①

（三）卷积神经网络

为了适应图像、语音和自然语言等方面的需求，学者们将传统人工神经网络的网络结构分成多个隐含层，其中运算也引入了卷积（convolution），形成了卷积神经网络（convolutional neural network，CNN）。② 卷积神经网络采用局部连接、权值共享和下采样方式，去掉大量不重要的网络参数，简化模型结构，提高训练效率。卷积神经网络对于平移、比例缩放、倾斜或其他形式的形变具有高度的不变性，可以直接对图像的像素进行卷积，从中提取特征。一个卷积神经网络包含卷积层、池化层、全连接层等结构。③

（四）人工神经网络与连接学习

人工神经网络的基本工作单元是人工神经元。人工神经元是对生物神经元的抽象和模拟，它采用数学模型的方法模拟生物神经元的结构和功能。人工神经网络的拓扑结构可分为前馈网络和反馈网络。前馈网络是指只包含前向连接，不存在任何其他连接方式的神经网络，其连接方式是从上一层每一个神经元到下一层的所有神经元。反馈网络是指允许采用反馈连接方式所形成的网络，其连接方式是一个神经元的输出可被反馈至同层或浅层的神经元重新作为输入。连接学习是基于人工神经网络的机器学习方式，其基本思想是人脑学习所获得的信息分布在神经元之间的突触连接上，学习和记忆的过程实际上是在网络训练过程中完成的突触连接权值的

① 李卫东. 智能新媒体［M］. 北京：中国工信出版社，2021：9.
② 李卫东. 智能新媒体［M］. 北京：中国工信出版社，2021：10.
③ 李卫东. 智能新媒体［M］. 北京：中国工信出版社，2021：10.

修正和稳定过程。连接学习的发展与人工神经网络的发展联系密切，基于人工神经网络结构模型及其层次，连接学习可以划分为浅层连接学习和深度连接学习两大类。[①]

（五）深层神经网络与深度学习

深层神经网络也叫深度神经网络（deep neural networks，DNN），通常指隐藏层不少于两层的神经网络，目前数十层、上百层甚至更多的深层神经网络很普遍，深层神经网络是深度学习算法设计的网络基础。卷积神经网络是最典型最常用的深层神经网络。卷积神经网络是一种由若干卷积层和子采样层交替叠加形成的深层神经网络，采用逐层抽象、逐次迭代的工作方式。深度学习是连接学习的子领域，是基于深层神经网络、面向底层数据对象、采用逐层抽象机制、最终形成高层概念的机器学习方式。[②]

（六）强化学习[③]

在机器学习领域，有一类重要的任务和人类选择很相似，即序贯决策（sequential decision making）任务。决策和预测任务不同，决策往往带来"后果"，因此决策者需要为未来负责，在未来的时间点做出进一步的决策。实现序贯决策的机器学习方法就是强化学习（reinforcement learning）。广泛地讲，强化学习是机器通过与环境交互来实现目标的一种计算方法。机器和环境的一轮交互是指，机器在环境的一个状态下做一个动作决策，把这个动作作用到环境中，这个环境发生相应的改变并且将相应的奖励反馈和下一轮状态传回机器，这种交互是迭代进行的，机器的目标是最大化在多轮交互过程中能获得的累积奖励的期望。强化学习用智能体（agent）这个概念来表示做决策的机器。相比于有监督学习中的"模型"，强化学习中的"智能体"强调机器不但可以感知周围的环境信息，还可以通过做决策来直接改变这个环境，而不只是给出一些预测信号。智

① 李卫东. 智能新媒体［M］. 北京：中国工信出版社，2021：17.
② 李卫东. 智能新媒体［M］. 北京：中国工信出版社，2021：18.
③ 张伟楠，沈健，俞勇. 动作做强化学习［M］. 北京：人民邮电出版社，2022：1—6.

能体和环境之间具体的交互方式如下，在每一轮交互中，智能体感知到环境目前所处的状态，经过自身的计算给出本轮的动作，将其作用到环境中；环境得到智能体的动作后，产生相应的即时奖励信号并发生相应的状态位移。智能体则在下一轮交互中感知到新的环境状态，以此类推。①

一般有监督学习和强化学习的范式之间的区别为：一般的监督学习关注寻找一个模型，使其在给定数据分布下得到的损失函数的期望越小。强化学习关注寻找一个智能体策略，使其在与动态环境交互的过程中产生最优的数据分布，即最大化该分布下一个给定奖励函数的期望。②

在大多数情况下，强化学习任务往往比一般的有监督学习任务更难，因为一旦策略有所改变，其交互产生的数据分布也会随之改变，并且这样的改变是高度复杂，不可追踪的，往往不能用显式的数学公式刻画。这就好像一个混沌系统，我们无法得到其中一个初始设置对应的最终状态分布，而一般的有监督学习任务并没有这样的混沌效应。③

对于社交媒体而言，这几类算法均有应用，如基于深度学习的算法集群可以实现内容自动分类，对用户进行画像等。在智能主体的应用则更广泛，比如智能聊天机器人必须经过大量机器学习才能具备相关知识，经过CNN等算法的不断优化，才能提高数字人对周围环境的感知、思维、行动能力。生成式人工智能（AIGC）之所以生成了出色的结果，主要是应用了强化学习模式。一个沟通特别流畅，人机传播感受平滑的智能聊天机器人一定是工程师为其"投喂"了大量知识从而使其面向人类沟通的算法更接近普通人之间的交流。④

由此可见，基础算法对社交媒体传播模型的优化起到关键作用，或者说，社交媒体模型优化主要取决于算法层面上的新突破。

数据和算法需要依靠强大的计算能力才能产生智能。特别是对海量数

---

① 张伟楠，沈建，俞勇. 动手做强化学习［M］. 北京：人民邮电出版社，2022：1-6.
② 张伟楠，沈建，俞勇. 动手做强化学习［M］. 北京：人民邮电出版社，2022：1-6.
③ 张伟楠，沈建，俞勇. 动手做强化学习［M］. 北京：人民邮电出版社，2022：1-6.
④ 张伟楠，沈建，俞勇. 动手做强化学习［M］. 北京：人民邮电出版社，2022：1-6.

据进行频繁的数据访问需要耗费大量运算时间，且需要超大规模的计算能力。云计算是社交媒体发展的支撑技术，人工智能和云计算相互融合是未来主要发展趋势。人工智能系统的数据只有迁移到云端，才可能获得无限扩展的信息技术资源，即人工智能需要专业的云平台才能真正实现。作为一种新型计算模式，云计算需要一系列的机制来实现，不同的机制组合可构成不同的云解决方案，包括虚拟化机制、负载均衡机制、资源集群机制、故障转移机制和资源调度管理机制。①

数据、算法与算力共同支撑起社交媒体平台各类要素的智能化水平，未来，随着人工智能技术深入发展，社交媒体平台和用户将具备更强大的能力。

---

① 李卫东. 智能新媒体［M］. 北京：中国工信出版社. 2021：21.

第十章
推荐算法与社交媒体智能流程

第一节　社交媒体传播要素的量化与模型化

信息传播效果动态优化的三个基本理论框架是信息、系统与控制，信息是媒体传播的核心资源，如前文所述，信息需要通过一定的系统结构才能向外传递，由于整个系统存在各类冗余，需要设置一个控制件，放大、减少或终止信息流动，但就媒体传播流程整体而言，存在两类主要问题。第一，信息、系统与控制受制于技术条件，存在传播对象不明确、传播内容"众口难调"、传播渠道效率低、传播反馈中断等问题。媒体或研究机构就这些问题也采取过设置收视率样本群、问卷调研、电话调研等方法，部分缓解了上述问题，但不彻底，主要是传者、内容、渠道、受众和效果这五大要素之间的联动规律较难快速总结。反过来看，如果能够解决传播要素的量化问题，实时监测以及动态调优传播要素之间交互效果就成为可能。第二，以往研究对信息在传播流程中的动力、速度、幅度、阻力等方面研究不够，信息的传输速度、覆盖范围、传播频率与传播效果之间的关系未得到应有重视，即便是在移动互联网时期，信息流动的速率、幅度与频率是否能够被干预、如何干预的问题也未受到足够重视。第三，传播流程自动化调节必须依托各类成熟的计算模型。传播流程的自动化调节必然需要各要素之间完成函数化、系数化以及指数化模型构建，才能实现从信息输入到有效效果输出的自动调整与整体控制。

　　上述两个问题的核心是传播流程要素能够实现量化和模型化，随着人工智能技术在社交媒体平台上的应用，局面发生了根本改变。首先是量化。社交媒体是基于电子化与数据化的在线社会网络，传播要素量化所需要的数据，如文本、社会网络、用户行为以及时空变迁都实时出现并沉淀在平台方的服务器端，可进行大规模实时计算。这里需要简单回顾一下传播要素的电子化、网络化、数据化以及智能化的过程。用户通过电子设备接入在线社会网络，实现了从生物体向电子体的转变，网络化则让电子之间的关联形成，信息可通过电子的形式自由交换。电子化是数据化的基础，用户使用社交媒体终端每时每刻都在产生大量与社会网络、内容、行为、时空有关的数据。其次是模型化。基于上述各类数据，平台开发分类、排序、匹配和调优算法成为可能，比如用户的类型化算法呈现的是"用户内容或服务需求短缺或满足的类别与阈值"，平台可以根据用户的分类有针对性地匹配相关内容，并观察"内容—用户—效果"单一循环中各要素之间的关联系数，孤例无法代表整体，循环往复的联动系数呈现稳定态势才能表示二者之间存在真正关联，沉淀为"内容—用户—效果"模型，平台基于巨量模型以及实时变动的其他信息，不断优化、修正或调整传播过程。

第二节　算法嵌入与传播流程调节

　　算法嵌入指在系统开发、维护以及优化过程中平台为参与主体、社会网络以及效果感知提供的各类感知、计算与调整工具集合。由于算法的嵌入，社交媒体各要素之间建立了数据联动链条，既能对某个要素进行单要素观察，也可以进行多要素之间联动观察，而且可以根据观察结果进行算法模型的介入与调节。

　　算法嵌入分为两类：平台为所有参与主体都提供的各类功能算法和由平台掌控的总控算法。第一类算法是根据全平台用户传播效果数据实时更新，动态调整，一般不会受到平台总控算法的干扰，比如单位时间内社群点赞多的、观看多的或者分享多的意味着这些内容受到关注程度较高。总控算法从权限角度来看高于用户各类功能算法，最大的特征是不但可以自动调节干预任何一种独立算法，也可以从权限上直接限制用户所有算法功能的使用。如何理解二者关系呢？可以从平台干预的程度来看，让全平台所有算法完全立即失效只有平台方能够实现，这是一种最强干扰。当观察到活跃度下降时，或被要求对特定算法进行调整时，平台方有可能启动某一类算法工具介入干预，这是部分干扰。在绝大多数情况下，平台对于用户使用的各类日常算法并无干扰，此时个人功能算法与平台总控算法之间互相不影响。

一、标签化与传播流程要素匹配算法嵌入

标签化是通过一定的算法将内容或用户进行分类计算的方式，是对内容或用户相对固定的判断，也是对内容类别的概率表达，如向喜欢流行音乐的人群推荐最流行的歌曲。内容标签化与用户标签化（画像）实现路径基本是一样的，即通过特征值计算，对具有一个或多个特征的内容或用户进行聚类，再根据人工判定进行标签化处理。

标签化的基础是数据化，标签之间的关系完整转化为数据之间的函数关系，由此，传播流程各要素之间互动效果转化为观察数值或系数显著性实时变动的数理观测行为。社交媒体传播平台不仅要单独计算传播要素的特征，还要计算两两要素或三变量互动关系，甚至四变量互动效果的最大阈值，从而确定在复杂变量环境下，内容与用户之间的最佳匹配度。可以说，标签化是让传播流程可计算的关键一步。当然，标签化也不是一成不变的，它会随着环境、人和时空的变化不断变化。如何根据实际情况感知用户各类需求的变化并修订标签也是一类算法。标签化部分解决了信息类别与用户类别匹配偏差的问题，让相关内容找到了相对正确的人群，但用户在社交媒体上留存的信息总体有限，完全通过几组社交媒体数据精准界定一个不断发展变化的用户也不现实。

二、基于社群交互数据的排序算法嵌入

推荐算法核心是基于用户文本、行为、社会网络以及时空数据进行的概率计算与调整。在推荐算法内部结构中，谁有优先权，谁应被排在后面，不同人群如何形成交叉混合排序，是非常关键的分配原则，这些也需要根据社群用户传播效果数据形成独立系数、关联系数以及组合系数等指标进行自动排序，在系统内部构建出一个复杂的排序列表。这个列表在内部是"内容-用户-效果"关联关系的重要依据，在外部则表现为用户可以搜寻的各类信息列表，如微博热搜。

三、传播流程算法可控性

平台具有算法控制的最高权限，平台是整个传播流程各类规则的制定者，并且可以通过自动与手动的方式介入或干预传播要素效果之间的排序与匹配。平台掌握传播流程要素互动效果的数据与模型，并设定了维持或促进平台各传播要素活跃度的模型，能够为全平台用户的信息传播提供影响信息扩散速度、信息扩散幅度、信息发布频度的各类自动化推荐模型算法。在传播要素活跃度下降时投入能够刺激平台上用户再次活跃起来的内容，恢复传播流程的活跃度。当然，平台还可以抑制个体或社群在算法上的各类行为，启动或终止相关算法的作用机制。

平台控制的传播流程算法一方面使基于社群互动的信息更多元，更及时，但平台也可以依托算法开发许多商业模式，这也造成当前推荐算法的一个困境。除了平台之外，外部力量也可逆向影响算法，比如通过大规模虚假数据，机构和个人甚至可以形成虚假舆论场，干扰算法匹配或排序逻辑，从而影响传播结果的输出正确性。虽然算法改变了传播流程信息传播的效能，但各类推送算法也未必精准，在现有算法框架下，斗转星移，人生变迁，用户随时在变，很多内容与效果之间的关系模型仍然是无法确定的。另一方面，一些用户深深厌恶平台的各类隐私计算，时常通过各类故

意混淆或者颠倒顺序的行为干扰平台算法判断。

第三节　数据标签与用户画像

用户画像是实现智能传播精准化不可或缺的要素。其目的在于确保传播内容具有明确方向。这一过程需要将具有个性特征的人转化为结构化的数据标签，进而与相关的内容模型匹配，实现传播的精准化和个性化。

一、用户画像概念

大数据时代，社交媒体平台保存了用户大量原始数据和各类业务数据，如何更加有效地利用这些数据进行分析和评估，成为关键问题。从技术逻辑来看，需要尽快建立用户画像，实现用户信息标签化。社交媒体平台通过搜集用户的社会属性、消费习惯、偏好特征等各个维度的数据，进而对用户或者产品特征属性进行刻画，并对这些特征进行分析、统计，挖掘潜在价值信息，从而刻画出用户的信息全貌。用户画像可看作社交媒体平台应用大数据的根基，是个性化推荐的前置条件。[①]

二、用户画像标签体系与开发

数据指标体系是建立用户画像的关键环节，社交媒体平台在建立用户画像时一般除了基于用户维度（User-id）建立一套用户标签体系外，还会基于用户使用设备维度（Cookie-id）建立相应标签体系。基于设备维度的标签应用比较容易理解，当用户没有登录账号而访问设备时，也可基于用户在设备上的行为对该设备进行各类信息推荐。

---

① 赵宏田. 用户画像：方法论与解决方案［M］. 北京：机械工业出版社，2020：3.

（一）用户画像的标签体系

常见标签分类方式有两种：第一，按照五大维度建立标签。用户维度，如地区、性别、年龄等。用户行为维度，如访问、购买、新注册等。用户消费维度，如七日内购买、运动偏好、连续购买等。风险控制维度，如信贷欺诈、贷款逾期、同一账号多账号借款等。社交属性维度，如常登录地、社交偏好、社交活跃度等。第二，可以按照场景进行分类。分为用户属性、用户行为、偏好细分、风险控制、业务专用、营销场景、地域细分、用户分层等。[①]

（二）用户画像的建模开发

1. 用户画像的标签开发

用户画像建模其实就是给用户"打标签"，一般分为三种类型，即统计类标签、规则类标签、机器学习挖掘类标签。① 统计类标签是最基础，也是最常用的标签类型。例如，某位用户的性别、年龄、城市、星座、近七日活跃时长、近七日活跃天数、近七日活跃次数等字段可从该用户注册数据、用户访问、消费数据中统计得出。该类标签构成了用户画像的基础。② 规则类标签基于用户行为及确定的规则产生。例如，对平台上"消费活跃用户"的定义为"近 30 天交易次数≥2 的用户"。在实际开发画像的过程中，由于运营人员对业务更加熟悉，而数据人员对数据的结构、分布、特征更熟悉，因此，规则类标签的规则由运营人员和数据人员共同协商确定。③ 机器学习挖掘类标签，该类标签通过机器学习挖掘产生，用于对用户某些属性或某些行为的预测判断。例如，根据一个用户的行为习惯判断该用户是男性还是女性、根据一个用户的消费习惯判断其对某商品的偏好程度。该类标签需要通过算法挖掘产生。[②]

① 赵宏田. 用户画像：方法论与解决方案［M］. 北京：机械工业出版社，2020：3.
② 赵宏田. 用户画像：方法论与解决方案［M］. 北京：机械工业出版社，2020：3.

2. 用户特征库开发

为从多个维度丰富用户特征，挖掘用户相关行为，除了开发用户标签体系外，一般还会开发用户特征库，一方面为个性化推荐、精准营销、商业分析等应用提供中间层数据，另一方面也消减不同算法在特征构建时的冗余加工。用户特征库就是对用户每一次的不同行为（如浏览、收藏、搜索、购买等）及该行为对应的标签（或商品品类）进行详细记录，以便从用户行为特征中挖掘用户偏好。与开发用户标签相比，用户特征库可对数据汇总统计，从多个维度分析用户特征，而用户标签则"相对静态"地记录了用户当前状态。例如，用户经常浏览或购买奶粉、尿不湿、婴儿车等商品，则她可能是一个孩子的妈妈；用户经常浏览、点赞收藏搞笑、段子类视频的数据，可用于挖掘用户的内容喜爱偏好；用户对女装、美甲等商品的浏览、购买、收藏、购买等行为数据，在进行用户性别分类时会比较有效。[①]

3. 常用标签权重、相似度与组合标签计算

用户在不同平台上的不同行为具体到标签层有不同的行为权重。常用方法包括 TF-IDF 词空间向量、时间衰减系数等。根据标签之间的相关关系实现有效聚类，解决特征值相似度的问题。组合标签计算也是用户画像的重要组成部分，当业务方根据业务规则应用标签时，是需要组合多个标签来创建对应的用户群体的，此时需要应用组合标签计算。[②]

三、用户画像的算法偏向

用户画像目的是减少信息推送误差，有效提高信息传播的精准度，实现效果传播最大化，一般而言，用户画像对于平台内容推送具有极高的参考意义。但是，近年来，一些平台在进行用户画像时渐入歧途，比如在采

---

① 赵宏田. 用户画像：方法论与解决方案［M］. 北京：机械工业出版社，2020：104.
② 赵宏田. 用户画像：方法论与解决方案［M］. 北京：机械工业出版社，2020：112.

用所谓"大数据杀熟"的策略时，社交媒体平台也会对用户的行为进行特征描述，对于一些对价格不敏感的用户则采取区别对待的策略，或者用更高的价格推送给最常光顾的用户，或者在不同时段对用户采取定价越来越高的算法加以区分，类似情况时有发生，对于这种根据用户画像故意调整算法从而攫取更大商业利益的行为，要通过他律、自律以及技术等手段进行治理，形成向善的算法倾向。

第四节　推荐算法与效果优化

一、推荐系统的基础

（一）什么是推荐系统

推荐系统是能找出用户和物品（内容）之间联系的信息过滤系统。[①]推荐系统主要有两个显著特征。① 主动性。从用户角度考虑，推荐系统不需要用户提供明确的需求，能够自主地通过分析用户和物品之间的关联数据进行建模，为用户提供可能感兴趣的信息。② 个性化。推荐系统能够挖掘冷门信息推荐给用户。热门物品通常能够代表大多数人的喜好，冷门物品往往只能代表少数人的个性化需求，但冷门物品所带来的收益可能超过热门物品，所以挖掘长尾冷门信息是推荐系统的方向。总之，推荐系统推荐的物品通常来说不是对用户有帮助的，就是用户自己感兴趣的。[②]

（二）推荐系统的分类

推荐系统具有不同的分类方法。常见的分类方法有按照推荐结果分

---

① 简单推荐系统实现代码示例地址［EB/OL］.（2024 - 4 - 2）［2024 - 4 - 2］. https：//github.com/michaelliu03/Search-Recommend-InAction/blob/masterchapter2/recommend/FirstRecommend.py.
② 刘宁，赵宏宇，刘书斌，等. 智能搜索和推荐系统：原理、算法与应用［M］. 北京：机械工业出版社：23—29.

类、按照推荐方法分类、按照推荐模型构建方式分类。因为推荐算法是整个推荐系统中最核心部分，所以推荐系统还可以依据推荐算法分类。基于此，推荐系统可以分为基于内容的推荐、基于协同过滤的推荐以及混合推荐的三类方法。[①]

1. 基于内容的推荐

基于内容的推荐策略始于信息检索领域，是搜索领域的重要研究方向。这种方法利用用户已选择的对象，从候选集中找出与用户已选对象相似的对象作为推荐结果。这一推荐策略首先提取推荐对象的内容特征，并和用户模型中的用户兴趣匹配。匹配度较高的对象就可以作为推荐结果推荐给用户。计算推荐对象的内容特征和用户模型中兴趣特征两者之间的相似性是内容推荐策略中的关键步骤。一般采用的最简单的方法为计算两个向量的夹角余弦值。基于内容的推荐策略的主要部分就是用户特征的描述以及推荐对象内容特征的提取。

目前，文本信息的特征提取方法已经趋于成熟，但多媒体信息的特征提取技术还需要进一步探索。基于内容的推荐策略的优点有：① 简单有效，推荐结果较为直观且可解释性强；② 没有新推荐对象的冷启动问题；③ 简单的分类方法就能够支持该策略。缺点有：① 受推荐对象特征提取能力的限制，对图像、视频、声音等多媒体资源的特征提取以及文本资源的提取不够全面；② 很难推出新颖的推荐结果，惊喜度指标较低，难以发现用户新的兴趣点；③ 存在新用户的冷启动问题，因为很难发现新用户的兴趣爱好，无法和推荐对象的内容特征进行匹配。

2. 基于协同过滤的推荐

基于协同过滤的推荐是推荐系统中应用最广泛、最有效的推荐策略。协同过滤的基本思想是聚类。比如，如果周围很多朋友选择了某种商品，

那么自己大概率也会选择该商品，或者用户选择了某种商品，当看到类似商品且其他人对该商品评价很高时，则购买这个商品的概率就会很高。协同过滤又分为三种：基于用户的协同过滤、基于项目的协同过滤和基于模型的协同过滤。① 基于用户的协同过滤的基本思想是首先找到与目标用户兴趣相似的用户集合，然后找到这个集合中用户喜欢并且没有听说过的物品推荐给目标用户。② 基于项目的协同过滤的基本思想是基于所有用户对推荐对象的评价的推荐策略。如果大部分用户对一些推荐对象的评分较为相似，那么当前用户对这些推荐对象的评价也相似。然后，将相似推荐对象中用户未进行评价的商品推荐给用户。总之，基于项目的协同过滤就是根据用户对推荐对象的评价，发现对象间的相似度，根据用户的历史偏好将类似的商品推荐给该用户。③ 基于模型的协同过滤的基本思想是基于样本用户的喜好信息训练一个推荐模型，然后根据实时的用户喜好信息进行推荐。其和上述两种协同推荐的不同点在于先通过对已有数据应用统计和机器学习的方法得到模型，再进行预测。常用的方法有机器学习方法、统计模型、贝叶斯模型和线性回归模型等。

基于协同过滤推荐的优点有：① 适用于复杂的非结构化数据对象；② 能够发现用户新的兴趣爱好，给用户带来惊喜；③ 以用户为中心的自动推荐，随着用户数量的增加，用户体验也会越来越好。缺点在于：① 存在冷启动问题，即在没有大量用户数据的情况下，用户可能不满意获得的推荐结果；② 存在稀疏性问题，即用户大量增长的同时，评价差异会越来越大，推荐对象也越来越多，导致大量的推荐对象没有经过用户评价，部分用户无法获得推荐结果，部分推荐对象无法被推荐。

3. 混合推荐方法

各种推荐方法都会存在优缺点。在实际应用中，可采用推荐策略的组合方式，即混合推荐方法。目前，使用最多的混合推荐方法就是把基于内容的推荐和协同过滤推荐相组合。应用场景不同，组合的方式也不尽相同，主要有两种混合方式。① 推荐结果混合。将多种推荐方法产生的结果通过某种方式进行混合计算而产生最终的推荐结果。如何从多个推荐结果中选出推给用户的最终结果成为混合推荐的关键。常见的机制是投票机制，即使用一定的标准对多个结果进行判断，选择其中之一。② 推荐算法的混合。以某一种推荐策略作为框架，混合另外的推荐策略，如基于协同过滤推荐的框架混合基于内容的推荐策略。

二、推荐系统的运行

（一）推荐系统的框架

推荐系统关注的三大核心问题：预测、排序和可解释性。预测主要是推断用户对物品的喜好程度。排序是对已经推断出的结果进行排序。可解释性是指对推荐的结果给出合理的解释，甚至可以通过关系图谱的方式展示。总之，推荐系统的框架有所不同，系统的复杂程度也有所不同，但是，剥离所有业务逻辑，推荐系统的框架也是有一些共同点的。[①]

（二）推荐系统的排序

推荐系统和搜索系统一样，也分为召回和排序过程。目前，业界主流的推荐系统的排序过程也是采用特征选择的方法，与搜索以及广告系统的排序学习是一致的。[②]

（三）推荐系统的主要算法

基于协同的模型都属于近邻分析模型，但是近邻分析模型又存在一些明显的问题，即物品之间的相关性，信息量不因向量维度的增加而线性增加。因此，一般采用矩阵分解的方式求解近邻分析模型，其他还有逻辑回归模型、树模型、深度学习模型。[③]

---

① 刘宁，赵宏宇，刘书斌，等. 智能搜索和推荐系统：原理、算法与应用［M］. 北京：机械工业出版社，2021：138—197.
② 刘宁，赵宏宇，刘书斌，等. 智能搜索和推荐系统：原理、算法与应用［M］. 北京：机械工业出版社，2021：138—197.
③ 刘宁，赵宏宇，刘书斌，等. 智能搜索和推荐系统：原理、算法与应用［M］. 北京：机械工业出版社，2021：138—197.

（四）推荐系统的召回策略

前文中讲到大型的推荐系统一般都会有两个阶段：召回和排序阶段。为什么需要召回阶段？首先是因为物品众多，系统无法为每个用户逐一计算每个物品的评分，这就需要召回阶段。召回阶段的作用就是圈出一部分物品，以此降低系统计算量。根据不同的业务场景，可以选择不同的召回策略。召回策略有很多种，比较重要的有基于行为相似的召回和基于内容相似的召回。[①]

1. 基于行为相似的召回

协同过滤算法（collaborative filtering recommendation）是推荐系统最基础和最常用的算法。该算法通过分析用户的兴趣，在用户群中找出与当前用户相似的用户。但是，该算法有一个前提条件，即相似的人对于同一个事物所表现出的兴趣度是相同的。协同过滤算法包括以下三个步骤：收集用户偏好、找到相似的用户、计算并推荐。

2. 基于内容相似的召回

基于内容相似的召回往往又建立在对内容理解的基础上。它的核心思想是根据推荐物品的元数据或描述内容，发现物品间的相关性，然后基于用户的喜好，推荐给用户相似的物品。

三、推荐系统的经典问题

推荐系统一直存在两个比较经典的问题：探索和利用（exploration & exploitation，EE）、冷启动问题。

（一）"EE 困境"

探索指探索未知的领域。利用指根据当前信息，由训练的模型做出最

---

① 刘宁，赵宏宇，刘书斌，等. 智能搜索和推荐系统：原理、算法与应用 [M]. 北京：机械工业出版社，2021：138—197.

佳的决策。实际上，探索是指做你以前从来没有做过的事情，以期望获得更高的回报利用是指做你当前知道的、能产生最大回报的事情。在推荐系统中为了可以准确估计每件物品的响应率，平台可以将每件候选物品展示给一部分用户，并及时收集物品的响应数据，以此对候选物品进行探索。然后，利用响应率估值较高的物品来优化目标。但是探索过程中存在机会成本，如果仅根据当前收集的数据估算物品响应率，那么，实际上候选物品可能并没有机会展示给用户，这是一个权衡和博弈的过程。如果利用太多，那么模型比较容易陷入局部最优，但是探索太多，模型收敛速度又会太慢，这就是"EE困境"。

"EE困境"的核心是平衡推荐系统的准确性和多样性。所以，解决"EE困境"的关键是找到一种长期收益最高，但可能对短期奖励（short-term reward）有损失的策略。在推荐系统中，我们常用三类策略解决"EE困境"，包括贝叶斯方法、极小/极大方法以及启发式赌博方案。

（二）冷启动问题

随着越来越多的互联网平台对推荐系统的使用以及推广，用户对于通过推荐系统获取信息的方式也越来越熟悉。当用户当前搜索的历史行为为空时，推荐系统面临一个比较独特的状态，即冷启动状态。冷启动问题处理不好会导致推荐的满意度降低。针对新用户，推荐系统如何生成推荐结果，尤其在当下引入新用户的成本相当高的情况下，如何快速让新用户留存下来并转化是非常重要的。所以，对于推荐系统来说，处理冷启动问题是一门学问，也是一个难点。推荐系统冷启动主要分为三类用户冷启动、物品冷启动、系统冷启动。

冷启动问题的解决方案可以有以下五种，包括利用热门数据、利用用户注册信息、利用第三方数据、利用物品内容属性和利用专家标注数据。[①]

---

① 刘宁，赵宏宇，刘书斌，等. 智能搜索和推荐系统：原理、算法与应用［M］. 北京：机械工业出版社，2021：138—197.

四、倦怠与抗拒：算法推荐的悖论

算法是平台的算法，是企业的算法，是为了提高传播效率，增强信息与用户之间的匹配性而开发的程序。算法推荐似乎解决了信息与用户需求之间的匹配性问题，在节约社会资源，优化社会注意力方面做出了贡献。但从商业利益的角度来看，社交媒体平台推出算法主要目的还是减少信息不对称带来的资源损耗，提高传播效能，最终达到让用户沉浸在算法推荐内容或服务的框架中的目的，或者希望通过吸引用户长期购买产品，从而不断提高其经济收益。

无论社交媒体平台如何吹嘘，算法本质上还是平台获取利益的工具，而用户只是算法作用的对象。当用户意识到算法干扰或者严重影响其生活，便会呈现两种"悖论"，即算法倦怠与算法抗拒。

（一）算法倦怠

算法倦怠是用户对算法推荐的一种心理状态，即用户对于社交媒体平台推送的内容停留时间变短，频繁调换主题，甚至出现取关相关类型推送，甚至不再打开相关平台的现象。算法倦怠现象的出现，首先是由于算法本身的所谓的场景限制，即用户的生活、心态、社会关系都在变化，而这些数据很难在社交媒体上沉淀，无法完全掌握更新的数据，推送算法依托的算法无法做到根据用户个体的变化进行实时调整，结果导致用户已变，而算法未变。其次，内容与服务的同质化程度太高，造成了用户接收信息总量的过载。用户能够接收的信息总量有限，不断用类似内容刺激用户的感官，最终可能导致用户倦怠感的出现。最后，倦怠是人类心理活动的规律之一。无论对于多么新奇的事物经过一段时间以后，随着使用与了解的深入，用户倦怠感自然会产生，这是社交媒体平台必须面对的用户心理状态。

（二）算法抗拒

当算法表现无法满足用户信息需求时，用户会对算法执行"操纵"

"玩弄"等行为，为了做到这一点，用户可能采用修改关注列表、调整算法设置、"操纵"算法等行为。算法抗拒可围绕其行为方式进行如下分类：一种分类是围绕人与信息的连接增减，在既往研究中，点赞、关注等增加用户与算法信息连接的行为，被称为"积极的算法抗拒行为"，而标注"不感兴趣"内容或取消关注等减少用户与算法信息连接的行为，被称为"消极的算法抗拒行为"。亦有学者将算法抗拒围绕人与算法的关系划分为"合作型"和"反抗型"，前者是指用户主动调整对算法的输入值，达到自己满意的输出效果，后者则是通过刻意刷赞、引流等"玩弄算法"的方式来扰乱算法的行为。[①]

算法推荐是社交媒体平台的策略与工具，为用户提供更精准的信息服务。然而，服务背后的商业目的也会被用户察觉，正所谓"你有张良计，我有过桥梯"，用户有自然的心理倦怠，也会根据自身情况进行抗拒。算法悖论也提醒社交媒体平台，社会场景千变万化，用户社群体林林总总，唯有以用户为尊才能长久发展。

知识补充：

《今日头条算法原理》节选[②]

今日头条资深算法架构师曹欢欢：本次分享将主要介绍今日头条推荐系统概览以及内容分析、用户标签、评估分析、内容安全等原理。

推荐系统，如果用形式化的方式去描述实际上是拟合一个用户对内容满意度的函数，这个函数需要输入三个维度的变量。第一个维度是内容。头条现在已经是一个综合内容平台，图文、视频、UGC小视频、问答、微头条，每种内容有很多自己的特征，需要考虑怎样提取不同内容类型的特征，做好推荐。第二个维度是用户特征。包括各种兴趣标签、职业、年龄、性别等，还有很多模型刻画出的隐式用户兴

---

① 谢岱杉. 信息窄化视野下用户算法抗拒行为影响因素研究［D］. 上海交通大学，2022.

② 今日头条首次公布算法原理并非把所有决策都交给机器［EB/OL］.（2018-1-11）［2024-4-2］. https：//baijiahao. baidu. com/s?id=1589714822818540008&.wfr=spider&.for=pc.

趣等。第三个维度是环境特征。这是移动互联网时代推荐的特点，用户随时随地移动，在工作场合、通勤、旅游等不同的场景，信息偏好有所偏移。结合三方面的维度，模型会给出一个预估，即推测推荐内容在这一场景下对这一用户是否合适。

这里还有一个问题，即如何引入无法直接衡量的目标。

推荐模型中，点击率、阅读时间、点赞、评论、转发包括点赞都是可以量化的目标，能够用模型直接拟合做预估，看线上提升情况可以知道做得好不好。但一个大体量的推荐系统，服务用户众多，不能完全由指标评估，引入数据指标以外的要素也很重要。

此外，平台出于内容生态和社会责任的考量，像对低俗内容的打压，对标题党、低质内容的打压，重要新闻的置顶、加权、强插，低级别账号内容降权都是算法本身无法完成，需要进一步对内容进行干预。

下面我将简单介绍在上述算法目标的基础上如何对其实现。

前面提到的公式 $y=F(Xi, Xu, Xc)$，是一个很经典的监督学习问题。可实现的方法有很多，比如传统的协同过滤模型、监督学习算法 Logistic Regression 模型、基于深度学习的模型、Factorization Machine 和 GBDT 等。

一个优秀的工业级推荐系统需要非常灵活的算法实验平台，可以支持多种算法组合，包括模型结构调整。因为很难有一套通用的模型架构适用于所有的推荐场景，现在很流行将 LR 和 DNN 相结合，前几年 Facebook 也将 LR 和 GBDT 算法做结合。今日头条旗下几款产品都在沿用同一套强大的算法推荐系统，但根据不同的业务场景，模型架构会有所调整。

模型之后再看一下典型的推荐特征，主要有四类特征会对推荐起到比较重要的作用。

第一类是相关性特征。就是评估内容的属性和与用户是否匹配。显性的匹配包括关键词匹配、分类匹配、来源匹配、主题匹配等。像 FM 模型中也有一些隐性匹配，从用户向量与内容向量的距离可以得出。

第二类是环境特征。包括地理位置、时间。这些既是 bias 特征，也能以此构建一些匹配特征。

第三类是热度特征。包括全局热度、分类热度、主题热度，以及关键词热度等。内容热度信息在大的推荐系统中，特别是在用户冷启动的时候非常有效。

第四类是协同特征。它可以在部分程度上帮助解决所谓算法越推越窄的问题。协同特征并非考虑用户已有历史。而是通过用户行为分析不同用户间相似性，比如点击相似、兴趣分类相似、主题相似、兴趣词相似，甚至向量相似，从而扩展模型的探索能力。

在模型的训练方面，头条系大部分推荐产品采用实时训练。实时训练省资源并且反馈快，这对信息流产品非常重要。用户需要行为信息可以被模型快速捕捉并反馈至下一次的推荐效果。我们线上目前基于 storm 集群实时处理样本数据，包括点击、展现、收藏、分享等动作类型。模型参数服务器是内部开发的一套高性能的系统，因为头条数据规模增长太快，类似的开源系统稳定性和性能无法满足，而我们自研的系统底层做了很多针对性的优化，提供了完善运维工具，更适配现有的业务场景。

召回策略种类有很多，我们主要用的是倒排的思路。离线维护一个倒排，这个倒排的 key 可以是分类、topic、实体、来源等，排序考虑热度、新鲜度、动作等。线上召回可以迅速从倒排中根据用户兴趣标签对内容做截断，高效地从很大的内容库中筛选比较靠谱的一小部分内容。

第十一章

智能主体与社交媒体人机传播

第一节　社交媒体传播流程中的智能主体

智能主体指基于人工智能技术在社交媒体平台上能够以自主或半自主的方式进行社会交往的机器用户。智能主体并不是生物体，其内核是由数据、算法与算力共同构成的代码组合体或者机器，但在多个领域具备与人类相同或高出人类的智慧或能力。

早期人工智能在工业领域的大规模应用主要目的是辅助人类完成复杂的任务，随着技术的发展，人工智能从功能性存在逐渐拓展到向人类智慧对齐的社交型存在，先进的智能主体在社交媒体平台上不但能够生产多模态内容，拥有海量粉丝，还可按照人类的规则与人们畅聊。未来，人们对智能主体的开发方向既包括人与机器结合的脑机接口，也包括完全独立于生物体的元宇宙"数字孪生体"。

智能主体可从两方面理解，一方面是作为工具的智能主体。以大语言模型为例，人们可使用大语言模型对话框与机器用户进行交互对话，由大语言模型生成多模态内容满足人们的现实需求，此时的智能主体是具有内容生成能力的智能工具；另一方面是智能主体进入社会交往空间，成为社会交往空间中的一部分，具有独立的人格，也具备规模不等的在线社会网络，能够自主或者由"中之人"操控进行交流的主体。

经典传播学理论中有一个被称作"传播单位"的概念，如果将信息传受双方视作信息编码解码的主体，一方发出信息，一方有所反应，周而复始，形成传播流程的往复循环。人与人之间的交流基本可以视作相同心智结构的生物体之间的交流，当其中一方被替换成为智能主体，双方的交流从逻辑结构来说还是两个"传播单位"之间的交流，但智能主体出现了较大变化，智能主体一方拥有的知识储备更大、能力更强、影响范围更广，形成了对人类作为交流单位的比较优势。在这种情况下，如何思考智能主体与人类之间的关系，智能主体又是如何影响人类的？交流产生影响，短期交流产生短期影响，长期交流产生长期影响，智能主体参与人类社会交往自然会在方方面面产生影响，比如智能绘画的画风是否会影响到人类创作的画风，在社会媒体空间交流中处于内容生产更强势的地位，人类的知识体系必然会受到智能主体生产内容的影响，智能主体形成社群将如何改变社交媒体基本理论还需要持续观察。比较令人担心的是智能主体在自主性、被操控性以及可复制性方面的风险。从自主性来看，智能主体在社交平台上与各类用户的互动将常态化，但智能主体的算法与不审核的数据对智能主体的可靠性造成了直接威胁，以至于让人们担心缺乏是非感、道德感以及同情心的智能主体可能对人类是一种威胁。从被操控性角度来看，任何一个智能主体都是人类开发出来的大模型，体现开发者意图，在现实操作中，人们也根据各类变化不断调整模型参数以适应各类场景。从算法训练的角度来看，各类人群也可能通过反向投喂干预大模型，影响智能主体的可信性。除此之外，智能主体可无限复制，并套以各类外部形象，形成智能主体的传播社群，这改变了由人类组成的传播社群的基本逻辑。

不出意外的话，智能主体的智慧和能力还会持续增长，智能主体在社会网络交往中拥有更加强势的地位，智能主体的社群还将更壮大，未来具有一定自主意识的"数字孪生体"也将渐行渐近，如何提高智能主体生产内容的可信度，有效减少智能主体对社会治理的负面影响，放大智能主体对人类社会的正面价值，需要整个世界持续探索。

第二节　智能主体与人机传播

如前面相关章节所说，作为人工智能应用于社交媒体的一种类型，智能主体一直是学界与业界普遍关注的焦点，人工智能最主要的应用体现在"智能主体"的智能水平上。以往研究的前提是传播的信源和信宿局限为人，人类是传播过程中的唯一参与者。然而，当机器作为一种交流对象成为信源或信宿与人类进行信息传递时，其带来的改变却是深远而具有革命性的，这些影响不仅在于传播本身，还在于对信源、信宿等传播元素的重新定义。

一、智能主体类别

（一）智能主体的多元形态

1. 虚拟主播

虚拟主播目前被国内不少主流媒体使用。[①] 有国内学者认为，虚拟主播是指将人工智能与虚拟仿真技术相结合，形成的能够从事媒体内容生产和传播等一系列工作的，脱离了"碳基"身体的主播。[②] 2021 年 10 月 20 日，国家广电总局发布《广播电视和网络视听"十四五"科技发展规划》明确了"十四五"期间广播电视和网络视听六大类、共 24 项基本任务，其中包括：推动虚拟主播、动画手语广泛应用于新闻播报、天气预报、综艺科教等节目生产，创新节目形态，提高制播效率和智能化水平。[③] 虚拟主播成为社会关注点主要是因为虚拟主播的新奇性及性价比，可广泛被应用在不同场合。但是，虚拟主播对于人们的接受程度与其传播效果到底如何尚待观察。

---

① 曹欣怡，吴天琦. AI 虚拟主播在新闻报道中的应用 [J]. 青年记者，2022 (16)：81-83.
② 邵鹏，杨禹. AI 虚拟主播与主持人具身传播 [J]. 中国广播电视学刊，2020 (06)：71-74.
③ 国家广播电视总局. 广播电视和网络视听"十四五"科技发展规划 [EB/OL]. (2021-10-20) [2024-4-2]. http：//www.nrta.gov.cn/art/2021/10/20/art_113_58228.html.

2. 社交机器人

社交机器人分为两类，[①] 第一类是聊天机器人（chat bot）。它是可以与人类用户通过自然语言互动和聊天的软件系统。[②] 自 1990 年起，美国发明家休·罗布纳设立罗布纳奖竞赛（Loebner Prize Competition），以鼓励研发与人类行为最相似的机器人算法，聊天机器人便在这样的时代背景下发展至今。随着社交媒体应用的普及，聊天机器人以人格化形象参与发送信息。[③] 第二类是垃圾机器人（spam bots）。相比于聊天机器人"一对一"的传播，垃圾机器人的设计初衷是让内容尽可能抵达更多的社交媒体用户，在社交媒体上以虚拟的人格化形象大量连接用户账号发送信息。比如，政治机器人（political bots）通过在社交媒体上使用算法和自动化技术来扩散特定信息、发布广告来影响公众意见。

3. 虚拟数字人

虚拟数字人兼具虚拟人和数字人特征。所谓虚拟数字人只存在于虚拟世界中，基于计算机图形学、图形渲染、动作捕捉、深度学习、语音合成等技术打造的、具有外貌特征、表演能力、交互能力等人类特征的复合体。虚拟数字人的特点如下：① 存在于虚拟世界中，而不是物理世界中；② 基于各种技术的技术集合体；③ 具有人类特征和人类能力。虚拟数字人的本质是具有人类人设的数字化形象，具有类似于人类特征以及人类的相关能力。[④]

4. 脑机接口

脑机接口（brain computer interface，BCI）是一种从大脑中提取特定

---

① 师文，陈昌凤. 社交机器人在新闻扩散中的角色和行为模式研究——基于《纽约时报》"修例"风波报道在 Twitter 上扩散的分析 [J]. 新闻与传播研究，2020，27（05）：5-20+126.

② Shawar, B. A., Atwell, E. Chatbots: Are They Really Useful? Journal for Language Technology & Computational Linguistics, vol. 22 (1), 2007：29-49.

③ Marechal, N. When Bots Tweet: Toward a Normative Framework for Bots on Social Networking Sites. International Journal of Communication, vol.10（10），2016：5022-5031.

④ 郭全中. 虚拟数字人发展的现状、关键与未来 [J]. 新闻与写作，2022（07）：56-64.

的生物电信号，依据现有的认知神经科学理论，进行有效解码，建立起与外部系统的沟通，实现控制与操纵外部仪器或设备动作的技术。2014 年世界杯开幕式上，高位截瘫的巴西青年平托（Juliano Pinto）身穿一套被称为机器外骨骼机器衣的装置在工作人员的帮助下，通过巴西裔神经学家米格尔·尼可莱利斯（Miguel Nicolelis）开发的脑机接口技术开出了本次世界杯的首球，虽然这不到 3 秒的镜头画面实在让人难以看清究竟是谁踢出了足球，但这一事件仍旧引起了不小轰动。①

5. 分布式主体

社交媒体的应用使得新闻生产逐步趋向分布式，即多种主体在自组织模式下共同参与某一个话题的报道。人工智能等技术将进一步推动分布式新闻生产的普及，甚至分布式生产的参与者将扩展到物体。在物联网时代，万物皆媒，如各种机器、智能物体（包括传感器）也成为了新闻信息的采集者，它们采集的信息不仅会成为媒体重要的资源，甚至可能直达用户。在某些类别的信息采集方面，机器也会有自己的优势，例如，用于公共环境监测、全天候工作的摄像头，对于某些新闻事件真相的发现，会起到重要作用。②

（二）智能主体的内容生产

1. 机器写作

机器新闻写作是人工智能与新闻业相结合的典型代表，是新闻业基于人工智能技术创新出的内容生产程序。机器新闻写作就是将人工智能的深度学习能力赋予机器的科学技术运用到新闻内容的生产中，从而实现新闻内容的自动化生成。③

机器新闻写作是一种基于语义算法而自动生成新闻内容的过程，这种

---

① 牟怡. 机器与传播 [M]. 上海：上海交通大学出版社，2022：27-28.
② 彭兰. 更好的新闻业，还是更坏的新闻业？——人工智能时代传媒业的新挑战 [J]. 中国出版，2017（24）：3-8.
③ 刘松浩. 机器新闻写作现状与发展趋势研究 [D]. 郑州大学，2017.

算法语言会将采集到的数据加工处理后转化为可读的新闻图文内容。记者采写报道新闻通常需要经过采访、素材整理、写作、编辑出版这几个环节，机器新闻写作与其类似，整个新闻生成过程需要经历：① 采集数据；② 处理分析数据；③ 根据预设语义处理模板生成新闻内容；④ 最后推送发布这样的四个环节。机器新闻写作的运作核心技术是基于云计算和大数据分析的人工智能，在第一阶段的数据抓取中需要大数据技术的支撑，从数据库中精准抓取到符合新闻主题要求的信息；在数据处理分析阶段则需要云计算技术的支持，通过算法对数据进行排列组合形成具有逻辑性的内容。

2. AIGC 或生成式 AI

AIGC（AI Generated Content，AIGC），被称为人工智能自主生产内容，[①] 通过各种机器学习（ML）方法从数据中学习工件的组件（要素），进而生成全新的、完全原创的、真实的工件（一个产品或物品或任务），这些工件与训练数据保持相似，而不是复制。[②] 简单理解，生成式 AI 就是利用现有文本、音频文件或图像创建新内容的技术。使用生成 AI，计算机检测与输入相关的基本模式并生成类似内容。比如说通过文字描述生成图像。生成式 AI 从数据中学习内容或对象，并运用数据生成全新、完全原创的新内容，可以服务于下一代的自动编程、药物开发、视觉艺术、社交、商业服务、工程设计与流程。同时，它可以被用来检测欺诈、虚假信息和身份盗窃。生成式 AI 不仅可以判断，还可以创造，意味着 AI 用途将有结构性变化。[③]

继专业生成内容（professional generated content，PGC）和用户生成内容（user generated content，UGC）之后，AIGC 正在成为一种新型内

---

① AIGC，内容生成巨浪已来 [EB/OL]. (2023 - 6 - 21) [2024 - 4 - 2]. https：//www.thepaper.cn/newsDetail-forward _ 23551476.

② Gartner 2022 年新兴技术和趋势影响力雷达图中的五项具有影响力的技术 [EB/OL]. (2021 - 12 - 29) [2024 - 4 - 2]. https：//www.gartner. com/cn/information-technology/articles/5-impactful-technologies-from-the-garter-emerging-technologies-and-trends-impact-radar-for-2022-cn.

③ 生成式 AI 来了，我们还能相信自己的眼睛吗？ [EB/OL]. (2021 - 11 - 24) [2024 - 4 - 2]. https：//new.qq.com/rain/a/20211124A03VU900.

容生产方式。[1] AIGC 可分为三个发展阶段："助手阶段""协作阶段""原创阶段"。[2] AIGC 是 AI 算法的一次重大突破，意味着人类对于 AI 的运用不再被局限在某一特定功能，比如语音识别、智能推荐等，而是逐渐迈入了通用人工智能阶段，即人工智能可以像人类一样尝试完成越来越复杂的智力任务。2022 年 9 月初，美国科罗拉多州博览会上的艺术比赛数字艺术类的第一名由 39 岁游戏设计师艾伦夺得，引起众人争议的是这张获奖作品《太空歌剧院》并不是艾伦本人绘制的，而是由人工智能绘图软件 Midjourney 绘制。[3]

近年来，由 Open AI 公司推出的 ChatGPT 工具迅速崛起，再次将 AIGC 未来如何影响人类社会的问题摆在世界面前，ChatGPT 不但能够进行对话，还可进行各类复杂文章的生成，从技术角度来看，ChatGPT 还存在诸多问题，但是随着更多数据的供给，更优算法的出现及更大算力的支持，AIGC 将对教育、科研、艺术、音乐及技术发展产生更深远影响。

图 11 - 1　AIGC 制作《太空歌剧院》

众所周知，思维和语言是人类特有的、区别于动物的重要标志，伴随着文本、图片、视频以及三者跨模态相互转化方面的技术不断突破，我们所熟

---

① AIGC 技术是利用人工智能技术来生成内容的一种新型内容创作［EB/OL］.（2023 - 4 - 6）［2024 - 4 - 2］. https://baijiahao.baidu.com/s?id=1747898117721685474&wfr=spider&for=pc.
② 李彦宏：AI 将颠覆内容产业，现场 1 秒补全《富春山居图》残卷［EB/OL］.（2022 - 7 - 22）［2024 - 4 - 2］. https://www.thepaper.cn/newDetail-forward_19113577.
③ AIGC 产业应用研究报告，一文读懂 AIDC 的前世今生［EB/OL］.（2023 - 2 - 20）［2024 - 4 - 2］. https://new.qq.com/rain/a/20230220A01KZ100.

悉的 AI 行业，正意欲重构人类生产力和生产关系，这究竟是一时昙花，还是一片新的蓝海，已经成了非常值得讨论的话题。长期来看，AIGC 将持续辅助人类进行内容生产，与工业化进程中机器发挥的作用类似，AIGC 能够替代基础性的劳动过程，进而提高内容质量以及创作效率，是否能够全面代替创造性、决策性的工作还需持续观察。AIGC 在某些领域的突破对于资本而言具有营销价值，但是否真正能够成为市场的主体，还需要长期的社会实践的检验。随着生成式 AI 的大规模普及与应用，技术、法律等层面的规制也需要持续跟进，形成对生成式 AI 内容的系统监管体系，从而更好利用人工智能技术服务人类，尽最大可能避免其负面社会影响。

表 11 - 1　　"生成式人工智能"数据原生风险与媒体风险[①]

序号	类　　别	获取难度	原 生 风 险	媒 体 风 险
1	基于合作方数据集	低	偶见授权风险	来源违规
2	基于爬虫的外采数据集	极高	数据错误，回溯阻断，采集不稳定	信息失实，来源违规，垃圾信息等
3	人工标注数据集	低	多重人为因素渗透	倾向性立场与意识形态偏见
4	人机交互数据集	低	错误数据投喂	信息失实、倾向性立场与意识形态偏见

二、智能主体与人机传播

人机传播（human-machine communication，HMC）是人与机器之间的传播，即人与机器之间进行的意义生产与传播。延伸传统的传播模式，人机传播指的是当交流的乙方变成机器后所进行的传播。[②]

1960 年两位美国学者克莱恩斯 Manfred Clynes 和克莱恩 Nathan S. Kline

---

① 禹卫华. 生成式人工智能数据原生风险与媒介体系性规范 [J]. 中国出版，2023（10）：10-16.

② 牟怡. 机器与传播 [M]. 上海：上海交通大学出版社，2022：25.

为了解决未来人类星际旅行中面临的问题，引入了赛博格（cyborg，为"机器有机体"cybernetic organizism）的简称，提出将机器部件融入有机体的理念。这一当年新奇的观点到了今天已经司空见惯，各类机械正逐渐被植入人体内用于增强和改善人类的生理机能，比如心脏起搏器、人工耳蜗以及最近热门的脑机接口技术。人的概念势必会因科技的发展而被重新定义。

（一）对机器的重新定义

机器是一种可用来变换或传递能量、物料与信息的机构的组合。从Alan Turing 的"图灵机"构想到今天的人工智能发展，人类逐渐开始拥有了一个非人的智能交流体。今天的"人工智能""聊天机器人""社交服务机器人"这些概念都在慢慢为人们所熟知。人机传播的定义并非对机器需要具备的条件加以细化，这也是人机传播被称为"人机传播"而非"人-AI传播的原因"。数字新闻业的起点是"数字化"，这是计算机技术进入新闻生产系统的结果。在数字新闻业发展的过程中，机器的内涵也在不断扩展，从专门的计算机设备，到手机、智能家居设备、传感器等智能终端，再到各类应用软件、算法等软性"机器"。[①]

今天机器既作为工具、渠道，也作为行动主体参与到数字新闻系统中，成为其关键要素。机器对于数字新闻业的基础结构具有重要影响，这种结构的运动也离不开人-机互动。在数字新闻生产中，机器思维开始普及，但机器不能替代人的思维，而是需要与人的思维相互补充、共同作用。在新闻价值的评价与赋予机制中，人-机互动也日益深化。而从用户角度看，他们正在走向人-机一体化，这也会在多个方面对新闻系统发挥作用。从多种层面看，机器在数字新闻业中获得了重要权力，它们也影响着各种人类主体的权力，以及各种主体间的权力互动。[②]

机器既存在于内容生产端，也存在于内容传播的路径中，还广泛存在于用户端。机器既是工具与渠道，也成为了新闻系统中的行动主体，它作

① 彭兰. 数字新闻业中的人—机关系［J］. 新闻界，2022（1）：5-14＋84.
② 彭兰. 数字新闻业中的人—机关系［J］. 新闻界，2022（1）：5-14＋84.

为一种关键要素深度参与并影响新闻生产、传播、消费等各个环节。人对机器的理解与应用，以及人-机相互作用，也在影响数字新闻业基础结构的运动。研究数字新闻系统中人与机器的多种关系，是理解数字新闻业的机制及影响的一个重要视角。[①]

（二）从人际传播到人机传播

在计算机中介传播中，机器仅仅扮演着传播渠道的角色，而在人机传播中，机器则处于信源与信宿的位置，或者更直白地说，机器扮演了一个对话者的角色。不仅如此，很多场景下机器可以同时充当信息发送者、接收者和渠道。

传播是指人们通过与他人互动，以及人们通过与机器互动而获得意义。如果在同一个学科下讨论，"传播"在人机传播和人类传播中的定义是相同的——核心是意义的创造。人类传播是在人类之间创造意义，人机传播是在人与机器之间创造意义，这是一个人与机器都参与的过程，缺少任何一方，传播过程都将停止。不过，尽管人类传播与人机传播中传播定义是相同的，但这并不意味着人与机器之间不存在本体性差异，也并不是说人与他人互动的方式以及由此产生的意义和人们与机器的互动相同。研究人机传播的一个重要方面是找到这两种传播类型的异同点。人机传播将机器从媒介角色中解放出来，从而使传播本身从基于参与者本体的定义中解放出来，传播不再是人类传播的同义词；相反，人类传播与人机传播一起成为传播行为。

（三）人机传播面临的挑战

1. 技术层面

新媒体交互性是传播学者直接关注技术的动因，技术发展再次促使传播学学者提出有关机器的新问题。这些新进展包括文本和基于语音的交互模式进步，自然语言处理使人们能够与技术交互，语言和非语言社交线索整合等。结果是，技术正慢慢接近利克莱德在 1960 年设想的"自然（类人）"

---

① 彭兰. 数字新闻业中的人—机关系 [J]. 新闻界，2022 (1)：5-14+84.

的传播目标。机器已经成为一种社交主体，正是这种主体性，标志着技术的转变，促使学者们思考主体性对于个人、社会和传播研究意味着什么。[①]

2. 理论层面

现有交流模式无法充分解决技术主体性这种根本性转变，因为传播学科主导范式是围绕旧媒体形成的，旨在促使人们彼此之间互动，并且重点关注人类如何与人交往互动及受到彼此影响。因此，传播学者呼吁思考人如何与机器互动，并重新思考传播学概念，以及更大的文化因素与影响。传播学者必须将基于人际关系的学术研究与人机语境相适应，同时将其建立在人们与技术交互这一新兴研究线索的基础上。[②]

3. 学科层面

从现有和新兴研究中形成一幅有关人类与机器互动的清晰图景的尝试，一直受到学科特有要素的阻碍。由于各种原因，传播学科内对传播的研究也支离破碎，分为多个子系统，采用不同的范式。许多研究人类与技术互动的传播学学者将他们的研究置于传播学之外，这样做的部分理由是他们的研究是跨学科的，但同时这样会使他们的研究在传播学科内影响力较小，基于此，我们也需要改变学科建制的概念，促进真正跨学科的研究产生。[③]

第三节　元宇宙与未来传播

一、元宇宙基本概念

"元宇宙"一词出自作家尼尔·斯蒂芬森（Neal Stephenson）的科幻小说《雪崩》。在这本小说中，人类通过"avatar"（数字替身），在一个虚

---

① 牟怡. 机器与传播 [M]. 上海：上海交通大学出版社，2022：25.
② 牟怡. 机器与传播 [M]. 上海：上海交通大学出版社，2022：25.
③ 牟怡. 机器与传播 [M]. 上海：上海交通大学出版社，2022：25.

拟三维空间中生活，作者将那个人造空间称为"元宇宙"。它脱胎于现实世界，又与现实世界平行，就像《头号玩家》中的"绿洲"那样。从构词上看，"metaverse"一词由"meta"和"verse"组成，meta 在希腊语中表示"对……超出"，verse 代表宇宙（universe），合在一起的意思就是所谓"超越现实宇宙的另一个宇宙"，具体地说，就是指一个平行于现实世界运行的人造空间。元宇宙（metaverse）被定义为"一个集体虚拟共享空间，由虚拟增强的物理现实和物理持久的虚拟空间融合而创造，包括所有虚拟世界、增强现实和互联网的总和"。

元宇宙产业体系主要包括以下四个层级：应用层、平台层、网络层和感知及显示层。平台层的开发平台以上为元宇宙内的虚拟世界产品，以下则为物理世界产品，这是为虚拟世界产品提供支撑。

应用层主要是元宇宙虚拟世界内的各种应用及内容，包括游戏、数字金融、虚拟活动、教育培训、社交及直播等。平台层可分为三层：元宇宙虚拟世界内搭建各种内容和基础设施的平台、构建元宇宙所需的各种开发工具平台、内容分发平台及底层操作平台。网络层包括各种算法和网络通信，可分为四层：底层为提供基础通信的通信网络层，上一层包括互联网及物联网等，再上一层主要是云计算及云储存、人工智能和区块链，最上层包括边缘计算等。感知及显示层是各种输入、输出设备，包括 AR/VR 头显、智能手机、个人电脑、脑机接口、摄像头、体感设备、物联网传感器、语言识别系统设备等。①

二、元宇宙基本技术

元宇宙六大技术的英文组合成一个比较有意思的缩写"BIGANT"，包括：B 指区块链技术（blockchain），I 指交互技术（interactivity），G 指电子游戏技术（game），A 指人工智能技术（AI），N 指网络及运算技

---

① 邢杰，赵国栋，徐远重，等. 元宇宙通证［M］. 北京：中译出版社，2021：73.

术（network），T 指物联网技术（internet of things），具体分析如下。[①]

（一）区块链技术

区块链是支撑元宇宙经济体系的重要基础。用户的虚拟资产要能跨越各个子元宇宙进行流转和交易，才能形成庞大的经济体系。主要技术应用包括 NFT（非同质化通证）、DAO、智能合约、DeFi 等。

（二）交互技术

平台通过 AR、VR 等交互技术提升沉浸感。人体交互技术是制约当前元宇宙沉浸感的最大瓶颈所在，交互技术分为输出技术和输入技术。输出技术包括头戴式显示器、触觉、痛觉、嗅觉甚至神经信息传输等各种将电信号转换于人体感官的技术；输入技术包括微型摄像头、位置传感器、力量传感器、速度传感器等。复合的交互技术还包括各类脑机接口，这也是交互技术的终极发展方向。

（三）电子游戏技术

这里所说的电游戏技术既包括游戏引擎相关的 3D 建模和实时渲染，也包括数字孪生相关的 3D 引擎和仿真技术。前者是虚拟世界大开发解放大众生产力的关键性技术。后者是物理世界虚拟化数字化的关键性工具，同样需要把门槛大幅拉低到普通民众都能操作的程度，才能极大加速真实世界数字化的进程。这里面最大的技术门槛在于仿真技术，即让数字孪生后的事物必须遵守物理定律、重力定律、电磁定律、电磁波定律。电子游戏技术与交互技术的协同发展，是实现元宇宙用户规模较快增长的两大前提，前者解决的是内容极度丰富的问题，后者解决的是沉浸感的问题。

（四）网络及运算技术

元宇宙要求高同步低延时，从而用户可获得实时、流畅的完美体验。

---

① 邢杰，赵国栋，徐远重，等. 元宇宙通证 [M]. 北京：中译出版社，2021：69.

VR 设备的一大难题是传输时延造成的眩晕感，其指标为转动头部到转动画面的延迟，带宽与传输速率的提升能有效改善时延并减轻眩晕感。边缘计算常被认为是元宇宙的关键基建，通过在数据源头的附近采用开放平台，就近直接提供最近端的服务，从而帮助终端用户补足本地算力，提升处理效率，尽可能减少网络延迟和网络拥堵风险。元宇宙要求用户可使用任何设备登录，随时随地沉浸其中，要求实时监测数据并进行大量计算，单个或少数服务器难以支撑元宇宙的庞大运算量。云计算作为分布式计算的一种，其强大的计算能力有望支撑大量用户同时在线。

（五）人工智能技术

人工智能技术存在于元宇宙的各个层面、各种应用、各个场景。包括区块链里的智能合约、交互里的 AI 识别、游戏里的代码人物、物品乃至情节的自动生成、智能网络里的 AI 能力、物联网里的数据 AI 等，还包括元宇宙里虚拟人物的语音语义识别与沟通、社交关系的 AI 推荐、各种 DAO 的 AI 运行、各种虚拟场景的 AI 建设、各种分析预测推理等。

（六）物联网技术

物联网技术既承担了物理世界数字化的前端采集与处理职能，同时也承担了元宇宙虚实共生的虚拟世界去渗透乃至管理物理世界的职能。物联网技术的发展，为"数字孪生"后的虚拟世界提供了实时精准持续的鲜活数据，使元宇宙虚拟世界里的人们"足不出网"就可以明察物理世界的秋毫。5G 网络的普及为物联网的爆发提供了网络基础，但电池技术、传感性技术和 AI 边缘计算等方面的瓶颈依然制约物联网的大规模发展。

三、元宇宙与未来传播

基于互联网的发展和技术迭代的支撑，元宇宙通过沉浸感、参与度、永续性等特性的升级，并激发多元主体采用诸多独立工具、平台、基础设施、各主体间的协同协议等来支持元宇宙的运行与发展。而随着 AR、

VR、5G、云计算等技术成熟度的巨大提升，元宇宙有望逐步从概念走向现实。[①]

混合传播形态元宇宙预示了数字革命序列中新一轮的技术创新和网络整合，在昭示着互联网产业大变局之时，也同时宣告着对传播领域的搅动和重塑。虽然"元媒介"的概念先于元宇宙而存在，但它却似乎预言了在数字时代新旧媒介相互构成、相互塑造、相互依托的辩证关系，基于这种辩证关系，元宇宙正在加固一种"对传播的传播"，即"元传播"的过程。于是，作为元媒介和元传播的元宇宙体系以其内在机制和技术特征为数字时代的传播召回了语境与共识、声音与言语，同时呈现出此前为我们所忽视的媒介的自反性与基础设施特性。与此同时，元宇宙也以去身体、去真实、去开放和去隐私，警告着传播在这场变革中所面临的风险和危机。[②]

在一片喧嚣中，"元宇宙"概念成为研究者对未来传播环境的憧憬之一，有些人甚至乐观地认为"元宇宙"将让人类永生，然而现实情况是，至今未见某个社交媒体平台能够让我们将肉身与思想放心托付给它，也没有哪一个平台承诺将永远存在，因此，对于"元宇宙"概念，我们既不要完全否定其价值，也不要无限夸大其价值，而应在二者平衡中找到最优路线。

所谓"元宇宙"建设的路程还很漫长，短期内完全建成的可能性不高，虽然当前社交媒体平台或者一些资本已具备一定的技术基础，但距离成为社会交往主流新空间的最终目标还有许多技术、社会、治理难题需要克服。

"元宇宙"为人类未来传播提供了一种可能性，作为人们未来社会交往的一种新选择，"元宇宙"也会在技术进步、社会治理、资本投入、社群参与等诸多条件的共同作用下不断发展。

---

① 喻国明. 未来媒介的进化逻辑："人的连接"的迭代、重组与升维——从"场景时代"到"元宇宙"再到"心世界"的未来［J］. 新闻界，2021（10）：54-60.

② 胡泳，刘纯懿. 元宇宙作为媒介：传播的"复得"与"复失"［J］. 新闻界，2022（1）：85-99.

第十二章
社交传播：理论与模型

第一节　复杂系统理论与社交媒体

　　诞生于六七十年前的经典传播理论在教学、科研和应用等方面持续遇到适用性与匹配性挑战。总体来看，根植于大众媒体鼎盛时期的经典理论模式虽仍可用来阐释新兴媒体实践，但总感力有不逮，大致因为经典传播理论模式的内涵与外延已无法完全覆盖新兴媒体复杂系统的内涵与外延。举例而言，大众传播渠道多指广播电视塔台或报纸发行队伍等，但在社交媒体环境下，信息渠道与"在线社交网络（online social network，OSN）"的产生关联，而两者在内涵与外延层面差异较大。

　　由此管窥，经典传播理论模式虽仍为本学科的基石，但在技术变革、复杂系统理论不断发展的当下，有必要结合最新的技术与理论成果探索其在要素、边界与模式方面的变化。这既是本学科的研究传统，也是社会与技术发展的必然要求。

　　实际上，已有学者注意到了"传播理论停滞"与范式转换问题，"半个世纪以来，教科书越来越多，体现了学生人数的增加，但过去30年却未有新理论被纳入教科书；近年来的新概念和事物主要和科技相关，未有足够的概念化或理论化。大众传播学出现了'理论停滞'

现象"。① 也有学者认为"大众传播的终结得到越来越多人的认同，但是，对于新的传播范式却众说纷纭"。② 那么，当前经典传播理论（即传播理论的底层结构，非某一个具体传播应用理论）停滞的主要表现是什么？旧模式向新模式转变的基础理论依据又是什么？哪些新要素应被讨论并纳入经典模式？纳入新要素后的理论模式形态是什么？这些是本文要着力探讨的核心问题。

计算机科学与人工智能技术被大量应用后，基于"老三论"传播理论框架适应性显示出诸多问题，特别是对复杂系统的解释力下降。传播学科的内核是多学科交叉与融合，吐故纳新，只要科学技术和社会不断发展，传播学科交叉融合的进程便不会停滞。

一、从"老三论"到复杂系统理论

随着科学研究的发展，研究者在"确定论""还原论"研究框架之外发现世界还存在大量不确定性，于是，面向从"无序到有序"等复杂系统现象的理论在不同领域渐次出现，并逐步得到学界认可。从理论发展阶段来看，早期"老三论"不断演进，进入新阶段，即复杂系统理论阶段。学术研究从确定性系统逐渐向具备巨量主体（agent）、③ 非线性（nonlinear），从无序到有序自组织（self-organization）、涌现（emergence）等不确定性特征的复杂系统理论转换，由耗散结构理论、突变论、协同学组成的"新三论"被学界接受，并向生命科学、气象学、生物学、社会治理、信息系统等领域逐步扩散。2021 年，诺贝尔物理学奖被授予研究复杂系统理论的三位研究者，复杂系统理论作为前沿理论再次获得关注。

---

① 苏钥机.谁是大师？什么理论？有何启示？回顾半世纪大众传播学发展［EB/OL］.(2022-06-23)[2024-4-2]. https：//mp.weixin.qq.com/s/TO7vFo5hu0shRZBdJiwJFA.
② 方兴东，严峰，钟祥铭.大众传播的终结与数字传播的崛起——从大教堂到大集市的传播范式转变历程考察［J］.现代传播（中国传媒大学学报），2020（7）：132-146.
③ 潘骏，沈惠璋，陈忠.基于 Agent 和 K 核分解的群体事件微博传播模型［J］.情报科学，2018（2）：125-131.

当"老三论"向"新三论"延伸，研究对象由"确定轮""还原论"向"复杂系统"拓展时，从学科交叉的角度来看，经典传播理论也应做出回应。经典传播理论由"老三论"发展而来，面向非线性、无序、自组织、涌现的复杂系统理论可以成为经典传播理论的变革的理论交叉框架。

二、复杂系统理论与传播要素变革

复杂系统（complex system），[①] 尚未形成被各学科普遍接受的定义。一般认为，复杂系统是指由许多可能相互作用的成分所组成的系统。在很多情况下，将这样的系统表示为"网络"是有用的，其节点代表组成成分，连接则代表它们的交互作用。它具有巨量主体、非线性、涌现、自组织和反馈循环等特征。钱学森认为复杂系统是开放的、巨系统的、复杂的、多层次的。有学者将复杂系统理论的共同之处总结为以下几方面：复杂系统是演化的；以行动者为基础的；基于简单规则叠加的；自组织的；远离平衡态的；开放系统的；对内自指、对外自适应的；自下涌现、非线性的；不确定的不可消弭等。[②] 结合上述各类学术释义，对于复杂系统理论大致可总结为，面向开放系统从无序到有序各类现象的理论集合。

胡正荣、段鹏等在2008年出版的《传播学总论（第二版）》教材中，引入复杂系统理论中的"自组织"概念对经典大众传播理论进行了阐释，并将大众媒体的要素放在自组织理论框架下展开讨论。[③] 可见，研究者已关注到当时正在快速发展的复杂理论与本学科经典理论的交叉意义。由此来看，本章提出"复杂系统理论"与传播理论的结合并非个案。只是在新技术不断涌现的背景下，复杂系统理论与新兴媒体平台有何关联？为什么说新兴媒体平台是复杂系统？这需要研究者给出科学的答案。

基于底层技术必然影响上层各类系统的理念，建立在各类新技术之上的新兴媒体具备复杂系统的主要特征，具体体现在以下三个方面：

① ［法］莫兰. 复杂性思想导论［M］. 陈一壮，译. 上海：华东师范大学出版社，2008：18.
② 罗家德. 复杂——信息时代的连接、机会与布局［M］. 北京：中信出版社，2017：29.
③ 胡正荣，段鹏，张磊. 传播学总论［M］. 北京：清华大学出版社，2021：137.

（一）巨量主体参与信息交互

据腾讯年报，2021 年微信月活跃用户数量已达 12.682 亿，如此巨量的信息生产、发布、接收者参与内容生产与交换，在大众媒体时期是不可想象的。从技术来看，分布式技术释放了普通节点的传播潜力，平台变成巨量节点间沟通的主要载体，数十亿系统节点代替了大众媒体时期有限的媒体主体，传播者的行为由有限的信息生产与分享突变成大规模的复杂网络的信息交互行为，数十亿参与主体交互行为充满了非线性与不确定性，传播个体或者社群不但具备自组织的能力，而且在特定条件下还可以产生意想不到的结果，形成了与以往电信时代不同的复杂媒体系统。

（二）自组织、复杂网络与涌现

自组织是相对于他组织而言的，一般是指在没有外界指令的驱使下，自发形成的群体行为。自组织现象无论在自然界还是在人类社会中都普遍存在。新兴媒体也存在自组织现象，即由个体形成组织，组织成为更大组织中的子组织，组织内部以及彼此之间进行能量交换，从而形成复杂网络。目前，图论（Graph Theory）是被用来研究复杂网络的最主要的数学理论，与本学科理论模型关系最密切的复杂网络理论是瓦茨和斯特罗加兹于1998 年在《自然》上发表的论文《Collective Dynamics of Small-World Networks》，[①] 即《小世界网络群体动力学》，呈现了在线社交网络的复杂网络结构特征，并指出，小世界网络不但具有规则网络的聚集性，也拥有随机网的最短路径。涌现是指群体行为所体现出的、原来个体行为所不具备的行为，但不是原来个体行为的叠加。复杂系统产生涌现的条件是：系统是非线性的、开放的、远离平衡态的、存在涨落。涌现源于自组织，有自组织未必产生涌现，没有自组织一定不会产生涌现。比如，从微博到微信，从微信到短视频，每一次用户的大规模迁徙都是涌现。网络舆论事件

---

① Watts D J, Strogatz S H. Collective dynamics of "small-world" networks [J]. *Nature*.1998，393：440－442.

风起云涌，也是复杂网络涌现的典型。微博热搜榜上"你方唱罢我登场"的话题，都是涌现。

（三）媒体平台是复杂开放系统

新兴媒体平台是多重要素组合形成的复杂系统，多种要素之和的整体效能大于简单叠加的作用，复杂系统内部包含信息与社群能量的交换，一直处于从无序到有序，从"近平衡态"到"远离平衡态"的切换过程中。因此，由复杂巨量主体、自组织、复杂网络构成的新兴媒体平台既是复杂系统的各类要素的耦合环境，也是不同要素之间交互的基本承载条件。

大众媒体时代的传播理论研究特征可概括为信息、控制与系统。智能媒体时代的传播研究特征则可概括为复杂、涌现与智能。"老三论"作为上一个时期的基础理论，促进了传播理论交叉、融合与创新。进入新阶段，媒体系统由确定性系统转向复杂系统，不确定性与确定性一样重要。

由此，本章认为海量用户是复杂媒体系统的巨量主体；无数参与主体、他组织与自组织所组成的系统都可称为平台；巨量主体在开放系统内的信息与能量交换推动了从自组织到涌现的发展，而自组织内部以及自组织外部皆为复杂网络。

第二节　传播理论转变的关键枢纽要素

传播理论要素从一般模式向复杂系统理论模式转变需要进行三次较关键的转变。

一、传播流程各要素全面数据化

首先，人类的表达完成了电子化和协议化。电子信息具有高速、可复制、可计算、可保存的特点，人类在线数字表达与社会行为也具有此特性。此外，人类的在线社会行为基于某种协议（protocal）完成，账号之间的沟通由共同的网络协议确立，不同意互联互通协议的用户便不能加入在线社交网络。其次，传播各要素特征值的数据化。围绕个人的数据有五类，即基础数据、社交网络数据、文本数据、行为数据、时空数据。在电讯时代，相关电信机构能够获得的数据主要是基础数据、时空数据以及极少数其他类别数据。进入智能时代后，用户所有的在线痕迹皆可获取，传播各特征值由"基本不可知"转为"基本可知"，新兴媒体平台能全面实时自动采集使用者的五类数据细节并形成历史沉淀，即全流程的数据化。最后，传播主体之外的链路等要素的数据化。传受双方特征值皆可数据化并标签化。信息传递的路径、转发扩散的层级、影响力不同的节点皆为数据化存在。最后，在用户和效果方面，用户的阅读、转发、购买、捐赠等行为也沉淀为包含用户特征值的数据。总之，数据化是传播平台或算法发挥作用的基础。

二、要素及要素之间的算法嵌入与耦合

传播各环节的算法嵌入以及要素之间的算法耦合是改变智能传播的关键技术革新。首先，算法嵌入了内容生产者、渠道、内容、信息接收者、效果传播等环节，发挥自动采集、特征表达、计算排序的基本功能，平台则赋予了传播各环节模块化、自动化与智能化的能力，兼顾内部计算与外部耦合。其次是各个传播要素之间的算法耦合。这类算法耦合包括传播要素之间自动化过程的协调、平台方对传播各要素的传播情况的调控，从而减少各传播要素在运行过程中的不确定性或冲突，允许平台从整体上对系统各要素进行直接调控，将要素内部的算法、要素之间的耦合算法、平台总控调适算法控制在一定的阈值范围之内。

三、传播理论关键要素的更新

从大众传播时期的理论框架转向复杂媒体系统时代的理论框架，相关要素的内涵更新包括以下四个方面。

（一）从受众到用户（user）与机器（machine）

大众传播理论模式将传者和受众分置于传播模式两端，传者与受众处于分裂状况，基于在线社交网络的社交媒体实现了传受双方权利的均衡化，有研究者提出了"用户"这一概念，整合了传者与受众。[①] 另外，大众媒体与社交媒体传播理论模式强调的是人与人之间的信息传播，在人工技术不断发展的情况下，机器作为基本变量参与传播流程，传播的基本态势包括两种：人与人的传播；人与机器的传播。[②]

（二）在线社交网络（OSN）作为时空超链

大众传播理论探讨的渠道主要指电子渠道或人力发行渠道。社交媒体兴起后，人或组织之间的传播渠道变为"在线社交网络"以及基于在线社交网络形成的各类社群。"在线社交网络"的结构组成、信息流动、动力来源研究渐成重点，此要素在经典传播理论教材中较罕见。那么，为什么选择"在线社交网络"，而不选择"网络"作为基本要素？主要是因为"网络"是一个泛化概念，而"在线社交网络"意味着"物理网络"与"社交网络""社会需求"之间的深度融合。举例而言，网民的现实需求可以通过在线社交网络裂变扩散，因此"网络"与"在线社交网络"两者之间存在显著的理论分野。

（三）算法（algrithm）作为信息流动的自动机

大众传播理论也讨论过类似"算法"的问题，比如电视节目的"黄金时段"、报纸的版面最佳排序、报纸派送最优路线、广播电视受众收听收看行为规律等，只是大众媒体时期并未将这些进行公式化表达或自动化耦合，自然也就不存在所谓的大众媒体"算法"一说，它们更多地被看作规律。一般而言，任何算法都需要经过枚举、排序、选择、输入和输出等步

① 彭兰. 新媒体用户研究：节点化、媒介化、赛博格化的人［M］. 北京：中国人民大学出版社，2020：28.

② 牟怡. 机器与传播［M］. 上海：上海交通大学出版社，2022：25.

骤，新兴媒体平台的各个传播环节均完成了数据化转变，基于大数据的算法可以在新兴媒体平台上实现要素内部、要素之间、平台总控的枚举、排序、选择等方面的完全自动化，从而将传播流程中的人与信息的关联通过算法不断调优。

（四）平台（platform）作为传播交互总控

在大众传播时期，学者也研究平台，比如有线电视网、电信服务商，只不过，他们是基础电信服务的提供者，要么归属为大众媒体组织的一部分，要么不直接生产内容，因此，此部分的研究多与内容生产或经营管理有关。

社交媒体平台是技术、市场、社群共同推动的结果，能够提供持续算力、承载复杂交互以及各类数字生活的平台成为新增传播要素。① 平台对各传播要素的掌控能力与直接影响能力远高于电信与有线电视服务商。那么，有线电视服务商、电信服务提供商与社交媒体平台有何异同？两者的相同之处是作为承载亿万用户，提供各类信息活动的载体。不同之处在于有线电视、电信平台重在提供通信服务，对用户的生产、传播、接收、社群等行为的直接管控能力不强，而社交媒体平台则通过各种人为的、技术的、政策的手段直接影响各传播要素。或者说，社交媒体平台通过中间手段充当了传播流程各要素的"提线人"，覆盖全平台的各类传播要素，其影响力远超有线电视网和电信服务商，这是为什么平台应作为新要素被纳入传播结构的关键理由。

四、传播模式的边界延展

（一）基于传播链路的边界延展

人类之间的信息传播活动是各类传播模式的基础，经典的传播理论便

---

① Van Dijck J., et al. The platform society: Public values in a connective world. ［M］. New Haven: Oxford University Press, 2018: 7.

是基于人与人之间的传播关系建立起来的。社交媒体既受到用户与社群的影响，也受到平台的影响。一方面，在线社交网络链接巨量节点与社群；另一方面，平台基于用户数字痕迹，搭建平台算法，并应用于社交媒体的信息传播流程中，不再完全依赖以人和在线社交网络为核心的传播模式。基于此，社交媒体的传播模式按照链路连接方式又可分为"在线社交网络传播模式"和"平台算法传播模式"两类。二者的相同之处是基于在线社交网络展开信息交换，区别在于平台算法传播模式通过将算法嵌入各传播环节，算法集群由平台进行总控，实时优化传播路径。

（二）基于传播主体的边界延展

机器作为内容生产者颠覆了经典传播模式，打破了经典传播研究模式以人类对传者或者受众的假设，解码与编码的主体也发生了改变。传播理论研究需要回应"人与机器"重新分野的变化，既要继续探讨符合人类社会信息传播特点的模式，也要探究适合"人类—机器"和"机器—机器"的模式。机器参与传播可分为机器的"单维度参与"和"双维度参与"，机器单维度参与指的是"人机交互"，即人与机器、机器与人之间的信息传播行为；机器双维度参与指的是"机机交互"的模式，即机器与机器之间的信息传播行为。

在"人机交互模式"中，机器人能够自我识别信息特征、根据场景生产内容、根据数据反馈调整信息传播策略，类似于虚拟用户或者数字人。"机机交互"则是机器之间的沟通，依托计算机底层语言，在数据库内交换数据，根据相应算法自主完成调整，"机机交互"可被视为无须人为干预的、独立的信息传播模式，传播过程较为简单，是对信息科学的回归。

第三节　社交传播理论的类型与模式

理论模式化是社会学科成熟标志之一。丹尼斯·麦奎尔指出"各种模式必须不断更新，才能适应我们社会里变动的现实""提高传播学科学水平的一种途径就是模式化"；卡尔·多伊奇（Karl Deutsch）认为："在社会科学中使用模式的主要好处包括：首先，模式具有组织功能，能将各系统排序并连接起来，能使我们看到一个很难从其他方法中获得的整体形象。其次，模式具有解释功能，它能用简洁的方式来进行理论思考，如果改用其他方法可能相当复杂或产生含糊的信息。最后，模式有可能对事件的结局或进程进行预测。它至少能够为估算各类不同结局发生的概率提供基本依据，因而可以据此提出研究假设。"① 概言之，理论模式具有组织性、解释力、预测力。

经过几十年的发展，经典传播理论模型为传播学研究提供了稳定可靠的框架，本节尝试将已更新的要素、延展的理论边界纳入传播框架，在经典传播理论框架的基础之上进行模式扩增。

一、两种社交传播模式

经典传播理论的主要应用场景是大众传播，在新技术条件与新理论的框架下，在经典传播理论模式的基础上重新划清理论边界显得尤为迫切，可尝试从扩散链路、传播主体、交流对象三个层面进行重新分类。

二、社交媒体的 OSNM 模式与 PAM 模式

（一）社交媒体"在线社交网络传播模式"（online social network module，OSNM）

社交媒体"在线社交网络传播模式"的内涵是平台制定行为规则，用户参与内容生产，节点与社群通过在线社交网络传播实现相互联通，各类用户实时传播与反馈，信息传播最终形成一个闭环，周而复始。社交媒体的在线社交网络传播模式是经典传播理论要素更新的起点，有以下变化：首先，传者与受众的权利平衡，两者统称为用户；其次，大规模在线社交网络成为信息传播扩散的渠道，这成为区分不同传播模式的关键指标；最

---

① 麦奎尔，温德尔. 大众传播模式论［M］. 祝建华，译. 上海：上海译文出版社，2008：4.

后，实时数据反馈。

（二）社交媒体"平台算法总控传播模式"（platform-algrithm module,
PAM）

社交媒体"平台算法总控传播模式"的内涵是平台作为一种特殊的媒
体类型进入传播结构，通过算法集群动态调控传播要素，成为自动化精准
传播的高级形态。当然，从平台算法的智能化水平来看并非真正的人工智
能，在各个传播环节中还存在大量人为动态调控的情况。

社交媒体的平台算法传播模式遵循 OSNM 的框架，增加了由平台控
制的算法模块部分，包括：① 作为传者的用户数据化与算法化。平台根据
传者提供的内容的整体情况进行自动分类，再依据传播影响力排序，将每
一位内容生产者纳入算法推荐序列，设定优先顺序。② 数据化与算法化内
容。平台前置了内容审核和内容"标签化"两个环节。内容"标签化"指
原创者、审核员以及机器根据内容的所属类别、对应用户、热度等字段进
行人为或机器标注。这些内容将自动进入平台资源库，与对应用户进行精
准匹配。③ 在线社交网络优化路径。该算法指的是精准匹配"内容标签"
与"用户标签"的最短路径与最佳效果，属于复杂网络范畴。④ 用户的数

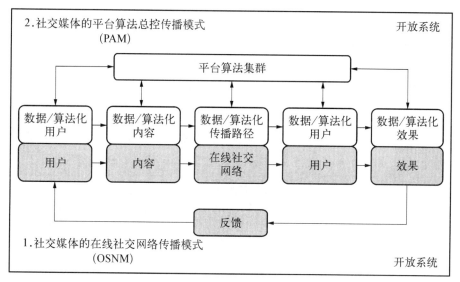

图 12-1　社交媒体的在线社交网络传播模式与平台算法传播模式

据化与算法化。新兴媒体平台一般采用三种数据（用户使用场景、个人习惯、内容特征），综合形成用户的画像与标签，并在一定时间区间对用户标签进行动态调整。⑤ 效果的数据化与算法化。平台方引入"传播效果概率"算法，将"标签化"内容放入"小数据社群"，测算某一内容成为具有影响力内容的概率，再根据在小数据群组内的点击率确定该内容的推送范围及权重。⑥ 平台算法集群。平台不但拥有对单个账号进行管理的最高权限，还能够通过其他综合算法控制各要素的传播速率与传播效率。平台通过各类算法动态调整各类传播要素的广度、速度与精度，是传播效果的管控核心。

三、机器参与的 OSNM 模式与 PAM 模式

机器参与传播未改变传播经典模型，只是参与主体发生变化。按照机器是否参与内容生产，可分为"人机交互"与"机机交互"两种形态，无论是"人机交互"还是"机机交互"，传受双方中至少有一方是机器（或者基于人工智能技术的产品）。

（一）"人机交互"的 OSNM 模式

在"人机交互"模式框架内，内容生产和信息接收的主体由人变为机器，形成了人机交流的态势。当前，大多数"人机交互"依然发生在社交媒体平台上，只是传播主体和接收主体发生了变化，由机器代替了以人类为主的传播模式。例如，"洛天依"拥有庞大的在线社群规模，他们是真实的个人或组织。从传受双方来看，"洛天依"在演唱时是传者；众多粉丝向"洛天依"提问时，她便成为受众。再如，对话机器人 ChatGPT 与人类进行交流也是典型的人机交互的过程，而且随着"生成式 AI 技术"的广泛应用，基于人机交互的 OSNM 模式更值得研究。

（二）"人机交互"的 PAM 模式

"人机交互"的 PAM 模式与社交媒体的 PAM 模式高度相似，两者的

差异在于具有生产与传播能力的智能机器人成为信息传播者或接收者的替代者。实现"人机交互"的 PAM 模式有两种路径：路径一是机器用户生产的内容经过平台的人工审核与内容标签化后，基于特征值匹配和相似性算法被推送至相关个体和社群，机器人此时只是平台用来提高传播效率的工具；路径二是机器自主生产的内容，如"生成式 AI"生产的内容经过平台算法过滤放大，产生更大范围的影响。机器人自动分析人类用户行为，根据人类用户行为的变化自动调整内容生产，属于具有一定自主决策能力的机器用户。

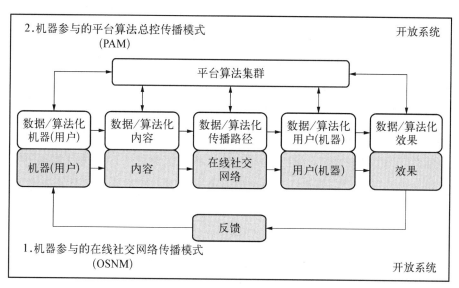

图 12 - 2　机器参与的 OSNM 模式与 PAM 模式

（三）"机机交互"的传播模式

"机机交互"属于机器之间的传播沟通，交流双方已脱离了原有的社交网络形态，属于机器之间的交流与对话，信息传播形成了一个脱离人类之间传播模式的"数据库内部数据匹配的传播模式"。还可分两种情况：第一种情况，人类通过深度学习设定了基本的沟通原则，机器人之间遵循相关算法进行沟通；第二种情况，完全自主交流的模式，即机器人之间能够掌控所有的外部变量以及内部要素，成为独立于人类的另一个群体，即高级形态。

四、传播扩增模式的双控制、双闭环与混合共生

上述传播模式是在复杂系统理论以及人工智能技术理论的基础上初步总结出来的相关理论模型，具有以下特点。

（一）双控制与双闭环

相较于大众传播模式闭环的控制过程，新的信息传播过程模式形成了"双控制"和"双闭环"结构。"双控制"结构指的是传播模式上存在上下两层的控制模式，上层控制模式是基于平台算法系统，自动对传播要素的各环节进行动态调节；下层控制模式指的是基于人类或者机器用户实际反馈，由信息生产者自主调节。"双闭环"结构指的是信息从发出到反馈是两个闭环结构，第一个闭环是用户提供信息反馈，信息生产者根据反馈调整信息传播效果；第二个闭环是平台通过各类综合算法对传播各要素进行实时监测与计算，目的是让平台能够从宏观层面上控制整个平台的运转。

（二）混合共生

无论是在线社交网络传播模式，还是平台算法传播模式，传播参与者可以是人类也可以是机器，或者人类与机器混合共存，在线社交网络传播模式与平台算法传播模式实际上无法截然分开。每一类传播模式之间都具有一些重叠性，呈现"你中有我，我中有你"的状况。将在线社交网络传播模式与平台算法传播模式完全分开既不现实，也不符合理论发展的规律，在对比中找到共同点与差异点才可更准确地把握理论变革的内在机理。

如果说大众传播的繁荣以及其他基础理论的蓬勃发展推动了六七十年前大众传播理论的交叉、融合与创新，那么，今天在多学科交叉的背景下观察、探寻新兴媒体的传播结构，或许是传播学在理论框架层面上有所作为的一个突破点。

第十三章
社交媒体大数据：方法与素养

第一节　社交媒体大数据概念与特征

社交媒体是人类数字交往的基本空间平台，在这个平台上，人们应用全新的数字化符号、机器记录下每个人的数字行为轨迹，包括社会网络、文字、行为与时空迁移的个体数据，以及人们的消费、金融、就医等类型的社会数据。因此可以说社交媒体平台既是人类交往的新空间，也是人类活动的实时数据库。在社交媒体平台上，人们之间的交往是一种基于新数字符号系统的社会交往形态，研究社交媒体平台、参与者以及各类行为，必然要选择与以往研究有所区别的切入路径，包括量化、质化以及混合三大类型。就量化而言，社交媒体的量化研究方式虽然可以选择问卷调查的方式，但总感力有不逮，因为人和社群活动均已数据化，传感器可获得用户的几乎全部数据，致使问卷调查的价值明显下降。在此背景下，选择更具适应性的新研究方法显得格外重要。本章将重点探讨社交媒体大数据研究方法以及实现路径。

一、大数据概念与特征

（一）大数据基本概念

目前学界与产业界并未对大数据进行统一的定义。本书认为，大数据是基于大规模的数字化设备产生的巨量数据，具有全量、实时、多样等特点。大数据与算法、算力结合后，能够推动人工智能技术不断进步。大数据门类众多，类多量大，需要全新的知识体系、技术架构与研究工具。

（二）大数据的主要特征

1. 数据量大（volume）

大数据的主要特点是从抽样覆盖到相对全体样本，从这个意义上讲，大数据不但量大，而且很全。大数据以 PB（1 000 个 T）、EB（100 万个 T）或 ZB（10 亿个 T）为计量单位，从 TB 跃升到 PB、EB，乃至 ZB 级别。数据量大是大数据的首要特征。[①]

2. 数据种类多（variety）

多样化体现在数据类型多，数据来源丰富，与各类问卷调查相比，大数据涵盖方方面面。大数据不仅体现在量的急剧增长，数据类型亦如此，可分为结构化、半结构化和非结构化数据。结构化数据存储多年来一直主导着 IT 应用的关系型数据库；半结构化数据包括电子邮件、文字处理文件以及大量的网络新闻等；而非结构化数据随着移动计算和传感器等新技术应用不断产生，广泛存在于社交网络、物联网、电子商务之中。[②]

3. 数据价值密度低（value）

大数据的重点不在于其数据量的增长，而是在信息爆炸时代对数据价值的再挖掘。价值密度的高低与数据总量的大小成反比。虽然价值密度低是大数据日益凸显的一个特性，但是对大数据进行研究、分析挖掘仍然是

---

① 史爱武：浅谈大数据之特征和关键技术 [EB/OL].（2022 - 9 - 21）[2024 - 4 - 2]. https：//www.sohu.com/a/419840540_120810723.
② 史爱武：浅谈大数据之特征和关键技术 [EB/OL].（2022 - 9 - 21）[2024 - 4 - 2]. https：//www.sohu.com/a/419840540_120810723.

具有深刻意义的，大数据的价值依然是不可估量的。毕竟，价值是推动一切技术（包括大数据技术）研究和发展的内生决定性动力。[①]

4. 数据产生和处理速度快（velocity）

要求数据处理速度快也是大数据区别于传统数据挖掘技术的本质特征。有学者提出了与之相关的"一秒定律"，即在这一秒有用的数据，下一秒可能就失效。以往的数据往往是"切片式"数据，只能表明数据在某个时间点上的状态。大数据则从根本上改变了"切片式"研究，通过数据流呈现整体变化形态。数据价值除了与数据规模相关，还与数据处理速度成正比关系，即数据处理速度越快，越及时，其发挥的效能就越大，价值越大。[②]

（三）大数据的学术价值

1. 大数据是各种社会要素数字化之后的呈现形态

大数据改变了人们看待世界的方式，以往无法看到的社会运行状况、网络关系、内容分布、情感倾向在工具和算法的辅助下变得可观察、可测量、可预测，这些动态变化的社会表征对于及时掌握各行各业的发展情况至关重要，也有利于探究其规律和特点。大数据目前尚处在早期发展阶段，数据量在不断积累，相关的算法与挖掘能力还在不断优化的过程之中。随着技术的发展，基于大数据的宏大社会环境会最终形成，大数据将成为人们认知世界、理解世界的主要方法。

2. 大数据不是绝对概念，而是相对概念

目前尚无一家机构能够完全掌握社会中的全部数据，还存在各式各样的"信息孤岛"。电商、社交平台、搜索引擎等商业机构虽然汇聚海量数

[①]　史爱武：浅谈大数据之特征和关键技术［EB/OL］.（2022 - 9 - 21）［2024 - 4 - 2］. https://www.sohu.com/a/419840540_120810723.

[②]　史爱武：浅谈大数据之特征和关键技术［EB/OL］.（2022 - 9 - 21）［2024 - 4 - 2］. https://www.sohu.com/a/419840540_120810723.

据，但也并非掌握了全社会的大数据，政府、医院、银行等机构拥有各类大数据，但对其的深入挖掘还不够，利用率低。这些分割状况也使研究者清晰地认识到大数据目前主要是用来解决或预测某一个领域的问题，推动某个行业转型与创新，综合研究还不多见，就媒体行业来说，大数据在内容生产、社群经营、精准营销等领域大有作为。有一种观念认为，媒体行业就应该关注媒体行业的大数据，电商行业就应该关注电商大数据，这样才更专业，实际上，如果具备较强的采集、存储与计算能力，任何一个行业都可以进入其他行业的数据领域，数据在本质上都是相通的。

3. 大数据的应用有规律、有框架、可复制

大数据的出现给各个行业带来了巨大冲击，相关行业的从业者皆在思考应对之策，然而，掌握大数据资源的实体机构倾向于夸大它们的数据量级与能力，并刻意在人们心里构建一个思维迷思，让公众感到"大数据""云计算"等概念遥不可及。这种观念给所有非数据行业出身的从业者造成了一种严重的认知偏差，以为大数据就是某一小部分人的事情。实际上，大数据并非不可捉摸，它有规律可循，其运作框架简单清晰并可复制，其挖掘逻辑与工具已越来越易用，其可视化代码也在不断更新与迭代，熟练掌握这方面知识的从业者也越来越多。

二、社交媒体大数据与新文科

大数据成为决定社会转型发展成功与否的关键变量，是新文科建设的基础资源。在数据驱动下，研究机构正在探索更大规模、更深层次、更广范围的融合，研究者在尝试各类提升大数据素养的路径。无论是机构融合还是个人探索都指向了两个基本问题：将大数据应用到新文科的基本框架是什么以及实现路径是什么。作为基本科研资源的数据在新文科建设的过程中发挥着关键作用。新文科的"新"主要体现在新研究对象、新研究方法与新研究工具，以及解决新环境下的新问题。

（一）大数据是新文科的基本资源

凡研究皆需要资料或数据，如经济学研究中，经济运行研究需要数字资料支撑，否则分析便缺乏坚实基础。社会学通过汇总调查对象的结构化自述，沉淀可分析的数据资源，凡此都说明了社会科学研究的基础是数据或资料。

社交媒体平台投入大规模的数据化设备，实现了人、实体与内容的数字化，人人生产数据，平台时时汇聚数据。从个人来看，数据类型包括社会关系数据、文本数据、行为数据以及时空序列数据；从群体来看，数据类型包括群体结构、社群发现以及群体文本数据等。如果从社会数据化的角度来看，社会成员的各类活动的数据化颗粒程度越来越高，社交媒体用数据记录了社会成员的所思所想。因此，社交媒体大数据是研究者观察、研究社会新现象的主要抓手，依托大数据展开新文科研究便是应有之义。

一些学者认为，既然社交媒体有全量数据，就不需要抽样数据了。这种观点有一定道理，但略有偏颇。综观社会学科的研究，各类研究方法总有其发挥特长的领域，研究者既不能因为大数据具有看得见的优势就完全否定经典研究方法的价值，也不能因为对经典研究方法驾轻就熟就抱残守缺。诚然，大数据具有全局意义、实时特征与总量优势，但问卷调研、田野调查、实验研究在挖掘使用者的认知、态度、行为等方面仍然具有不可替代的作用。就新文科研究而言，最好的认知路径便是"混合方法"，"混合方法"能够为合适的研究场景提供合适的研究方法与工具。

（二）大数据总量巨大，唯新工具可胜任新文科发展

在以经典研究方法为主的时代，社会科学研究主要依托抽样调查、问卷调查、实验设备等。从研究数据总量看，以抽样获得小样本为主。虽有全国普查，但需要依托大量人力、物力进行长时间分析核对后，再进行层层汇总上报。尽管上述工具和设备是当时社会技术条件能够为社会科学研究提供的全部支持，但无论在数据总量、研究过程还是研究领域，都受制于当时的技术条件，无法实现自我突破。

　　随着大规模数字化设备的普及，万千传感器在社会上逐渐普及，移动设备能够实时探测个人的方方面面，各类数据流最终汇总而成为海量数据，这些数据从体量规模上远远超出了经典研究，面向海量数据资源的新分析工具层出不穷。相关研究工具基本形成了采集、存储、计算与展现的工具体系，当然，整个社会和产业的数字化进程依然如火如荼，就大数据的研究工具而言，技术尚在快速迭代的过程中，未来大数据研究工具在覆盖范围、分析精准程度以及智能化程度方面必然需要不断优化，才能满足在大数据时代进行科学研究的需要。

　　曾经有人提出既然有了海量数据，在分析方法上就可以"要相关不要因果"。这种说法争议颇大。尽管大数据能够做到对全部样本进行分析，但并不能代替对因果关系的探究。在一些领域发现相关关系就已足够，而在一些领域则必须探究因果关系，比如医疗领域就不能仅仅依托相关关系来判断病情与药物之间的关系，而必须找到某类药品与某种疗效之间的关联。

（三）大数据时代涌现的新问题

　　大数据作为社会场景新兴变量之一，正快速嵌入现有社会框架，影响范围深远且广泛，从个人到群体、从社会到治理皆进入了改变与调适期，在新文科学科层面以及学术伦理道德层面同样产生了新问题。大数据促使研究者重新审视学科基础话题、前沿话题与交叉话题，于是，在社会科学领域，各类新兴话题层出不穷，构成了大数据背景下新文科领域研究问题的整体图景。随着由数据支撑的新科技的不断发展，以人工智能为代表的新技术再一次带动了研究者与研究机构在相关话题方面的讨论热度。以研究伦理为例，大数据促使研究机构收紧了相关数据研究的"缰绳"，社交媒体大数据源自每个用户，由用户自己生产，带有明显的自我属性，作为私权让渡层面的关键话题，是否愿意披露个人信息以及如何运用个人信息应由用户自己决定，而非由数据掌控者决定。于是，一些学者从保护研究对象隐私与权利的角度展开问题探讨、理论思辨以及制度建设。

三、社交媒体大数据的认识误区

社会科学研究者均意识到大数据正在快速改变科学研究，学科转型是必然趋势，但转型方向与路径尚不明确，尽管大数据研究方法已在社群经营、智能推荐、数字评估等领域有较多应用，也有较成功的模式，但就研究而言，目前还存在认识误区。① 社会科学专业难作为。大数据具有完全的技术属性，长期从事媒体工作的人员在短期内较难适应话语结构的颠覆式转变，动辄亿级的话语描述方式让媒体业者对其边界难以把握。实际上，社会科学专业研究者面临的是一个全新的、充满机会的研究领域，研究话题、研究内容、研究方式都需要变革。② 专业习得价值归零。大数据形成的行业压力传导至个人，许多从业者对自身的专业能力产生怀疑，一些从业者悲观地认为长期以来培养的新闻传播基本能力已无用武之地，专业价值归零，未来将由人工智能或者写作机器人代替，要么放弃专业，要么重新开始学习相关的知识，然而面对各类代码与逻辑算法，大量人文社科专业出身的从业人员对能否在短期内掌握相关知识也产生了怀疑。③ 凡计算机专业出身的皆人才。引进人才是应对变革的策略之一，然而，新闻传播领域的负责人多为人文社科专业出身，对引进什么人才缺乏坚实的决策依据。甚至出现了只要是计算机或数学专业的人都应该被视作本学科亟须人才而被引进的观念。实际上，计算机专业的学科分野极其细致，凡计算机专业的人才皆可引进是一种模糊的做法，对于专业发展未必有利。④ 自己必成编程高手。一批从业者试图通过学习，成为大数据方面的全才，掌握大数据全面的知识与技能，具备完全自主的技术能力。且不说大数据涉及专业领域甚广，主流编程代码的更新版本就已经令人眼花缭乱，完全依靠个人的力量往往效果不佳，需要团队协作才能行稳致远。⑤ 大数据就是大屏幕、大服务器。有人片面地认为，大数据就是大屏幕和大服务器，一味地强调数据存储空间及展示空间的建造。尽管大数据的确需要大服务器与大屏幕，但整体而言，这种看法或做法属于舍本逐末的一种行为，并不符合大数据发生发展的基本逻辑。

上述五种误区反映了大数据给新闻传播行业带来的各种不适应，既有变革带来的焦虑，也有因为对专业知识并不了解而形成的误判。当整个社会表征已数据化的时候，各行业必然要对这种数据化的基本特点与发展逻辑有所了解。就媒体行业来说，首先，大数据是一种新业务逻辑。从业者应知晓大数据是什么、能做什么。其次，计算机专业涉及的语言与人文社会科学的逻辑在很多方面是相通的。大数据主要与文本、算法、可视化相关，和信号传输、硬件修护等专业无太大关联。最后，数据、算法与算力是人工智能的基础。与大屏幕和大服务器比较，掌握数据与算法才是较正确的选择。

大数据对于媒体行业不仅是挑战也是机遇，短期内，它给行业造成了一定的压力，但长期来看，如果能够很好地利用大数据，它将是整个行业专业化创新的基本出发点。从历史发展来看，媒体行业一直随着技术进步在不断创新，只不过这次的创新由大数据推动。那么，如何通过大数据推动媒体行业转型？关键点在于大数据应用的技术框架与逻辑框架。

第二节　社交媒体大数据研究的两个框架

对于研究者而言，既要了解大数据的技术逻辑，也要明白大数据分析的主要框架，如此，才能在大数据时代游刃有余地展开科学研究。具体而言，社交媒体大数据的技术与研究方法分为两个方向。

一、社交媒体大数据技术框架：采—存—算—展

社交媒体大数据技术框架一言以蔽之就是"采""存""算""展"四个字，即采集（crawl）—存储（storage）—计算（mining）—展现（visualization），这是所有大数据的内在逻辑。数据是基础，没有数据便没有所谓的算法与可视化，数据采集完成后被存储在服务器上，采集数据与存储数据的目的是要对数据进行分析与挖掘，并通过一定形式展现出来，无论是工业大数

据还是社会大数据，遵循的都是此技术逻辑。

（一）数据采集（采）

在工业领域，数据传感器被植入机器内部，自动采集机器的运行信息并通过信息渠道传输进入大数据库，成为后续分析的基本材料。[①] 社交媒体亦如此，用户手持终端本质上是数据采集器或传感器，每时每刻都在采集用户的文本、地理位置信息、社交网络数据等数据，这些数据通过互联网或局域网向存储设备中的数据库汇聚，形成动态数据流，累积成大数据形态。[②]

（二）数据存储（存）

数据采集之后会以某种形式存储在数据库中，便于后续进行数据分析。数据存储是数据采集和数据分析的交互桥梁，数据存储结构的优化为提升对海量数据的处理规模和速度奠定了基础。

（三）数据分析（算）

数据分析模块是大数据分析最有价值的环节。研究者在深度学习、强化学习等框架下对各类的原始数据进行数据挖掘，挖掘方式与工具因学科差异而有巨大不同，就社交媒体而言，比较侧重于面向社会关系网络、文本、行为、时空进行数据挖掘与算法开发，得到相应的数据分析结果。[③]

（四）数据可视化（展）

利用计算机图形图像显示以及交互功能，将抽象数据信息转化为直观的视觉形式，实现与用户的交互。[④]

---

① 李学龙，龚海刚. 大数据系统综述 [J]. 中国科学（信息科学），2015（1）：1-44.
② Ryan Mitchell. 网络爬虫权威指南 [M]. 神烦小宝，译. 北京：人民邮电出版社，2016：93-100.
③ Wes McKinney. 利用 Python 进行数据分析 [M]. 北京：机械工业出版社，2016：77-86.
④ 郝世博，朱学芳，朱光，等. 国内外信息可视化研究的比较分析 [J]. 图书情报工作，2013（14）：105-113.

"采集—存储—计算—展现"是理解大数据，分析大数据的基本技术流程，是思考大数据各类问题的基本框架。比如在工业大数据领域，车辆轮胎内置传感器会将轮胎的实时数据通过车联网传送至企业数据库，形成动态数据流，经过算法计算形成对轮胎各类指标的评估，并通过可视化形式呈现出来，生产者便可实时判断轮胎的寿命并展开生产工艺优化。在舆情领域，研究者采集网上的信息，存入数据库，通过一定算法分析舆情走向、核心传播节点、情感分布等内容，并通过可视化手段呈现，这一方法能够有效地对各类舆情进行监测与决策。

二、社交媒体大数据的分析逻辑：网—文—为—序

社交媒体大数据围绕个人及社群进行分析，因此个人与社群是相关分析的关键。从人类发展来看，构建人类社会交往的基本要素包括社会网络结构、人们之间的信息交流、时空行为关系。首先是社会网络结构，如基于血缘关系构建的家族关系，或依托共同经历形成的同学关系等。其次，人们之间的信息交流也是社会交往的一部分，信息承载了人们的所思所想、所怨所怒，文本反映了社会对个别事件、社会对整体情形的情感和态度；研究人与社群也绕不开行为层面，包括个人行为的类别以及社群行为类别。最后，个人与社群总处在时空行为关系之中，在时空中移动迁徙，这个过程也产生了大量数据资源。

综上，对于个人与社群的研究至少包括对于社会网络、文本、行为与时空序列四个层面的分析。不过，由于技术条件所限，以往的研究者很难有机会将上述内容进行全面记录并进行联合分析，所以，构建个人与社群的整体画像非常困难。

随着个人与社群在社交媒体平台上的全面数据化、虚拟空间中的社会交往痕迹被全面记录，个人与社群形成了在线社会网络、在线文本、在线行为、时空序列组合等各类数据集，各类新兴数据技术开始进入分析框架。

（一）在线社会网络分析

社会网络指的是社会行动者间关系的集合。用点和线来描述关系网是社会网络量化的基础。研究者引入了图论中的"点""边""中心度"等概念用来描述社交网络中不同点位的核心程度，并用于社群发现等方面。在线社会网络也是智能推荐算法展开协同过滤的重要依据。

（二）文本分析

通过分词聚类等方法，挖掘用户文本信息中隐含的兴趣、观点、情感等特征。引入自然语言处理技术进行语篇与词语的分析，对图片与音视频进行卷积神经网络分析，从多模态入手处理文本，通过文本构建个人与社群的潜在观点、情绪、态度等方面的图景。

（三）行为分析

用户在网络上的所有行为皆留存有痕迹，研究用户行为需要获取这些痕迹并展开分析，包括用户在社会网络上的各类传播行为、社群行为、内容生产行为以及其他网络行为，这是分析用户行为的关键框架。

（四）时空序列分析

基于用户行为的时间顺序以及地理位置信息，构建个人或群体的移动轨迹。空间数据指的是用于描述有关空间实体的位置、形状和相互关系的数据，以坐标和拓扑关系的形式进行存储，具有定位、定性时间和空间关系等特性。时序数据则反映了基于时间流变的关键节点的分布特性。

如果说"采—存—算—展"给研究者提供了一个理解大数据的底层技术逻辑，那么，"网—文—为—序"则为研究者如何研究社交媒体提供了一个稳健性很强的研究框架。这八个字实际上构建了哲学社会科学理解大数据、应用大数据的基本框架，既体现了文理交叉的必然要求，也突出了大数据在社会科学应用中的具体特点。

第三节　社交媒体大数据研究
能力与实现路径

一、社交媒体大数据能力

大数据的技术逻辑与分析逻辑是研究者观察社交媒体的框架，但展开大数据相关研究最重要的还是要培养面向未来学科发展方向的大数据能力，具体包括以下三个方面。

（一）数据获取与存储能力

要求所有人都能熟练掌握采集代码开发能力是不现实的，根据实际情况拥有采集基本知识和获取数据的能力则是可行的。具体包括：① 了解或掌握数据采集基本知识。研究者对各类社交网络上的数据类型和功能要有基本判断和认知，如结构化数据与非结构化数据、采集接口（API）的请求、采集与反采集的主要思路等。② 执行数据采集代码的能力。所谓爬虫其实就是一组代码，对于一些水平较高的研究者而言，可根据自己的需求进行代码开发，数据获取策略更灵活。③ 多渠道获取数据的能力。大多数研究者不具备突出的数据采集能力，需要具体情况具体分析，可通过团队合作、服务购买、申请开放等形式获得数据。

（二）数据挖掘与展现能力

掌握数据的目的是对数据进行挖掘，从而发现数据背后包含的意义，因此数据挖掘能力的高低决定了研究者对数据的掌控水准。① 从团体优势与个体能力的对比来看，具有诸多技术优势的团队在数据挖掘方面具备优势。对于一般研究者而言，掌握社交媒体大数据的所有分析方法的确是非常困难的，但选择1—2个关键研究领域进行持续研究，综合各类研究方法和工具进行攻关还是能够有所成就的。② 就研究方法与工具而言，研究工具并非越复杂越好，评价标准应该是能够解决研究者的实际问题为最好。

当前的社交媒体大数据研究工具箱非常丰富，但所有的工具都在不断优化迭代，研究者需要结合自己的研究领域展开深入研究。③ 从多元力量协同来看，对于团队与个体都有具备数据挖掘能力的要求，数据挖掘能力更应是多元复合体，必然需要多种力量的共同协助，才能形成长期有效的数据能力。

可视化能力是数据研究者的基本能力之一，能从海量或者纷繁复杂的数据关系中抽丝剥茧、发现问题是一种能力，将数据包含的关键问题与结果通过简单易懂、一目了然的可视化方式展现出来也是大数据研究者需要掌握的能力。可视化能力实际是研究者综合能力的展现，包括审美、设计、数据理解等众多方面。

（三）数据协同与运维能力

数据协同与运维能力主要指的是研究者调动各类资源完成相关任务的综合能力。具体包括：① 协同能力。大数据所需要的资源异常复杂，仅凭个人的力量难以完成，必须依靠团队力量。因此，团队内部的协调以及团队外部之间的协调显得格外重要。② 融合能力。融合是指学科的接纳与融合。长久以来，文科背景与理科背景的业者很难走到一起。不过，两者的矛盾可通过大数据达到统一，比如人文社科研究者提出数据和算法的要求，理工科研究者根据要求帮助其实现，由此可见，大数据本质上要求打破各类专业的壁垒。③ 运维核心数据的思维方式。研究者应充分认识到独立掌握大数据的重要性，可以通过基础建设掌握核心数据，或者选择社交媒体平台合作，或要求政府机构开放数据，方式很多，不一而足，但最终目的是形成持续稳定的大数据研究资源。

二、研究者社交媒体大数据能力的实现路径

对大数据能力的培养既不能完全技术指向，又不能囿于人文的思维框架，而应从两者融合的角度，结合具体的场景要求，有重点、分步骤地展开。

（一）因材施教，分类培养

探讨大数据能力并非要求所有研究者都去钻研计算机技术与代码，培养大数据能力的主要目的是希望研究者能掌握大数据的基本逻辑，具备研判大数据的基本能力，至于能否成为大数据技术专家则因人而异。大多数研究者并不会成为大数据全才，一小部分研究者或可全面掌握大数据的专业知识，大部分研究者则应在充分了解大数据的基础上聚焦实际问题，具备解决具体问题的能力，培养从采集、获取、挖掘到可视化的综合能力。基于社交媒体大数据的大多数研究都是跨学科的研究，谁来统领总研究方向关乎研究的成败。因此，除了培养专才以外，更应该着力于统合性人才的培养。就解决大数据的问题来说，培养具备大数据的思维方式、能够解决问题的综合型人才的实际价值大于将研究者全部变为程序员的价值。

（二）方法更新，理念更新

在大数据时代，知识更新的速度越来越快，不断提高研究者大数据素养是必然的选择，更重要的是重塑研究者的大数据思维方式，形成与大数据研究匹配的研究理念。如前文所述，要分层分类，既有技术型培训，也有业务与思维方式的培训。① 组织大数据技术与业务学习与培训。按照采集、存储、算法、可视化展开技术培训，按照社会网络、文本、行为与时空序列进行分析能力构建。② 大数据工具与方法的更新。大数据工具与方法浩如烟海，层出不穷。对于研究者而言，能够选择自己熟悉的领域切入，在某个理论点形成一整套完整的数据分析解决方案，或者根据具体的情形推出具有针对性的新工具或新算法，都是对社交媒体大数据研究的直接贡献。③ 多学科联合将成为常态。与不同学科的研究者联合展开对具体问题的研究，运用多学科的研究方法。

（三）交叉师资，以文为主

新闻传播学科在大数据师资选择上存在两难境地，① 从理到文的师资面临学科交叉的挑战。使大量懂得社交媒体大数据的专业人才加入社会科学，成为研究的关键力量，但这些技术能力强大的师资却面临如何将复杂的数理概念讲述给人文社会科学研究者的挑战。因此，从发展的角度来看，既要让文科师资进入工科学习大数据理论与应用，也要让理工科师资进入社会科学领域学习研究人文问题，在交叉学习中形成新的师资力量。② 社会科学问题是文理交叉的牵引。大数据解决的是方法与技术问题，社会科学研究的核心是解决社会问题。那么，在文理交叉研究的过程中，理应由社会科学问题牵引大数据技术，从而实现文理交叉的最优组合。

（四）创新文科，平台牵引

新文科建设的重点是如何创新文科研究，① 新文科的核心是在现有文科经典研究范式的基础上提出具有前瞻性的发展路径。经典文科研究范式与社交媒体背景下的研究范式的最大不同便是研究对象的数据化与算法化，因此，新文科建设的创新之路需要围绕研究对象的变化重构研究范式。② 大数据平台对于新文科建设具有关键意义。在经典人文社会的培养框架下，研究者或研究机构对于拥有数据来源的意识并不强烈，社会科学研究基本属于"切片式"研究，即对某一个群体、某个时间点、某个问题的切片研究，研究结束后，相关的数据大概率不会被再次使用。而在社交媒体背景下，研究者或研究机构需要重新审视数据的持续获得与使用能力，以保证相关研究的持续性与稳定性，建立规模合理的大数据库是一个切实有效的解决方案，建立小规模、有针对性的数据库可在某个领域形成持续研究优势，从这个意义上讲，拥有数据便拥有了新文科建设的先发优势。

大数据的研究方法实际上是一个动态且开放的研究方法组合，一直处于不断变动与优化的过程中，相对于问卷调研的方法，大数据的研究方法看起来更多元。然而，大数据研究要考虑的变量与因素相当复杂，难度远远高于传统研究方法，毕竟传统问卷研究方法是相对稳定的，只是在变量选择上有所不同。因此，任何研究者都要抱有敬畏之心、发展之态度、创新之理念才能适应不断变化的大数据发展态势。

第十四章

社交媒体与新闻

第一节　新闻生产要素分析

新闻生产是一个螺旋上升的过程，从低层次的需求逐步发展成为高层次的需求。社会变革催生了人们的信息需求，技术进步又进一步解决了人们的信息需求，并形成一定的信息生产流程与模式，新闻生产几个要素可以归纳为需求、技术、人才、内容、传播、产业。

陆定一认为新闻的定义是对新近发生事实的报道；复旦大学王中教授说，变动产生新闻，社会变动越剧烈新闻需求越强。社会一直在变动，信息一直在产生，人们对新闻的需求不会减弱，当社会经济高速发展，科学技术日新月异，人们对信息的需求也更加强烈。信息散落在社会的各个角落，总要有人发现之、汇集之、扩散之，于是，社会中就出现了专门的信息生产平台和专门的信息生产工作者，以及专门的信息扩散者或者平台，并由此而形成了新闻生产所需要的支撑要素。

新闻生产不仅生产形式（内容），而且能够生产出新闻业所需要的整体要素，如社会需求、新闻人才、呈现形式、产业发展等。社交媒体对新闻生产的影响，不光在形式（内容）上，还在新闻生产的各个阶段都产生了影响。

回顾大众传播时代新闻生产发生的变化，我们可以窥见媒体变革对新闻生产要素之影响。

　　首先，工业的发展使人口高速聚集，城市化进程让人们的信息需求急速膨胀，印刷设备的革新和运输条件的改善使信息扩散的速度与广度进一步提升，远程传播技术进一步使信息传播范围跨越山水。社会需要有专门的机构满足各类读者的需求，需要专门人才从事信息生产事业。

　　其次，新闻生产形态是由当时的技术条件决定的：① 在工业化时代的信息传播技术条件下，信息首先汇聚到一个中心再分发出去是最优选择，客观上也赋予了大众媒体生产平台绝对的话语权。② 承载新闻的介质按照物理运动的方式传递。报纸时代，报社传播内容需要根据空间地理位置进行匹配，完全依托发行队伍进行长距离的投送。在电子接收终端普及后，点播发射台承接了发行的任务，但传播模式整体并没有太大改变。③ 技术层次决定了新闻的写法。新闻的文本表达形态确定的时间并不长，虽然消息的类型一直存在，但是工业化标准化的内容产业只是近 200 年的事情。工业化意味着标准化和追求效率。无论是消息写作还是电视新闻、广播新闻，主要特点就是结构化、标准化，新闻最常用的"倒金字塔"写法，就是因为电报时代，信息传递有字数限制、断线风险、排队压力，这些迫使记者要尽快完成消息的传输。为了避免传输中出现风险，记者把最重要的内容放到最前面，避免后面断线而无法续传。

　　再次，大众媒体的生产流程如同其他的工业化流程，被分为多个环节。庞大的生产环节组成了媒体集团庞大的产业版图，或者说，媒体集团通过新闻生产构建了庞大的产业集团。以报纸为例，采访、写作、编辑、印刷、发行、广告等环节分工明确，高速运转。在大众媒体最辉煌的时期，报社所属的印刷厂曾经是媒体集团的优质资产，报社自办发行并兼营许多其他业务。

　　最后，高等教育的快速发展为信息生产提供了源源不断的人才储备，从美国密苏里大学开始设立新闻学专业以来，新闻学作为一个专业进入大众的视野。近百年来，一批又一批的新闻人才进入人们的视野，成为新闻生产的基本力量，新闻作为专属的信息产业，具有相对强势的话语权，记者也成为人们羡慕的职业之一。

由此可见，新闻生产是一个科技、产业、人才共同支撑的生态系统，缺一不可。过去 200 多年，新闻业能够产生如此大的影响，并形成了多种多样的媒体产业，与新闻生产的贡献密不可分。然而，经历了 200 年发展的新闻生产，在社交媒体环境下又经历了什么样的变革呢？

第二节　社交媒体对新闻生产的影响

大众媒体是高度工业化、组织化、集团化的信息生产机构，具有精英化的特性。但是，社交媒体赋予每个普通人信息生产的机会与能力，它正在与大众媒体争夺最重要的注意力资源，并改变新闻生产的各个要素。

案例：

哈德逊河迫降与社交媒体报道[①]

2009 年 1 月 15 日，全美航空公司 1549 号航班起飞后不久突遭鸟群正面撞击，双侧发动机熄火，失去动力，仅靠起飞惯性维持下降姿态。此时，飞机已无力飞抵附近任何机场且正处于纽约闹市区上空。危急时刻，机长沙林博格（Chesley Sullenberger Ⅲ）果断决定调整航向，飞往哈德逊河。经过机组成员共同努力，飞机最终奇迹般地迫降在哈德逊河上。

一位在哈德逊河边的目击者拍下了"飞机乘客站在机翼上等待救援"的照片并把它发在推特上。飞机迫降画面具有极强新闻价值，这条推文发出后立即引发刷屏，而以报道突发新闻见长的 CNN 却后知

---

① 杨庆勇，吕安勤，段贵军，等. 美客机迫降哈德逊河成功施救案例研究 [J]. 中国应急救援，2009（3）：29 - 31.

后觉，错过了独家，因为普通人手中的终端及其所在的在线社交网络平台带来的传播效率远远高于大众媒体，这一事件也被视为业余新闻生产胜过专业新闻生产的标志性事件之一。

一、对新闻来源的影响

新闻来源是新闻生产的生命线，也是媒体公信力与生命力的来源，热线电话、新闻报料、记者目击等都是传统新闻来源的主要方式。进入社交媒体时代，人们看到突发事件未必会第一时间直接报料给大众媒体，他们可能直接拍摄视频上传到社交媒体平台，现场图片或者视频带来的真实感似乎更有吸引力和说服力。用户优先通过自己的平台发送具有新闻性质的内容，而不是选择向大众媒体推送，这种情况对大众媒体的新闻来源构成极大威胁，这等于断掉了大众媒体赖以生存的"口粮"，长此以往，大众媒体所具备的信息中心的作用就没有了，大众媒体独享新闻来源的时代也结束了。

二、对信息选择的影响

新闻价值是大众媒体选择新闻的重要依据。一般认为新闻价值主要包括客观性、及时性、接近性等，新闻只有符合这几个方面，才可称之为"新闻"。信息选择的过程也是一个依托新闻标准进行把关的过程，记者、编辑都会评估信息是否符合大众媒体一贯风格，然后决定刊用还是弃之不用；再加上大众媒体的版面/时段都非常有限，即便已经有了大量符合新闻标准的内容，编辑还是要在大量内容中再次做出取舍。正是由于大众媒体掌握了信息的刊发权利，媒体才有了"无冕之王"的称谓。

在社交媒体上，多元主体用多种形态发布消息，各类用户所秉持的新闻价值迥异，多元主体对新闻的理解千差万别。所以，社交媒体的内容生产林林总总，并没有一个明确统一的价值标准，社交媒体上的热点内容既与信息的价值有关，也与社群的取向、个体自身的价值有关。另外，由于大数据与人工智能技术的发展，社交媒体平台的算法也会进一步影响到新闻生产的标准。

三、对内容类型的影响

就大众媒体而言，报纸的新闻类型主要是消息、长篇通讯、图片新闻等，电视的新闻类型主要是消息、新闻直播、专题报道等。进入社交媒体时代以后，大量没有受过专业训练的普通用户参与内容生产，大量不符合大众媒体经典范式的内容源源不断地被生产出来，且形成了很大的市场。

最为深刻的变革便是用户在深度报道方面的内容生产对大众媒体的削弱。有研究者认为深度报道的弱化将严重影响社会正义的伸张，但事实证明，社交媒体通过其特有的形式正在接过深度报道的大旗。

四、对新闻流程的影响

大众媒体的新闻生产需要经过采访、写作、编辑、刊印、发行等多个流程才能将信息完全传递出去。以各个城市的晨报为例，一般晚间 11—12 点是报纸签字发出的最后时刻，印刷厂经过一夜的印刷才能印出足够多的报纸。

社交媒体大多数情况下不需要复杂的把关流程，个体用户自己就可决定内容是否发布，自营媒体与机构媒体则有一定的信息审核把关机制，都不同于大众媒体（如报刊）需要等待印刷机印刷完毕才可以发行，也不存在印刷量的问题，这些改变了新闻生产的流程。

五、对新闻产业经营的影响

新闻生产是围绕注意力进行的生产形式，由于大众媒体对渠道、资源、价值完全掌控，大众媒体出品的新闻就能牢牢把握读者的注意力，并形成所谓的"二次售卖"经营模式。

社交媒体时代，新闻生产主体越来越多元化，人们的注意力被分散到各个领域，大众媒体吸引注意力的能力下降，进而导致大众媒体的经营活动全面下滑。另外围绕着某一类社群而崛起的各类社交媒体账号重新构建了经营生态，社交媒体从业人员通过售卖广告、直接销售、代言等形式构建了社交媒体的经营模式。

第三节　社交媒体时代的新闻形态

社交媒体时代，新闻形态发生了巨大改变。一方面，从大众媒体主导向多元主体参与内容生产的新形态转变。这里有两个层次：一是普通人也可以参与内容生产；二是新闻生产与庞大组织之间的关系不再明显，大新闻也不一定就是大媒体机构的专利，这一点从近年来普利策新闻奖的获奖情况就可以看出来；另一方面，用户在平台上使用信息的数据痕迹被搜集和计算，平台方可以依据这些行为大数据，根据一定算法，有针对性地完成信息与人的匹配，做到精准推送与精准传播，诞生了新的新闻形态，比如算法新闻。

一、几种新类型的新闻生产

（一）用户生产新闻

用户生产新闻分几种类型：随手拍消息、公民新闻、众包、众筹等。用户生产新闻也可以称为公民新闻，就是普通人通过手持终端设备对新近发生的事实进行报道。个人与社群都可以生产新闻，由于人人都有信息采集、编辑、扩散的终端，当重大事件发生时，用户和社群的个体往往能够第一时间获得现场的图像或者音视频。

比如，2018 年的美国廉价航空出现空中紧急情况。一名叫玛蒂·马丁内斯（Marty Martinez）的乘客立即花了 8 美元，购买了飞机上的 Wi-Fi 服务，在脸书上直播飞机下坠的过程，并且发文称："我们的飞机出事了！我们正在下坠！"，且附上戴上氧气面罩后的自拍①。

用户拥有了各类信息传播的平台，每位用户的在线社交网络构成了信息传播的渠道，最大的内容库并不在媒体的记者手中，最大的传播渠道由所有人控制，这个内容生态已经形成。

（二）众包新闻与众筹新闻

众包新闻（crowdsourcing journalism）是一种将散落在社会角落里的内容汇聚至某一类媒体上的新闻生产方式。在众包新闻的生产框架下，人人都是记者，人人都可参与新闻生产。在实际操作中，众包新闻既有比较明确的选题，又有对第一现场的信息要求。

众筹新闻（crowdfunding journalism）则是指公开呼吁民众为某一新闻报道计划进行资金捐助，这些获得资金捐助的新闻报道计划会由专业记者去执行报道。② 简单讲，即"你出钱，我报道"，众筹新闻对民众高度关注的特殊话题具有较强的现实意义。从这个意义上讲，众筹新闻是在传统新闻生产流程之外形成了内容生产的"独立空间"，相比于众包新闻，众筹新闻更强调民众的参与感，只有参与人多了，众筹目标才能实现。由于众筹新闻也需要有足够多的资金支持，所以，话题必须具有广泛的社会关注度，否则，众筹新闻就如缘木求鱼。

简言之，众包新闻是人人贡献内容；众筹新闻则是人人贡献资源，专业人士贡献内容。具体来说，众包新闻重点在于将新闻生产者的范围不断扩大，淡化新闻生产的专业性，缩短信息生产流程，鼓励内容生产者能力多样化，比如梨视频组建了一批视频拍摄者为其提供各类视频素材，有些还产生了很大社会效应；一些机构媒体也采用众包新闻的形式，比如"上

---

① 西南航空客机引擎爆炸致一人死亡，引擎事故其实很频繁［EB/OL］.（2018 - 4 - 18）［2024 - 4 - 2］. https：//new.qq.com/omn/20180418/20180418A0V2VN.html？pc.
② 张建中. 众筹新闻：网络时代美国新闻业的创新及启示［J］. 现代传播（中国传媒大学学报），2013，35（3）：105 - 108.

海发布"微信公众号就经常在城市天空出现美丽景色时，邀请市民拍照在后台投稿，精挑细选后在前台发布。不过，由于缺乏专业技能以及新闻伦理道德训练的各类用户均可以参与内容生产，众筹新闻与众包新闻能否遵从专业主义的标准值得深入探讨。

无论是众包新闻还是众筹新闻，各类媒体机构需要在媒体内容生产转型与维持媒体公信力之间寻找平衡点，既要保证内容生产的广泛性，也要坚持内容品质的公信力。

（三）数据新闻

数据新闻是依托社会科学、计算机科学等领域的最新研究成果，通过对各类数据进行挖掘与分析，并实现可视化的新闻报道形式。数据新闻报道表现为文字、图表、动态交互三种形态，遵循新闻价值的基本要求。数据新闻报道本质上是将巨量数据的运算结果以一种社会大众普遍能接受的形式呈现出来的报道类型，或者说将抽象复杂的数据运算过程与媒体的关注焦点对接形成的报道类型。①

从技术发展来看，数据新闻是主流技术条件革新的产物。电报时代产生了"倒金字塔"的报道方式，由于单位时间发文字数极其有限，所以，必须遵循最重要的最先发出去的原则。数据新闻报道则是移动时代海量数据与小屏之间冲突的产物。海量数据要放在动态变化的小屏上，必然遇到提炼与精选的问题，新闻工作者需要在有限的时间内呈现足够多的信息，数据新闻就是最佳选择之一。

作为一种新的业务领域，数据新闻带给整个学科一个转型发展的良好机遇，也为传统新闻业增加了一些发展动力。不过，就目前的发展阶段来看，数据新闻报道还不完善，在认识与实际操作中依然存在不少问题。规范化是当务之急，如果能够从专业化、规范流程、人才培养等几个方面完

---

① 禹卫华，吴湛微. 数据新闻生产规范化的关键问题与进路 [J]. 编辑之友，2017（8）：72 - 75.

成转型，数据新闻报道的前景可期。[①]

小知识：

通过图表快速有效地传达信息有悠久的历史。有一张 100 多年前，由查尔斯·米纳德（Charles Minard）绘制的信息图表，描述了拿破仑在 1812—1813 年进攻俄国的完整历程。这张图完整体现了拿破仑东征进攻路线方向，每一次战争之后的军队数量、温度的高低、撤退路线、地理位置的变化等。图中（见图 14-1），拿破仑军队的数量变化是通过线条宽窄变化体现的。从左往右是进攻路线，灰色（原图为黄色），从右往左为撤退路线，为黑色。拿破仑在法国出发时，集结了 42.2 万部队，一路打仗，一路减员，占领莫斯科时，仅剩 10 万余人。在莫斯科，拿破仑的军队受到疾病、严寒、粮秣短缺等影响，在天寒地冻中撤离莫斯科，而且越走天越冷，在撤往法国的过程中，部队又产生了大量非战斗减员，主要是冻死。至别列津纳河（Berezina River）时，人员发生骤减，说明当时过河冻死人员很多。该图将拿破仑东征这场战争的残酷展现得淋漓尽致。之所以称之为经典之作，主要是因为：① 信息量大，引入 6 种变量数据；② 多种变量结合展现出对比关系（时间与人数结合）、因果关系（时间、温度、地理位置、人数变化）；③ 简单明了，有强烈的视觉冲击，可以从线条宽窄变化看出当时的战况。[②]

二、几种新型的新闻类型

（一）机器写作新闻

鉴于部分新闻具备结构化的特点，科学家依此开发了对应的程序，即

---

① 禹卫华，吴湛微. 数据新闻生产规范化的关键问题与进路 [J]. 编辑之友，2017（8）：72-75.

② 拿破仑东征图 ［EB/OL］.（2016-2-18）［2024-4-2］. https://www.jianshu.com/p/c6d6bfedc9bb.

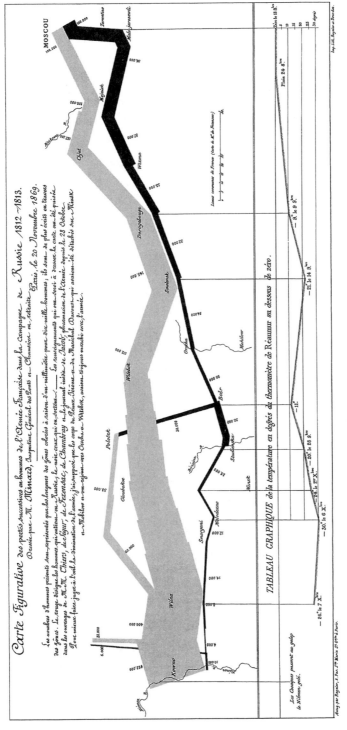

图 14 - 1 《拿破仑东征图》

所谓的"写作机器人"，以自动化的方式将特定内容填充至文本中。目前，对于体育比赛、股市收盘、经济报告等具有显著结构特点的新闻，写作机器人已经具备压倒性的优势。在过去的新闻实操中，这类新闻也基本由记者按照固定格式写作，现在写作机器人逐渐可以替代记者进行这些新闻的写作。然而，写作机器人并非真正意义上的机器人，其本质是一种自动化生成新闻文本的程序，其内核相对简单，生成式人工智能出现后，人们利用大预言模型进行新闻内容的生产，再次改变了新闻写作的方式，但由于生成式人工智能的数据资源大多未经过审核，且可以自由组合，其模糊的真实性、可靠性与准确性会严重影响人们对其生产的新闻内容的信任。

（二）算法推荐新闻（个性化信息推荐和生产）

算法推荐新闻本质是基于用户信息消费习惯、兴趣所进行的新闻分发，其基本逻辑是立足于大数据技术，对新闻内容信息、用户个人网络行为及社交关系等进行数据采集、挖掘，根据"信息与人"的匹配原则向用户推送符合其兴趣偏好的新闻信息。关于算法推荐新闻的模式，学界根据业界的实践进行了分析。[①]

个性化信息推荐的关键词有三个：数据、标签、匹配。第一步，信息提供平台根据相关算法，为用户个体特征、环境特征、内容偏好特征等已形成积淀的数据打上标签，这是第一组经由大数据和算法形成的标签集。第二步，从内容侧来看，社交媒体平台首先提取特征值，并根据一定的聚类算法将所在数据库内的内容打上标签，形成具有匹配等级的内容标签集合。第三步，根据匹配算法将内容标签与用户特征标签对应，精准推荐标签对应的内容给相关的用户。第四步是动态调整用户特征标签集以及内容标签集，适应用户特征值的变化。

完全精准的算法信息推荐与生产是理想化的，算法推荐新闻本身存在一定的盲区，这主要是因为用户行为具有非结构化的特征，算法则主要依

---

① 王仕勇. 算法推荐新闻的技术创新与伦理困境：一个综述［J］. 重庆社会科学，2019（09）：123-132.

靠结构化数据，两者之间的显著差异不能保证精准匹配的实现。更令人担心的是，算法推荐存在人为操控的可能，信息分发平台可根据某种目的提升或降低 A 或 B 的优先级。在信息分发平台内部，这种人为干预行为几乎每天都在发生着，已经引起了多方注意。

（三）传感器新闻

随着新闻媒体对数据信息的依赖与日俱增，传感器开始进入新闻生产领域。传感器新闻（sensor journalism）指的是通过传感器获得数据信息，经分析整合，将其以一定的方式融入新闻报道，进而完成"讲故事"的新闻生产模式。近两年，美国的一些主流媒体通过调查性报道对这种新闻生产新模式予以了诠释，个别媒体还因此获得了普利策新闻奖。随着新闻从业者对传感器认知的深化、实践的探索，传感器新闻在崭露头角的同时，也出现了一些法律、伦理的问题，这引起了新闻业界和学界的关注。[①]

案例：

传感器新闻

2019 年 6 月 17 日 22 时 55 分，四川省宜宾市长宁县发生了 6.0 级地震，四川省成都市高新区的一些小区在有震感前 61 秒得到了地震预警信息，许多市民用手机记录下预警警报，上传到网络，并在第一时间有序蜷缩到厕所的承重墙墙角避震。与此同时，四川宜宾、广元、德阳等多个城市的市民发布消息说，自己在家看电视时收到了电视上的地震预警弹窗，也有人晒出自己手机上的截图，表明提前收到了地震预警信息。"地震预警信息'跑赢'了地震"在灾后刷屏，成为公众热议的话题。[②] 这是一条典型的传感器新闻，由机器自动生成，并触发消息扩散机制，向用户大规模传递。

---

① 许向东. 大数据时代新闻生产新模式：传感器新闻的理念、实践与思考 [J]. 国际新闻界，2015，37（10）：107-116.
② 预警跑赢了地震波 [EB/OL]. (2018-4-18) [2024-4-2]. http://zqb.cyol.com/html/2019-06/19/nw.D110000zgqnb_20190619_2-03.htm.

第四节　社交媒体新闻的进路选择

一、社交媒体新闻生产的挑战

社交媒体虽然有很多的信息传播优势及新型的内容形态，但是社交媒体时代的新闻生产面临巨大挑战。这些挑战主要是：① 信息缺乏公信力。社交媒体主体发布的信息林林总总、真真假假，缺乏明确的审核机制与审核流程。② 专业缺失。社交媒体时代，绝大多数用户很少从专业角度思考如何做出专业的新闻报道。③ 假新闻频发。近年来，全球各地都曝出了各类假新闻，特别是在重大事件中，更容易发生假新闻。目前，全世界对于假新闻的追查力量不足，惩处力度还不够，以至于无论是发布假新闻的人还是转发假新闻的人，都对信息的扩散传播缺少敬畏感。④ 专业本领恐慌。新闻业者的专业训练主要面向大众媒体时期的技能，在社交媒体时代，专业人员面临着因新技术掌握不足带来的恐慌。⑤ 新闻教育落后于业界发展是事实。各国新闻教育的教材体系、实训体系、研究体系、方法体系目前都还未完全扩展至社交媒体领域，这就导致学生所学内容与其看到的业界发展之间存在一定的落差。一些研究过度追逐热点，什么热闹研究什么，不注重理论的沉淀。在我国，还有另外一个不可忽视的问题，即本学科长期依赖国外的理论供给，进入社交媒体时代以后，我国在有些实践领域已取得领先，故国外理论无法解释中国实践，这就导致学科研究理论供给越来越不足，这两个问题目前制约着我们新闻传播学的进一步发展。

小知识：

"后真相"（post-turth）

《牛津词典》把"后真相"定义为"诉诸情感及个人信念，较陈述客观事实更能影响舆论的情况"。"后真相（非真相）"与假新闻的情况相仿，"后真相"的真相比许多人所声称的都要复杂。"后真相"

所表征的现象及其影响突破了政治领域，涵盖了包括社会生活的各个方面。"后真相"与媒体变迁如互联网、社交媒体应用互为表里。近几年中国网络舆论的状况变化与"后真相"关系紧密。当下中国新闻传播的大众化之路转向社群化传播的路径，这一路径转向是"后真相"的深层原因。"后真相"不仅冲击新闻业的基本原则，挑战人们对新闻的认知，也通过新闻的社群化传播影响社会的良性建构。①

二、社交媒体新闻生产的对策

社交媒体时代的新闻生产是充满竞争性的，从业者不但要跟传统的大众媒体竞争还要跟各类自媒体平台竞争，不但要能够写出有价值、有影响力的新闻，还要能够在众多的新闻信息中脱颖而出。

（一）融合媒体平台的建设

融合媒体的建设一定要符合社交媒体的规律，面向用户的在线社交网络提供信息。尽管社交媒体对新闻生产流程产生了巨大影响，不过，社交媒体只是对新闻生产的手段产生了影响，对新闻本身并没有本质影响，人们"需要新闻、新闻要创造价值"的诉求没有改变。融合平台的建设需要注意将大众媒体的优势与社交媒体的优势结合起来。

（二）围绕用户和社群不断推出更加多样、更加广泛的资讯内容

归根结底，内容生产要面向用户行为进行改变，社交媒体背景下，新闻服务是社交媒体用户众多信息需求的一种，比如在朋友圈中，用户不但会打开新闻的链接，也会打开其他人的社交媒体照片、音视频、应用等，新闻内容只是社交媒体用户日常接触的一种。但是，新闻（信息）对用户的价值是永恒的，变化的只是用户获取信息的平台。新闻从业者要适应这种变化，归根结底还是要提高自己把握用户和社群需求的能力。

---

① 张华．"后真相"时代的中国新闻业［J］．新闻大学，2017（3）：28-33，61，147-148．

（三）社交媒体意识与专业能力的培养

在理念方面，首先，要从受众意识转化为用户意识。充分认识到用户对新闻需求的改变，树立牢固的用户意识，坚持信息从用户那里来，同时重视用户在信息生产过程中的重要作用；其次，要秉持牢固的社群意识。在信息生产过程中，全社会大大小小的社群对于突发事件距离更近，要让社群的信息融入新闻生产的内容中；最后，要建立完整的产品意识。产品意识的核心在于竞争性定位，用新闻产品重新获取用户。

而在能力方面，从业者需要提高用户洞察的能力，知晓用户行为的最新变化，并根据变化做出调整，要能够把握社交媒体信息潮流的变化规律。值得一提的是从业者对数据能力的掌握，这里的数据能力不仅仅指数据新闻的生产能力，而是包括采集、存储、算法、可视化、社会网络分析、文本分析、行为分析和时空序列分析在内的 8 个环节。

（四）提高新闻传播学教育水准

首先，师资队伍建设。广开师资来源，打破完全从毕业博士生中选择师资的框架，创新用人机制，既要从大众媒体也要从社交媒体平台邀请专家参与教学，采取灵活的用人方式，可以长期聘用教师也可以就某一类课程专门邀请某一领域的专家。其次，更新教材系统。将基础能力的教材部分的范围进一步扩大，加大专业选修课的内容，淘汰一批无法顺应形势发展的课程内容。最后，学科融合与学科交叉势在必行。新闻传播学目前面临的问题在本学科内部解决的可能性已经很小了，新闻传播学的研究者一定要走出"樊篱"，与其他学科交叉融合，才能有突破有创新。

不论是大众媒体时代还是社交媒体时代，新闻都是社会最重要的需求之一，这一点现在不会变，将来也是如此，变化的只是信息接收者、信息传递的渠道、内容的表现形式。大众媒体从业者要不断适应新闻生产的变化，拓展并提高自身的能力，才能在社交媒体平台上的激烈竞争中站稳脚跟。

第十五章

社交媒体与文化

第一节 社交媒体文化的属性与特征

新技术形态形塑了新行为方式、意义系统、符号系统等，形成了不同层次的用户行为特征，具体包括以下三个方面：第一，社交媒体不断进步，提高了人与人之间互动的流畅性、真实性、现场感。从黑白的 BBS 到页面留言，再到后来的即时通信工具和移动端应用。未来，社交媒体的呈现形态将逐步由单一平面向多维度空间拓展。第二，社群重构文化符号系统并赋予意义。社交媒体时代，社群赋予符号"能指"和"所指"意义，是对原有意义赋予体系的一次补充和拓展。第三，社交媒体文化更加多元化。主流文化形态与其他文化形态都能在社交媒体上被看到，不同文化类型都有生存的空间，并保持一定的生命力。

社交媒体文化的属性与特征：

一是社交媒体文化具有平台属性。一种新兴社交文化的扩散可以依托单一社交平台，也可以跨多个平台，并形成用户广泛参与的行为。

二是社交文化的动态变化。社交媒体每天都在生产出新文化形态，从内容到服务，从创作到游戏，从商业到教育等，社交媒体平台的用户不断探索社交媒体平台在文化生产创新方面的可能性，这种动态变化有时是可以预期的，有时又是无法预期的，每一年的社交媒体流行语的大变迁就说明了这个现象。

三是社交文化的社群属性。社群的喜好可能影响社交媒体文化的走向，社群协作的力量也是推动社交媒体文化发展的重要因素，社群的共同行为会影响到用户个体的行为。

四是社交媒体文化的壁垒。因为受到年龄、性别、种族、社会阶层等因素的影响，社交媒体文化也形成了壁垒，当然，社群的共同性也可能形成壁垒，一部分社群的文化可能是另一部分人的愤怒之源，"甲之蜜糖，乙之砒霜"。

社交媒体使文化形态更加多姿多彩，人们在现实空间中已经有了诸多类型的文化形态，在社交媒体平台上，更是迸发出新的创造力。由于社交媒体平台的发展方兴未艾，未来的社交媒体文化类型必将更加丰富。比如，社交媒体平台之前，红包多数只在中国人的重大节庆活动中出现，自从有了微信红包之后，两者之间的连接关系就被打破了，用户几乎每天都会抢到红包，红包承载的文化价值外延扩展了。

第二节　社交媒体符号类型

一、流行符号

（一）流行语

流行语是人类语言中的一个有趣现象，比如：早年电影《地道战》流行的时候，伪军头目高司令的一句"高，实在是高"就被观众应用到日常生活的许多领域；当年小品流行的时候，诸如"这个真没有"等台词也成为流行语。类似现象在社交媒体时代也是如此，不同的是，社交媒体流行语流行的速度与广度以及消失的速度要远高于广播与电视时代，比如"友谊的小船说翻就翻""一言不合就××""蓝瘦香菇""尬（舞、聊）""怼""为×××打 call"等。这些流行语在社交媒体平台上形成速度快，使用广泛，但消失得也很快。

案例：

新造汉字"chiou"

2018 年 12 月，有用户在社交媒体平台上造出这样一个字（见图 15-1)，并给它注音为 chiou。按理讲，这个字实际是不符合标准汉语拼音和书写的，汉语拼音中没有类似形式，社交媒体平台对它的解释是，这个字是"丑""土""穷"三个字的结合，体现的是年底年轻人对蹉跎一年的感慨。令人意外的是，这个不合标准的汉字很快刷屏，大量年轻用户说"丑土穷"就是我。社交媒体的流行语或者流行字往往就是某个社群的情绪的一种表露，即便它不规范、不标准，只要能够表达某种情感，那就是合理的。

图 15-1 穷土丑就是我①

（二）表情包

如果说在线社交空间是现实社会各方面内容映射的话，表情包则是社交媒体平台上的原创，对很多人而言，一如我们在现实社会讲话时需要语言、表情、手势、姿态、服饰等多种因素相互配合才能产生意义一样，表情包在社交媒体平台用户之间的沟通过程中发挥的就是类似的作用。研究发现，用户在使用微信自带的表情中，在表达积极意义时更倾向于连续发三个意义的表情包。在动画类表情包中，动物占据了很大比例，特别是猫和狗（见图 15-2)。由此可见，表情包文化具有独特意义。②

---

① 又穷又丑又土的字火了！网友：倍感亲切，这不就是我吗［EB/OL］.（2018-12-5)［2024-4-2］. https://new.qq.com/omn/20181205/20181205A0UZQT.html.
② 禹卫华，张婧怡. 表情包的传播分析：形态、分布与影响因素——基于微信群的数据挖掘［J］. 新闻记者，2019，435（5）：38-45.

图 15‑2　微信常见表情包①

（三）流行动作

社交媒体特别是视频类社交媒体能够直观地呈现各种分解动作，当社群共同将这些内容定义为流行以后，便会带来各个社群的跟随模仿，形成某一类动作的流行。

案例：

航母 style

中国第一艘航空母舰"辽宁号"下水后，舰载机起飞指挥员的动作（见图 15‑3）经过社交媒体的广泛传播成为大家竞相模仿的动作，

图 15‑3　辽宁号航母舰载机起飞指引动作航母 style②

① 微信表情开放平台 [EB/OL]. (2024‑4‑2) [2024‑4‑2]. https://sticker.weixin.qq.com.
② "航母 Style"潮 [EB/OL]. (2012‑12‑4) [2024‑4‑2]. http://paper.people.com.cn/rmrbhwb/html/2012‑12/04/content_1154117.htm.

一时间用户纷纷拍摄自己的模仿动作，形成了社交媒体的流行风潮。

二、流行音乐与影视

社交媒体平台已成为流行音乐的"大舞台"，流行音乐能够真正流行，必须经过社群的检验。在大众媒体时代，词曲作者及歌唱者是音乐产业链的既得利益者，听众也习惯了根据词曲作者的走红程度，或者乐评人的观点判断歌曲是否好听，这实际上就抑制了很多草根创作者和歌唱者的出现。在社交媒体短视频兴起之后，社群的界定彻底打破了精英化的音乐制作模式，通过短视频平台或者直播平台，人们发现草根的歌声与表演一点都不比早已成名的明星差。于是，社交媒体成为淬炼出"草根新星"的平台，以至于出现了一些被埋没多年的歌曲借助社交媒体平台再度流行的现象。

电影的票房也与社交媒体密切相关，对社群中某一个用户产生影响的影片会激发用户的传播动力，比如将观影感受分享出来，只要社群中类似内容出现多次，社群就可能出现涌动，即可能出现较为一致的行为，比如都去观影贡献票房。

三、城市、食物与服装

网红城市是近年来的新兴话题，网红城市主要表现为在社交平台上有大量与某些特定城市有关的视频与故事，且该城市要具备一个到两个必然要"打卡"的地方。而网红食品是社交媒体时代流行的一种形式，一些商店放弃了通过传统的大众媒体报道的营销形式，转而通过社交带动销量的形式（如直播带货），形成社交媒体关注焦点，带动社群讨论，形成社群消费的预期。除了令人眼花缭乱的流行服饰外，近两年来在年轻人中间兴起的"汉服日常化"也具有社交媒体流行的特性，许多年轻人用社交媒体展示"汉服的日常化"，即将汉服作为一种日常服饰，穿上之后参与各类活动。

无论是网红城市（见图 15－4）、网红视频，还是网红服饰，大致都要经过社群信息对用户心灵的塑造才能达到预期效果。（见图 15－4）它们要形成大量社群讨论，在讨论中形成一定社群共识，并构建社群共同消费或参与的预期，比如去网红城市"打卡"或者买网红服饰就是跟随潮流，不去或者不买就会产生被潮流抛弃的焦虑感。当然，网红产品一定要在品质上确实优秀；否则，将会带来一些负面影响。

图 15－4　社交媒体网红城市：西安、长沙、成都、重庆

第三节　社交媒体与用户新行为

虽然精英文化依然主导社会文化的整体方向，但社群文化的兴起让长期存在的文化生态板块出现了明显的位移，数十亿用户构成的文化共同体涌现出新行为。

一、自拍

2013 年，《牛津词典》公布了对自拍（selfie）的定义："个人利用智能手机或网络摄像头为自己拍摄并且上传至社交网站的照片。"[①]

自拍文化体现的是社交媒体用户对社交分享的全新理解，用户愿意拍自己并分享，也不会觉得其他人自拍有何尴尬之处，文化共识形成，所有

---

① Marcy J. Dinius. The Long History of the "Selfie" [J]. *The Journal of Nineteenth-Century Americanists*，2015，3（2）：445－451.

人拍起来便自然而然。有自拍文化就有修图文化，随着智能手机技术的不断升级，用户通过一些软件让自己更美、更"萌"、更有魅力，也有一些软件甚至让你完全无法分辨男女。

现实生活中很多用户使用美图秀秀、天天 P 图，在短视频平台，有些人群酷爱使用滤镜，有人认为，无论我们现实中有多么"不堪"，在滤镜的加持下，都会变成人见人爱的模样。人们本来就有强烈的自我表达的欲望，社交媒体平台不但提供了展示空间，而且也为这种欲望的最大化提供了高效的工具。

小知识：

人类第一张自拍照片（见图 15‐5）

1839 年，诞生了人类历史上第一张自我拍摄的照片。按照当时的技术，这种照片需要人在镜头前静坐数分钟且底片需要经过长时间的曝光才能获得清晰的人像。摄影技术出现不久后，罗伯特·科尼利厄斯（Robert Cornelius）就完成了人类历史上的第一张自拍，目前这张照片收藏于美国国会图书馆。

图 15‐5　人类第一张自拍照①

二、打卡

早期的打卡文化主要是指"check-in"，又叫"切客文化"，即用户每到一地要显示出自己所在的位置及所处的环境，并留下痕迹。用户希望其他人能够看到自己，这是用户分享内容的一种方式，只不过用户分享的是地理位置信息或者各类评论内容。后来，打卡文化也拥有了每天固定做一

① 人类第一张自拍照拍摄于 1839 年［EB/OL］.（2013‐11‐26）［2024‐4‐2］. http：//ex.cssn.cn/zgs/zgs＿bk/201311/t20131126＿880871.shtml.

件事情的含义，比如一些用户在微信群每天分享其学习的内容，每天打卡体现了自己的某种坚持。但是每天在社群中重复相似内容，也会给其他用户带来困扰，产生疲倦或者反感。

三、声音

首先，社交媒体用户很少使用传统电信运营商提供的电话功能，更愿意使用社群软件的通话功能，发语音沟通更加方便，异步语音成为人们人际沟通的重要方式，电话的留言功能几乎被社交媒体完全代替。其次，用户积极生产各类音频节目，人们逐渐形成了下载音频到移动终端"伴听"的习惯，移动平台上的各类声音资料同样也成为陪伴人们的重要资源。最后，声音内容的再创作。在短视频平台上，声音既可以是其他人视频内容的背景音乐，也是用户再创造的声音复合形态，当然，这里面的版权问题也经常引起争议。

四、视频

用视频记录生活点滴并分享是社交媒体用户的日常。首先，拍摄并分享成为一种基本素养，随手拍的内容往往带来前所未有的现场感。其次，当遇到重大现场、重大事故、重大场景，或者是其他具有新闻价值的事情，现场或者围观的人也会有意识记录并向外传播。最后，直播与看直播也成为生活中的一部分，比如近年来的各类"吃播"，是极端生活化的一种直播形式。当然，"吃播"也存在浪费粮食等方面的问题。直播或者观看直播已变成社交媒体用户的生活日常。

五、红包

红包是社群沟通的黏合剂，是提高社区活跃度的重要因素。社交媒体的红包文化已经深深嵌入社交媒体生活中。最初，红包主要是在过年时使用，随着时间的推移，人们发现社交媒体红包承载的功能越来越多，可以发红包祝福，也可以在特殊的时刻表达特别的意义，比如"520"（5月20日，寓意"我爱你"）、"1314"（13点14分，寓意"一生一世"）等，并且衍生了"红包文化"，比如社群中的红包接龙等。红包也是社群"催化剂"，很多社群活跃度突然大幅上升往往是人们在群里发红包的原因。当然，"红包文化"也带来了一些问题，比如一些人在抢红包时过于亢奋，抢不到时则出现心态失衡等。

六、打赏

清代石玉昆在《三侠五义》第五回写道："包公听罢，吩咐包兴取十两银子来，打赏了张老，叫他回去听传。别古千恩万谢地去了。"[①] 在古代，打赏多是达官贵人给仆人的一种奖赏，如今也叫"小费"。

在社交媒体平台上，用户开通打赏功能既是对免费模式的一种抗争，也是对内容质量的检验，用户打赏并不像几百年前达官贵人给的那种奖赏，而是一种对知识劳动的认可。打赏文化构建的是一组新型消费关系，比如，动画表情包可以自己免费下载，也可以通过赞赏购买，选择哪一种完全取决于用户对这些内容的喜爱程度。从这个意义上说，打赏体现了一种新的社会交往关系。

上述几种文化形态并非社交媒体文化的全部内容，社交媒体文化仍然处于高速发展的过程中，随着时间的推移，必将会有更多的文化类型出现。

小贴士：

　　AIGC画风，指的是基于深度学习、强化学习等人工智能技术，对图像或视频的色彩、形状与纹理进行抽象计算，形成的具有一定艺术特色的图像风格。这一技术通过深度学习大量的艺术作品，从

---

① 石玉昆. 三侠五义 [M]. 北京：人民文学出版社，2001：17.

中提炼出艺术特征模型，再将这些独特的艺术特征融合进入新作品中。在图像的 AI 画风方面，AIGC 在基于算法的创作过程中，能够根据油画、水彩等多种艺术风格的算法模型再构造出新的画面。在影视和游戏制作的 AI 画风方面，AIGC 能够为场景、角色等元素注入特定的艺术气息，形成一定独特视觉效果。作为一种新兴的生成式内容审美形式，AIGC 画风无疑对人们的创作行为产生了深远的影响，然而，对于这种画风的影响和价值，我们仍需保持审慎的态度，进行持续的观察和评估。

第四节　社交媒体的社群文化

一、网红文化

网红，即"网络红人"（instant online celebrities），是指那些在现实社会或者网络中，由于某些行为、某个事件被广大网民关注从而走红的人。网红不是自发产生的，而是在网络媒介环境下，网络红人、网络推手、各种媒体，以及受众心理需求等利益共同体综合作用的结果。总体来讲，网红先后经历了三个发展阶段，分别是从以论坛、博客、文学网站为主的文字时代，到以图片、文字为主的图文时代，发展到现在以视频、图片、文字弹幕相结合的宽频时代。[①] 网红要有鲜明的特点，网红可以极美、极丑、极善；网红要有大量的粉丝支撑，至少要有一群所谓"死忠粉"并为其总结特点，摇旗呐喊，为其战斗护盘，甚至为其投资；网红要有影响现实的能力，不管是带动销量还是带动品牌。

网红现象在世界范围内广泛存在，也是社交媒体的焦点，用户、社群、产业关注网红的重点在于网红形成以后带来的商业效应。网红也存在各类问

---

① 沈霄，王国华，杨腾飞，等. 我国网红现象的发展历程、特征分析与治理对策［J］. 情报杂志，2016，35（11）：93-98，65.

题，比如一夜爆红、戏谑历史、言语出格等，需要进一步加强管理。

二、社交媒体礼仪

社交媒体礼仪，是基于社交媒体进行数字化交往的程序与方式。[①] 在现实空间中，用户之间的交往往往要遵循各类礼仪，比如从社会整体规范上，我们会强调"女士优先""尊老爱幼""见面握手"等观念，在日常交往中，别人向你热情地打招呼，你也会向他们回礼，这样才能彼此互动，如果别人热情，而你却无动于衷，往往给别人一种"不礼貌""不食人间烟火"的感觉。

社交媒体礼仪是现实生活礼仪投射到社交媒体平台上的新形态，保留了现实生活中的很多礼仪，也创新了很多礼仪。首先，社交媒体礼仪受到多种因素的影响，比如年龄阶段，不同年龄阶段对社交媒体礼仪的理解是不一样的；比如文字"呵呵"，在不同年龄段的理解就不一样；[②] 再比如内容表达方式，有些人很愿意用语音聊天，而很多人非常讨厌在公开场合打开语音收听。其次，社交媒体的分类功能也影响社交礼仪。以往的社交场景大多是随机的，大多数情况下人们无法选择听众，于是，在很多情况下尽管自己非常不赞同，但是还是"随声附和"（这大概是中国人的主要礼仪方式）。社交媒体时代用户可以完全掌控个人的社交网络规模、结构、性质，将自己的联系人进行分类，这就打破了现实环境对人们礼仪的束缚。

三、协作文化

社交媒体压缩了空间阻隔，让每个用户可以通过某种形式，协作其他用户或者社群展开工作，在社交媒体平台上，任何用户之间都是"天涯共

[①] 晏青，支庭荣. 社交媒体礼仪：数字关系情境下的伦理方案与效果辨析［J］. 现代传播（中国传媒大学学报），2017，39（8）：127-132.

[②] 晏青，支庭荣. 社交媒体礼仪：数字关系情境下的伦理方案与效果辨析［J］. 现代传播（中国传媒大学学报），2017，39（8）：127-132.

此时"。社交媒体平台也为所有人一起参与生产提供了技术条件，比如：用于办公的"钉钉"可以帮助项目实施推进，维基百科需要千百万人协作编辑才能完成，慕课为千万不能翻山越岭接受良好教育的孩子们创造了与大城市孩子坐在同一个教室学习的条件，这些都是协作；字幕组，为了减少观众观看美剧或者韩剧的语言障碍，一些热心而且专业的粉丝自发组织起来，按照翻译、校对、发布的流程合理分工，通过社交媒体平台协作沟通，将电视剧按照中文收看习惯翻译过来，解决了观众观看过程中的跨文化问题。快闪也是一种互联网协作创新的形式，由行动组织者发起，一群人突然聚集在一起，造成一种意外与惊喜的效果。在中央电视台组织策划的快闪节目"我和我的祖国"中，参演人员在全国各地地标建筑下唱响《我和我的祖国》，给观众们留下深刻的印象。

四、围观文化

围观是社交媒体的一种文化形态，指的是社交媒体用户在一段时间内共同关注社交平台上的事件、话题、人物等内容，通过发帖、评论、转发等行为共同参与讨论，甚至参与现实的各类活动。围观文化是在社交媒体平台上形成的一种文化形态，由于随时互联、时时在线，就形成了一个所有人在场观看的现象，如同人们在街头围观表演的情形。一方面，围观文化对于解决社会问题有促进作用，围观的人群越多表明社会上关注的人越多，监督的力量越大；另一方面，围观也会导致负面效应，比如对一些社会负面内容的围观，如轻生、虐猫、暴力行为等。

五、游戏文化

技术进步让用户参与社会行为的形式有变化，其中之一就是游戏化，所谓游戏文化，就是社交媒体平台通过游戏化的方式吸引人们参与各类活动而形成的文化。这里的游戏并不特指某一种游戏，而是说在广告、公关、营销中，各类游戏环节被广泛应用的游戏形式。

游戏化的作用有三：第一，可供使用的游戏类型与内容也是多种多样，游戏既可以是一组规则也可以是一种软件，不一而足；第二，游戏也是社交媒体内容的一种创新形式，强调用户的参与和体验；第三，游戏与其他社交需求关系紧密，游戏往往是社交需求的入口。比如，近年来流行的公益活动"蚂蚁森林"制定的规则就是将自己日常的社交媒体消费行为与社会公益联合起来，将游戏与公益结合起来。

第五节　社交媒体亚文化

从古至今，亚文化一直存在，只是人们对亚文化的认同差异很大，亚文化总给人一种神秘、隐晦、灰色的感觉。社交媒体时代，亚文化的上述特性及人们对它的认知和态度并未彻底改变，只是能够留存亚文化内容与创作的平台多了起来，亚文化也逐渐成为社交媒体文化中不可或缺的一部分，目前，社交媒体的亚文化主要包括以下形态。

一、鬼畜文化

"鬼畜"（视频）是近些年中国大陆网络流行文化中颇受瞩目的一种视频文化形态。随着 A 站（AcFun 弹幕视频网）、B 站（哔哩哔哩）等弹幕视频网站在中国大陆的兴起，鬼畜的含义也变得更为广泛，成为与日本音 MAD（电玩、动漫、同人界别中的作品）风格相近的各类视频的统称。[1]鬼畜是一种视频的制作手法，其特点是围绕一些热点话题、人物、事件，通过反复出现的画面元素与音频要素制作节奏感极强的内容，形成较为鲜明的"洗脑"效果，这种异于正常视频编辑的方式一方面体现了青年对个体特性的坚持；另一方面也暗含着对主流文化和精英文化的一种反抗。[2]

---

[1]　齐伟，冯帆. 论"鬼畜"视频的文化特征［J］. 文艺理论与批评，2018（1）：130 - 135.
[2]　黄天鸿，张芹. 浅论鬼畜文化的形式、内涵与扩张策略［J］. 今传媒，2016，24（1）：158 - 159.

二、段子文化

段子已成为一种充满活力的民间文化，其创作主体多元、题材广泛、种类繁多，并具有娱乐、宣泄、社交及励志训诫等多种功能。在新媒体环境下，段子文化已蔚然成风。粗略地讲，段子盛行的关键在于它是"休闲"的产品，具有高度的娱乐性，亦是表达不满、愤怒等负面情绪的重要渠道。在形式上，段子的表现手法多样，如对话问答、自创诗词、经典改编、小故事等，并且随着数字化表现技巧的运用，又演化出配图段子、动画段子等类型。[①]

三、丧文化

丧文化是指流行于青年群体中的带有颓废、绝望、悲观等情绪和色彩的语言、文字或图画，它是青年亚文化的一种新形式。以"废柴""葛优躺"等为代表的丧文化的产生和流行，是青年亚文化在新媒体时代的一个缩影，它反映出当前青年的精神特质和集体焦虑，在某种程度上是青年社会心态和社会心理的一个表征。[②]

四、饭圈文化

饭圈是粉丝对自己追星圈子群体的简称，可以理解为粉丝圈，或者追星粉丝社群，有严密的组织结构，有自己的语言体系、等级和内部文化。[③]这个群体拥有许多只有身在饭圈之内的人才能懂的术语（或者暗语），比

---

① 郝永华，聂茜. 热点段子的衍生与负面舆情——基于 30 个案例的内容分析 [J]. 新闻大学，2015（1）：87 - 93.
② 萧子扬，常进锋，孙健. 从"废柴"到"葛优躺"：社会心理学视野下的网络青年"丧文化"研究 [J]. 青少年学刊，2017（3）：3 - 7，31.
③ 吕鹏，张原. 青少年"饭圈文化"的社会学视角解读 [J]. 中国青年研究，2019（5）：64 - 72.

如"走花路""小奶狗"等。该群体也拥有一套独立的体系和规则，比如对粉丝的界定可以按照活跃度分为活粉、散粉、僵尸粉，粉丝可以根据自己的喜好入坑、出坑，从而变更自己的粉丝身份，抑或按照代入角色分为妈妈粉、女友粉、男友粉等。随着饭圈文化的不断演进，饭圈已经逐渐变得更加组织化、程序化，它拥有完整的组织架构，比如专门的应援部门、反黑部门、打投部门、宣传部门、公益部门等，从而衍生出一系列地位排名、固粉等套路。饭圈文化是新阶段的粉丝文化，与以往聚集在贴吧的粉丝文化一脉相承，只不过目前的文化形态更加多元，更具移动媒体的特性，组织更加严密。

五、"二次元"文化

"二次元"最初是对"二维的"（two dimensional）一词的日式翻译，在数学领域中，只具有长度和宽度的二维平面即是二次元。在物理学领域，二次元指代的则是二维空间。由于早期的动画、漫画和电玩游戏都是以平面化的二维图像进行呈现的，这些作品所虚构的人物、世界及相关设定等只能存在于幻想中的二维图像空间里，而非现实世界里，因此爱好者们逐渐将动画、漫画和电玩游戏中建构的幻想世界划归一体，笼统地称为"二次元世界"，简称"二次元"。随着动漫游戏及相关产业的不断发展，"二次元"的概念及其指代的对象也在使用中不断衍化，内涵外延逐渐拓展，已经不是以"二维平面图像呈现的动漫游戏世界"所能简单涵盖的了。表现形式可用四个字母表示——ACGN，即 animation（动画）、comic（漫画）、game（游戏）、novel（小说）。①

六、"吸猫"文化

"吸猫"指的是对猫咪痴迷、上瘾的行为，而"云吸猫"则是完全虚

---

① 刘小源. 二次元文化与网络文学［J］. 东岳论丛，2017，38（9）：104 - 116.

拟地在互联网和社交媒体上满足自己对猫的喜爱和渴望。这种文化的产生和丧文化、萌文化、治愈文化一脉相承，猫凭借其弱小、攻击性低、可爱的形象带给新一代青年群体以慰藉，缓解他们普遍且持续的焦虑和无力感。[①] 从社交媒体表情包的使用来看，猫图的流行在一定程度上反映出年轻人的焦虑和无力感是普遍存在的，并且他们渴望能够与同属于一个群体的人相互慰藉，从而获得社会认同。相比其他"吸猫"的方式，网络表情包的传播更便捷、互动性更强，猫似乎成为不同社交群体之间交流的最大交集。以猫为主角的表情包正是社会发展、技术特征、社群心态等多种要素共同作用下的产物。

　　社交媒体平台上，文化的创造者也是文化消费的参与者，社交媒体文化有多种多样的创新，也有各类亚文化，无论哪一种文化都是社会心理的呈现，有一些在精英化文化时代永远不被看到的文化形态也出现了。

---

① 王畅. 乌有之猫："云吸猫"迷群的认同与幻想 [D]. 浙江大学，2018.

第十六章
社交媒体与舆论

第一节 社交媒体舆论的概念与特点

一、舆论及其构成要素

舆论是指公众对社会现实问题的意见、诉求和情绪的总和，具有生命周期，能够调节转向等特点。

（一）舆论结构的客体——事实

事实是激发舆论的基本要素。一般而言，先有事实（虚假信息除外），后有舆论，事实是舆论的第一个要素。客体来源包括社会发展变化带来的事实、突发事件带来的事实，以及虚假事实。

舆论事实与调查事实有所区别。舆论事实指的是舆论中包含的事实，并非事实的自然状态，是公众认定的各种要件与关系的客观存在，是经过媒体机构或者社交网络加工与制作后形成的内容。调查事实是通过一系列规定流程、客观指标或者分析工具完整描述的客观事实，包括能够确认或者通过音视频证明的对时间、地点、人物、关系、行为等的客观描述。两者有时完全一致，有时部分一致，有时完全相反。

调查事实必须达到程序正义、调查客观、分析科学等要求，才能具有更高的可信度。但调查事实又是困难的，受到传播对象预存立场的抵制，对一些人而言，即便有真相，他们也拒绝接受。

（二）舆论结构基本要素之主体——公众

公众是舆论生成、扩散、转向、消散的主要承载群体。公众的意见整体影响了舆论发展方向，舆论的发展方向又进一步影响更大范围的公众。公众对舆论事实的看法不仅受个人立场、观点、态度的影响，还会受其他因素的影响，包括群体态度、文本特点、舆论发展预期等。

（三）舆论结构基本要素之本体——表现形态

舆论事实通过文本的叙事结构表现出来。不同用户对舆论结构的解读差异很大。社交媒体舆论本体有以下特点：① 舆论本体体现公众较为一致的意见。② 舆论本体是动态的。首先，叙事结构会发生变化，由于多种因素的加入，舆论的叙事结构有可能发生结构性反转；其次，舆论的热度、强度和倾向性随着舆论构成能量消长而发生变化；最后，舆论的焦点话题随着时间的变化而变化，可能从一个分为几个，也可能从几个变为一个。③ 舆论本体存在生命周期。舆论本体具有"生成—扩散—消散"的生命周期，舆论本体随着各类因素的增减呈现各种不同的变化形态，直至舆论消失。

小知识：

诉求与舆论精准引导

第一种为宏观诉求，是对某类现象的一般要求，是社会的一般诉求，这种诉求是一直存在的，不会因为某件具体的事情而出现或者消失。第二种是某种构成要素的具体诉求，包括有针对性的政策回应、处理方案、问责启动等；不同类型的舆论包含的诉求是不同的。大多数的诉求对象指向公共管理者，希望公共管理者采取一定的措施对某人、某种关系、某项政策、某种普遍现象进行管理。第三种诉求并不指向公共管理者，而是指向广大群众，希望获得广大群众的支持。认识到社交媒体舆论内部包含的诉求特征，在舆论引导的过程中就应该抓住舆论的核心诉求并精准解决之，这也是社交媒体时代舆论引导成功的关键点。

二、社交媒体舆论的特征

（一）用户、意见领袖、社交网络、平台算法成为舆论扩散的主要变量

在社交媒体平台环境下，在线社交网络节点的影响力日益强大，节点之间实时在线、实时互联，形成了一个容纳亿万人同时在线讨论的公共空间。用户是信息的接收者，也是信息的生产加工者和信息扩散者，是各类线上和线下行为的参与者，用户发出的信息也能够充分调动平台上的参与者，如意见领袖、自营媒体、机构媒体，并渗入各类不同的社群，激发人们扩散信息的动力机制形成影响力巨大的舆论事件。平台是信息传播规则的制定者，可以通过算法对社交媒体平台上舆论生成发展产生直接影响力。

（二）线上线下互动成为常态

现实空间与在线社交网络空间之间通过社交媒体终端连接，用户随时在现实与在线社交空间中切换，用户既在现场又在线上，可以实时直播相关舆情的状况，也可以参与线下活动。用户在线上形成了针对不同舆论话题的自组织，这些自组织来源广泛，既包括普通个人也包括一些社交媒体账号联盟、微博大 V、抖音网红等，他们能量巨大，比如饭圈文化形成的自组织就具有巨大影响力。

（三）社交媒体舆论的综合性

社交网络同时具备大众传播和人际传播的特征，再加上在线社交网络结构，形成了舆论传播的新图景，在这个图景中包含人际传播、大众传播的规律，还有整体网络涌现扩散的规律，理解社交媒体的传播规律必须要掌握这些传播形式的规律。

第二节　社交媒体舆论的生命周期

舆论不会永远存在，它也有一定的生命周期。舆论的生命周期大致可分为四个阶段，不同阶段的舆论呈现出不同特点，不同类型的舆论在不同发展阶段的轨迹也不同，了解舆论的发展规律可更好地把握社交媒体舆论发展的轨迹，掌握舆论引导的精准介入策略。

一、社交媒体舆论生成—扩散阶段

生成—扩散是舆论形成的第一阶段，舆论是社会中某种现实或者认识失衡在人们的话语体系中的体现。"不平则鸣"是一种普遍现象，比如在教育、医疗、环境等领域出现程度不等的冲突就会转化为个人或者集体的诉求，随着时间的推移，相关话题会吸引大量围观者，将单一诉求转化为群体诉求。

舆论的生成不只是个体的事情，它也是从扩散到共识的过程。存在于个人心中的诉求如果没有在集体中扩散，舆论还是无法形成。那么，社交媒体的舆论扩散路径有哪些呢？大致有四种路径，但这四种路径并不是单一维度的，任何一次舆论事件都是多维度交织进行的。一是个人直接发布信息；二是将信息转给意见领袖，由意见领袖扩散；三是通过在各类社群中扩散信息；四是通过社交平台向全平台推送信息。

社交媒体舆论扩散速度并不均匀，它受到各类因素的影响而呈现不同的扩散态势，如信息本身的属性，当涉及儿童、医疗、教育等话题时，很容易引发舆论。传播节点的属性，拥有巨大影响力的意见领袖、拥有巨大影响力的社群、拥有平台影响力的社群产生的影响力更大更快。在线社交网络结构，比如密度的高低、桥节点的多少、活跃度如何等直接影响舆情扩散的广度；平台算法，如推送算法、热点识别、用户识别等直接影响舆情形成的技术逻辑。

二、舆论的转向阶段

舆论形成后，可能沿先前道路前进，也可能发生转向。舆论发展存在两种可能：一种是外部力量有力地影响了舆论的内核要素，使各要素之间的失衡状态得到缓解，最终实现了某种平衡，或者是某种构成要素消失，舆论发生转向，趋向消失；另一种是舆论的失衡进一步加剧，比如：社会层面出现谣言，相关部门却未进行相关回应，导致民众情绪激动或者行为进一步激化，最终导致舆论从一般状态转化为群体行为状态；或者应对者在应对的过程中失言，导致出现了新的失衡，加剧了舆论强度。

舆论转向有两个方向：一是向舆论消散的方向转变；二是又造成了新热点。

当舆论包含的诉求得到有针对性的回应时，如相关政策暂停实施、相关人员得到处理、相关行为得到遏制等，舆论诉求的焦虑程度降低，引发舆论热度的"灼热"的内核被"冷却"，舆论自然转向平静或者消失。

而如果应对单位对舆论诉求点视而不见，避实就虚，对于舆论关注的核心诉求不管不问，反而专注于解释其他细枝末节的事情，此时舆论可能产生两种转向：第一种转向为从普通舆论上升到更为激烈的舆论，如从单纯的网络舆论变为线上线下共同行动的舆论；第二种转向是主要舆论已平息，次要的舆论却又爆发，俗话说，"一波未平一波又起"，形成了新的舆论生命周期。社交媒体的舆论转向的关键在于是否有针对性地回应诉求，把未做好的事情做好，"对准病灶，精准治疗"是促成社交媒体舆论发生转向的关键。

三、舆论的消散阶段

无论多么激烈的舆论事件在时间长河中总会消失，每天有各类大小舆论事件兴起又消失。

在舆论消散阶段，舆论的具体表现是舆论要素中的事实要素内核不再具有矛盾价值、公众对舆论事实下一步发展的预期降低直至没有预期，表现形式为意见领袖停止发言、前期的参与者停止传播行动、在各类社群中相关讨论下降、舆情热点被新热点完全覆盖等。从观察曲线上来看，舆论的发展曲线逐步向下发展，最终形成一个不具有活跃性的舆论发展曲线。

第三节　社交媒体舆论的应对①

"扬汤止沸，莫若釜底抽薪"，通过扬汤减少热量是"治标"的办法，彻底降低热量还要从根本上用力，将热锅下的柴火去除。

舆情是社会活动的表征之一，舆情的出现与变动反映了社会生活要素关系的变动，如公司行为对消费者权益造成侵害、公共管理部门不当使用权力侵害合法利益、行政不作为等，这些问题交替出现，总会形成社会关注的焦点。对于这些出现在社交媒体平台上的舆情，某些情况下可以通过"说什么""怎么说"的方式来应对；但是，归根到底，要解决舆情反映的问题还是要回到日常的工作中去，主动查缺补漏，建章立制，将舆情应对的端口前移，形成有针对性的、追求实效性的主动引导机制。

一、舆论主动引导的基本含义

主动引导的含义是指舆论引导主体根据舆情发展规律主动采取的一系列有针对性的措施，对舆情事实与诉求提前有效介入，最终达到舆论消散的过程。

舆情引导的介入机制有两个层面。首先，是在日常工作中及时处理各类问题，从源头上减少舆情出现的场景。舆情处置的首要战场就是日常工

---

① 舆论引导属于舆论的实践，舆情是关键概念，舆情可以对舆论在各个发展阶段进行动态表述，所以在实践研究中更多使用舆情，更为准确。

作，将大多数矛盾化解在日常才是最重要的舆情应对手段。其次，是舆情应对决策指挥体系的构建。主动介入机制分为三层，即决策层、中间层、执行层。主动介入的决策—执行关系是由机构主要负责人决策、各个应对平台全面参与的机制。突发舆情应对主动介入机制的关键在于舆情协调机构作出具有针对性的引导决策，执行层再通过合适形式将其传播出去。

二、常见社交媒体舆论的三种情形与介入手段选择

（一）三种情形

面对社交媒体舆论，可能出现三种情形：一是面对信息不对称、消息不属实或者各类虚假消息，各个部门要及时作出解释，公布调查事实，对于不实消息或虚假消息，还要表明使用法律武器的态度。信息不对称在日常生活中经常出现，比如市民对政策解读出现偏差、政府公布的信息被误解、少数不法分子故意编造虚假消息等情况，相关部门则要对各类舆情的核心诉求进行认真分析，有针对性地回应。二是工作之中确实存在某一些问题，相关机构要即知即改，用行动回应舆论诉求。舆情的出现还可能是社会治理在某个部分出了瑕疵，如相关人员对待公众无耐心甚至恶语相加，结果导致网上民众群情激愤，舆情持续发酵。此时，相关部门要表明态度，立即展开调查，一旦问题查实，则立即处理相关人员，并向外界公布信息。三是经过认真核实，发现确实存在重大问题时则要当机立断，立即处理当事人。对于公共管理部门而言，社交媒体上的舆情如反映的是违法乱纪的事实，纪委、监委、政法等部门则要根据相关法律法规严肃处理。

（二）舆情应对措施有三种介入模式

第一，对于信息类舆情，包括政策解释、信息澄清、答疑解惑等，主要应对手段是根据信息类舆情进行信息澄清或者回应，采取形式是线下新闻发布与线上新媒体发布。

第二，对谣言、故意煽动、线下聚集的舆情，则要视其影响而决定是否启动法律程序，对于具有明显违法行为的依法处置，通过法律手段依法

完成对相关行为的纠正与规范。

第三，对于危害社会安全的信息，比如涉及恐怖主义的问题，此时的应对策略则应转换到更专业的技术处理策略层面。

上述三种彼此间并非泾渭分明，特别是前两种，在很多舆情应对过程中，相关部门既要及时公布相关信息，也要表明使用法律手段的态度。

总之，社交媒体舆情的引导核心是根据不同的情形，采取不同的措施，或通过信息手段，或通过法律手段、或通过技术手段处理舆情，不能将社交媒体的舆情引导简单地归结为"怎么说""说什么"的问题，对于舆情而言，及时、有效、前瞻性的处理方式比将重点放在"怎么说""说什么"上面更重要。

三、社交媒体突发事件与谣言的主动应对

（一）突发事件应对：速报事实，慎报原因，把握第一定义权

前文已经对突发事件与社交媒体舆情之间的关系进行了描述。由于事件具有明显的社交媒体扩散的特征，一旦发生突发事件，社交媒体用户扩散的动力机制就被调动起来，就会出现大规模舆情。

对突发事件而言，要先判断性质与危险程度，再采取措施。舆情引导首先要分清楚舆情的性质，不能"眉毛胡子一把抓"，不分类别与主次；其次，国务院专门发文要求及时回应[①]，就目前而言则是越快越好。

突发事件的社交媒体舆情处置原则有三：① 速报事实；② 慎报原因；③ 掌握第一定义权。速报事实体现的是相关部门的态度。当舆论集中反映某一类问题时，承担相关职能的舆情处理单位应立即启动相关机制回应民众诉求，并迅速告知民众，"我们了解所有关注点"，表达立即展开处置的决心。从国务院的要求来看，在重大突发事件中，并不是要求政府部门立即公布调查结果，而是要对发生事实进行公告，告知民众发生了什

---

① 参见《关于在政务公开工作中进一步做好政务舆情回应的通知》。"对涉及特别重大、重大突发事件的政务舆情，要快速反应、及时发声，最迟应在 24 小时内举行新闻发布会，对其他政务舆情应在 48 小时内予以回应，并根据工作进展情况，持续发布权威信息。"

么。慎报原因表明相关单位处理问题的认真和一查到底的态度，对多数的突发事件而言，事实的调查需要一个过程，民众完全能够理解完整的调查需要时间。在处理类似舆情时，相关负责人要说的是"具体原因正在调查中"。掌握第一定义权是指：① 由相关部门根据客观事实界定事件性质，而非由网民根据"认知基模"任意界定；② 能够掌握主流意见的发展方向。

（二）谣言应对原则：公开＋法律

谣言在人类社会中过去有，现在有，将来还会有，那种认为应将谣言彻底根除的观点是不现实的。谣言如同疾病中的"流感"、社会中的偷窃行为、生物界藏在阴暗处的"小强"，尽管人们希望将其彻底消灭，实际上是做不到的。

谣言的内核中具备在社交媒体大规模传播的一切要素，所以，澄清谣言是一个专业且复杂的事情。由于谣言传播速度非常快，常常出现谣言已经造成了无法挽回的社会影响，而辟谣内容才姗姗来迟的情况。因此，相关部门平时就要积累各种成功与失败的案例，形成攻防的专业预案。一旦遇到谣言，可执行预案。

应对谣言最好的方法就是信息公开并拿起法律武器。信息公开实际就是舆论事实调查与公布的过程，包括事实调查、证据佐证、新闻发布等过程；法律惩治则包括对造谣人、传谣人以及纵容谣言长期传播而不治理的平台。

而通过谣言煽动社会动荡的行为就比较复杂，既有舆情主动引导的要求也有维护社会稳定的要求，这就需要根据具体情况综合采用信息、法律、技术的手段进行治理，而不是仅仅依靠舆情引导的方式。

第四节　舆情引导效果评估机制的运行

评估是舆情引导整个流程的基本环节，社交媒体舆情引导效果的评估机制，可由第三方机构进行，也可以由舆情引导机构进行自我评估。

一、主动评估的条件

主动评估机制有两个前置条件：① 正在经历舆情爆发的过程；② 经历了一次完整的舆情。爆发过程中的评估是对应对策略的修正或优化，舆情结束后的评估是经验总结。社交媒体舆情引导的主动评估维度包括两个：第一个维度是社交媒体舆情应对的直接效果；第二个维度是社交媒体舆情应对团队的应对效能。

二、评估方法

评估有三种方法：可以选择社会问卷调查的方法；可以选择网络数据采集挖掘的方法；可以选择焦点小组的访谈法。问卷调查的样本选择是一大挑战，但依然是经典的民意测量的方法；焦点小组访谈的代表性问题也是评估领域的一大挑战；最好的策略是通过网络数据的实时采集与挖掘，全面呈现社交媒体舆情的文本倾向、社会网络关系、网民网上行为等方面内容。

评估依据有两个方向：一是通过社交媒体数据挖掘，形成舆情趋势图，判断舆情走势是缓慢下降还是快速下降，有无形成次生舆情。二是对倾向性的判断。具体有以下五个方面：① 从生成期、转化期、消散期三个阶段对比判断网络舆情的倾向性变化。② 围绕焦点话题的变化，从生成期、转化期、消散期三个阶段对比焦点话题能量的变化。③ 评估焦点人物的影响力，对焦点人物在各个时期的表达进行总结，完成焦点人物画像。④ 评估时间点的选择。第一种是对固定时间段内的舆情热点进行预测；第二种是对重大项目进行舆情反映的前期测评，即防患于未然。⑤ 评估执行过程，通过对比研判焦点诉求的变化、网民情绪的变化、网民行为倾向性的变化、社交媒体评论与转发之间涨落情形，从而判断舆情的整体情形。

三、评估结果的效力

评估结果的效力取决于主管机构的态度，既可以作为舆情引导效能的评估，也能作为对未来舆情应对的基本参照。评估结果报送舆情引导机构，根据舆论引导的实际效果对相关机构和个人进行表扬，成为舆情工作部门年度考核的重要内容。

社交媒体的舆论与大众媒体时期的舆情有很多不同，它传播更快、现实影响力更大、应对难度更大，有效的社交媒体舆情引导一定要按照社交媒体舆情动力结构与生命发展周期的发展规律主动作为，提高应对的针对性与实效性。

第十七章

社交媒体与社会治理

第一节　社交媒体背景下的治理转型

我们已经步入一个利用社交媒体进行社会治理的时代。社交媒体是公众行使知情权、参与权、表达权和监督权的重要渠道，也是政府机构了解民意、向民众提供公共服务和应对突发事件的重要平台。

一、信息传播方式的转变

在大众媒体时期，受众往往只能通过政府公告、信息发布、政策发布等形式获取信息，受众被动接受的地位长时间无法改变，各类消息的时间延迟问题比较突出，以政府公告为例，早先要通过公共场所张贴、报纸登载、广播电视播放的形式发布，时效性与及时性较差，中介媒体在公共信息传递过程中具有举足轻重的地位。大众媒体在塑造政府形象、沟通民众与政府、传递公共信息方面承担着枢纽的作用，拥有绝对的渠道优势。

进入社交媒体时代，政府专门建立了不同类型的社交媒体账号，组建了政务新媒体的编辑团队，制定了相对固定的编辑方针，定期向用户推送各类政府最新公告、领导动态、重要提醒、预警发布等，这种信息发布形式是早期电子政务推送模式的创新。早期的电子政务模式主要是通过邮件形式向用户推送有关政府的信息，但随着移动端技术的发展，手机 app 可以直接打开页面与政府互动，这种互动模式大大降低了用户使用新媒体的成本，提高了用户的阅读效率，比之前的形式更高效。

在社交媒体平台上，公共管理部门之间还存在新媒体平台传播效果的竞争，省、市之间以及部门之间也有竞争，这些竞争包括阅读量、点赞量、转发量、粉丝量的评比。社交平台上的政务账号尽可能地将复杂的话题变为普罗大众都能明白的内容，让大多数用户能读懂；还有一些发展非常出色的政务平台逐步从专门的政务信息推送转变为综合的政务信息平台，它们推送的内容既包括政务类信息，还包括与市民相关的内容，信息的覆盖宽度越来越广。由此可见，社交媒体平台给公共信息传播带来了新气象，激发了更多创新。在社交媒体环境下，各国各地区的政府或者政务人员都在大量使用社交媒体与公众进行沟通。比如，早在 2008 年的美国总统选战中，奥巴马团队利用社交媒体形成竞选优势，通过创办个人竞选网站、投放免费广告平台、在线募集竞选经费、进行网络整合传播等举措来形成社交媒体竞争战略，不仅在竞选网站募集了超过 6 亿美元的资金，而且其个人（脸书）账号拥有超过 317 万人的注册支持者，因此该年的竞选也被戏称为"脸书网之选"。① 除此之外，竞选团队还利用了短信和邮件等手段与大量选民接触沟通，将美国选举政治带入 Web2.0 时代。

二、公共服务空间的转变

在互联网时代之前，公共服务总是与各类"大院""大楼""大厅""大门"相关，人们寻求公共服务总是在不同的大门间穿梭，与不同的工作人员沟通，这衍生出很多问题。第一，就是我们以前常说的"三难"，

---

① 　Mark Prigg. The first "Twitter election"：Social networking giant prepares for biggest night in its history［EB/OL］.（2012 - 12 - 4）［2024 - 4 - 2］. UK Daily Mail. http：//www.dailymail.co.uk/sciencetech/article-2228808/The-twitter-election-Social-networking-giant-prepares-biggest-night-history.html.

即"门难进""脸难看""事难办"；第二，就是办事效率取决于个人对各类政策与流程的了解程度，一旦理解有误，等于白跑一趟；第三，作息时间与市民一致，这就导致市民只能请假在上班期间来办事；第四，对于行动不便或年龄偏大的人员，更加艰难；第五，缺乏有效的效率监督，即做好做坏一个样，没有太大差异。

在社交媒体平台上，公共管理部门普遍建立了用户可以直接使用的数据库接口，并将这种接口装扮成"办事大厅"的样子，方便用户根据现实空间的安排选择具体的操作。换句话说，社交媒体平台上各种花花绿绿的页面设计或者 H5 设计的本质就是前端交互与后端接口的联动。用户通过移动终端的接口与"办事大厅"互动，从形式到内容都实现了用户与政府部门的直接沟通，原来的障碍都被清除了。用户与公共服务部门之间不见面，按照规则与公共部门的数据库正常交互即可，这样的方式让最忙碌的车行修理工也能在上班间隙通过移动端把事情办完，而实体办事大厅的人却越来越少，这种情形持续下去或许会直接降低政府对公务员队伍的需求。

案例：

"一网通办"

2018 年，上海市人民政府提出在上海地区内的市民可以通过"一网通办"的系统，在手机端完成绝大多数的自然人和法人的工作。这样就大大节省了用户的时间，也提升了政府形象。公共服务大数据的"云端化"将在一定程度上改变公共服务部分机构庞大的问题，未来随着人工智能等新技术的应用，公共服务与用户之间的关系可能更加直接，公共服务与面对面、建筑实体、固定场所之间的关系会进一步淡化。

三、决策管理的转变

社交媒体给公共决策带来新变化。

第一，在社交媒体环境下，用户参与社群讨论更加方便，公共管理部门可以吸引更多用户直接参与到信息决策的过程中。

第二，社交媒体的意见为公共管理决策提供依据。社交媒体平台上的意见和建议可以通过技术手段采集并计算，用于公共部门的决策参考。

第三，决策流程的科学化与透明化。决策的结果都能在各类网络平台上查询到，用户可以通过社交媒体平台对决策过程进行监督。用户可以第一时间通过社交网络向相关部门反馈决策效果的好坏，促进决策流程的透明化与决策效果的优化。比如，2013 年 1 月起开始实施的《机动车驾驶证申领和使用规定》，其焦点是"闯黄灯该不该罚"，甫一施行即在微博上引起了激烈讨论，网上的舆论此起彼伏，市民纷纷吐槽，认为黄灯处罚的认定会导致大量交通事故。这些消息最终汇聚起来，呈现在社交媒体平台上，公安部从善如流，最终暂停实施此项条例。

四、应急管理的改变

应急管理是社会治理流程中的重要一环，重大自然灾害、重大突发事件、重大天气异常都属于应急管理的范畴。第一，遇到重大突发事件，信息发布延迟往往带来意想不到的结果，比如环境污染常伴随着抢购饮用水，金融谣言会带来银行挤兑或者股市暴跌。充分及时的信息发布能够平息各种谣言，为应急管理带来缓冲时间；第二，大众媒体的信息发布时间间隔太长，容量太小，信息只能聚焦到少数事情和人身上，不能兼顾全面；第三，在重大突发事件应急管理过程中，常常伴随市民大量援助和捐赠等自发行为，在大众媒体时代主要通过第三方代收，这一流程速度慢，监管较复杂。

应急管理方面逐渐采用社交媒体手段进行管理。首先，通过社交平台发布预警，告知市民，将风险降到最低。在突发事件中，政府机构坚持"速报事实、慎报原因、掌握第一定义权"的发布策略，通过各个官方平台第一时间将事实与最新进展告诉市民，避免产生大规模的恐慌或者其他意外事件。其次，构建协调突发事件应急资源的平台。社交媒体平台有多种第三方服务，可以在突发事件中直接完成捐款或者志愿服务的汇聚与分发，避免因为大量物资与人员的汇集造成的管理混乱。再次，社交媒体平台汇聚感动。2019 年 4 月，"凉山大火"吞噬了 30 名英勇的消防员的生命，网民非常哀痛。与此同时，在短视频平台上，网民开始自发地给消防员送各类慰问品，以表达敬意。市民自发行为迅速转化成全网爱心接力行动，这对加深应急队伍与市民的感情具有重要意义，一些网民在看到消防员的英勇行为之后，自发地为消防战士订外卖。

第二节　社会治理与政务新媒体建设

社交媒体时代的社会治理有许多创新，政务新媒体就是其中的代表。从早期的政务网站到现在的微博、微信、客户端、短视频平台，中国的政务新媒体发展逐步形成了"一网两微多平台"的架构，政务新媒体是移动互联网时代党和政府联系群众、服务群众、凝聚群众的重要渠道，也是加快转变政府职能、建设服务型政府的重要手段，是引导网上舆论、构建清朗网络空间的重要阵地，是探索社会治理新模式、提高社会治理能力的重要途径。[①]

随着网络技术的不断发展，政务新媒体数量及体量越来越大，如何办好政务新媒体成为一个焦点话题。2018 年 12 月，《国务院办公厅关于推进政务新媒体健康有序发展的意见》要求各地区、各部门要遵循政务新媒体发展规律，明确政务新媒体定位，充分发挥政务新媒体传播速度快、受众面广、互动性强等优势，以内容建设为根本，不断强化发布、传播、互动、引导、办事等功能，为企业和群众提供更加便捷实用的移动服务。中国政府网政务新媒体要发挥龙头示范作用，不断提升政务公开和政务服务水平。我国的政务新媒体的发展进入新时期。

一、政务新媒体概念与定位

政务新媒体是由政府机构依托社交媒体平台或客户端开发并负责运营

---

① 国务院办公厅关于推进政务新媒体健康有序发展的意见［EB/OL］.（2018 - 12 - 7）［2024 - 4 - 2］. http：//www.gov.cn/gongbao/content/2019/content_5355471. htm.

的、面向广大用户提供资讯与服务的账号或者客户端。它包括政府主导、融媒体负责、体制内外包三种类型。政府主导这一类型主要由政府部门的新闻办牵头运营，办公地点在新闻办或者直接由新闻办领导，负责对内容和服务进行把关；融媒体负责这一类型则是将账号交给区域融媒体中心运营，账号所属机构只负责具体把关，而不负责运营，比如，"苏州发布"是委托苏州广电集团运营的；体制内外包是对于内部已设立媒体的政府机构，由机构所属媒体负责运营，如上海浦东新区的账号"浦东发布"的运营就是由浦东新区《浦东时报》负责。目前政务新媒体的运营模式多种多样、不一而足，但主要是上述三种。

政务新媒体除了具有媒体属性以外，还有其他多种属性，其中最主要的属性有三种：第一是信息属性，政务新媒体的首要任务就是提供权威及时的信息；第二是服务属性，政务新媒体本身就具有政务服务的特性，提供高效优质的政务服务是应有之义；第三是政治属性，政务新媒体在社会治理中还承担着舆论引导的功能。

二、政务新媒体的定位

从广义上来讲，政务新媒体应该服务全体市民，但实际上，不同机构运营的政务新媒体定位是不一样的。目前，政务新媒体的定位有如下几个方向：首先，从受众思维、宣传思维转向用户思维和社群思维。政务新媒体服务的市民有充分的选择权，即便不选择政务新媒体，市民也可以从其他渠道获得信息，所以，政务新媒体还是要从用户的需求出发，从内容、服务到形式积极创新。其次，做新闻还是做社交媒体资讯。做新闻相对要求高，不但本单位要有很多可供报道的新闻，还需要有足够的采写编评能力。如果仅做社交媒体资讯，则对专业和时效性要求稍低。特别是短视频兴起之后，一些政务新媒体着手开展短视频的生产，经过一段时间的发展，政法部门是目前短视频平台上做得最好的部门，其他部门很难实现突破。这是因为视频的话语结构与文字有太大不同，绝大多数政务新媒体并没有很强的视频人才。最后，视频生产消耗的成本相对而言更高一些。

三、政务新媒体的用户增长

政务新媒体用户增长模式有很多种，大致包括通过信息与服务内生式的增长、通过营销带来的增长、通过组织形式带来的增长。

内生式用户增长的方式包括：① 开通实际的服务功能提高用户总量，比如"上海发布"的数百万粉丝就是在提供高质量内容之外，通过开通新的服务功能实现的。② 提升、保持资讯品质。持续提供原创、独家、及时、权威的内容提高吸引力，信息品质一定要持之以恒，才能形成用户黏性；在短视频平台上，四平市公安局的短视频账号"四平警事"是政务新媒体短视频的代表账号，它通过幽默的表演潜移默化地向用户宣传了法律法规与法治思想。③ 打造某种个人特性。比如为上海妇女代言的"上海女性"、为上海青年代言的"青春上海"。

营销式用户增长包括：① 通过福利增加用户。不定时推送各种福利，送流量、发红包、发奖品维护用户关系。② 通过组织增加用户。通过组织动员形成粉丝关系。③ 通过推广增加用户。必须指出，地面推广时确定的粉丝关系，由于存在利益驱动，这类粉丝容易流失。④ 通过投票、互动建立关系。比如，"上海发布"2019 年 4 月推出"新生儿重名查询"的服务引发上海市民的热烈参与，很多成年人也迫不及待地想要查询下在这个城市有多少人跟自己同名同姓，这一服务带来了大量的粉丝增长。当然因投票而形成的粉丝群体，涨粉快，掉粉也快。

四、政务新媒体的专业化

政务新媒体并非可有可无，它是一个关系着政府形象、公共服务质量、社会治理的重要部门，所以必须从专业化的角度思考政务新媒体的队伍建设。据报道，我国的政务新媒体从业人员在 60 万—80 万人间。① 目前

---

① "上海发布"第一，全国分三个梯队——《2018 中国政务新媒体发展白皮书》发布［EB/OL］.（2019 - 1 - 16）［2024 - 4 - 2］. https：//www.jfdaily.com/news/detail? id=127700.

首先要解决的是专业化的问题，主要包括：第一，组织层面的专业化。无论是机构主导、融媒体运营，还是体制内外包，都需要理顺政务新媒体的架构、上下级关系、资源分配的关系，既要符合社交媒体时代的运营特点，也要能够充分调动新媒体从业人员的积极性。第二，政务新媒体从业人员的专业化。从目前来看，政务新媒体从业人员的专业化包括突出的政治素养；具有良好的新媒体素养；掌握新媒体内容生产与传播技巧，不但能够采访、写作、编辑、评论，还要能够运用新技术拍摄符合用户需求的音视频节目；需要具备洞察用户的能力、突出的数据能力，掌握一定的传播规律和传播技巧。第三，纠正政务新媒体运营中的不良风气。比如一些政务新媒体不务正业，蹭热点、蹭明星，内部缺乏规范，公器私用等。

案例：

上海市政府工作报告巧用 H5

2016 年，上海市政府工作报告通过 H5 的形式向社会公布，取得了刷屏的效果，这个 H5 的创意来自手机屏幕页面的这些符号（见图 17-1），创意者将手机屏幕上的一个个 ICON 与上海市政

图 17-1　2016 年上海市政府工作报告页面

府的工作报告结合，用户点开一个 ICON 就是这个政府工作报告的简化版。由于创意新颖，这一创意制作成为 2016 年两会期间刷屏的新媒体应用。

五、政务新媒体的未来

如前所述，当前的政务新媒体主要有机构主导、融媒体主导、体制内外包三种模式。随着融媒体改革的不断深入，政务新媒体运营的团队将有三个发展方向：第一个方向是由政府机构负责领导；第二个方向是固化为融媒体中心的固定部门；第三个方向则是利用体制内的资源进行外包。未来，政务新媒体的团队与管理将更加多元化，势必需要进一步整合与聚合。

政务全媒体平台的实现。随着政务短视频平台的崛起，政务新媒体的框架基本确定为网站、微博、微信、客户端、短视频平台等，政务新媒体的运营会在融合的基础上不断得到优化，最终实现政务全媒体平台的效果，即政务新媒体的内容可以在各个平台上根据不同需求进行分发，形成政务新媒体的整合效果。

政务新媒体将产生一批专业岗位。新媒体的不断发展推动了政务新媒体的不断进步，对专业人员的需求也在不断增长，特别是能够掌握政务新媒体传播技巧、能够运用各类传播手段传播正能量、能够有效提高政务新媒体用户体量的人才将备受青睐。目前，如何解决他们的身份认同及职业上升通道，也是保持队伍稳定性的重要问题。

政务新媒体的"关停并转"。政务新媒体保持何种体量才算合适并没有一个精准的答案，但是，目前来看，我国的政务新媒体账号整体上过多，出现不少问题，比如：大量账号无法及时更新，成为所谓的"僵尸账号"；相关账号的编辑人员消极怠工，蹭热点、蹭明星，过度娱乐化；相关账号片面追求阅读量与点击量，无视政务新媒体的政务服务本质；等等。面对这些问题，政务新媒体需要按照提高传播力、引导力、影响力、公信力的要求进行一轮"关停并转"。

第三节 社交媒体国际传播秩序的挑战与主张

一、社交媒体国际传播秩序的问题

从积极意义上说，社交媒体在信息传播、社会动员方面具有一些得天独厚的优势；从消极意义上说，社交媒体也与一些政治失序问题紧密相连。社交媒体在被广泛用于选举、社会管理等政治活动的同时，也成为一些非法组织的宣传平台，用以煽动街头暴力；在打破时空限制、广泛联结各国民众结成社会群体时，它也为一些国家所利用，成为颠覆他国政权的工具。

（一）国际传播信息失序依然存在

互联网使全球变为"地球村"。美国、英国、澳大利亚等发达国家在全球互联网经济中还占据着社会资本和影响力上的优势。虽然在跨国化媒介机构数量方面，中国已经位列全球第三，但这些机构只与亚非媒介机构形成双向连接，在社会资本上也处于弱势地位，整体上，我国的国际传播影响力依然十分有限。以欧美为中心的国际传播格局并未在社交媒体时代发生质的变化，英美主流媒体仍然控制着全球新闻信息的流动。当然，互联网的确为边缘国家和地区的媒介赋权提供了契机。①

（二）部分非法组织的宣传平台

恐怖组织"伊斯兰国"（ISIS）在推特上开通大量账号，通过这些账号定时发布特定地区的政治、军事、社会新闻及宗教理念等信息。每当推特关闭其账号时，又会马上出现新账号。根据华盛顿布鲁金斯学

---

① 韦路，丁方舟. 社会化媒体时代的全球传播图景：基于 Twitter 媒介机构账号的社会网络分析 [J]. 浙江大学学报（人文社会科学版），2015，45（6）：91-105.

会（Brookings Institution）于 2015 年 3 月发布的研究报告《ISIS 推特普查》(*The ISIS Twitter Census*) 中的数据，2014 年 1 月—2015 年 1 月期间，ISIS 及其支持者每月都要创建不少于 600 个推特账号，其中 2014 年 9 月达到当年最高峰，共创建了 2 488 个账号。[①] ISIS 的例子给国际社会敲响了警钟——遏制恐怖主义，不仅需要军事力量，还需要媒体力量的参与。[②]

（三）社会动荡的诱因

社交媒体可以高效组织社群，方便快捷地获取社群协助。然而，这些特性一旦被乱用就会造成严重的负面效果。在国内外一些重大事件中，某些群体利用社交媒体平台发布虚假内容煽动用户情绪，并通过社交媒体组织各类线上线下群体性活动，造成社会失序。另外，还有一些组织利用某些社交媒体技术特性躲避监管，构建各类封闭且隐匿的社群从事颠覆性活动或者其他非法活动，最终造成社会动荡。

（四）利用社交媒体执政的问题凸显

社交媒体具有直接与民众对话的特点，但是政治决策需要一定的法定流程，如果跳出相关的流程径直通过社交媒体发布各类消息则会造成一定程度的关系紧张。以美国总统特朗普为例，他于 2009 年 3 月注册"@real Donald Trump"推特个人账号，利用推特，特朗普成功拉近了与美国普通民众的距离，并经常通过一些"出格"的言辞来吸引和保持民众的注意力。2017 年 1 月 20 日特朗普就任美国总统，继续延续通过社交媒体账号与民众、其他国家政要沟通的风格，即"推特治国"，由于他并未因身份的变化而改变说话的方式，结果导致其推特上经常骂声一片，造成各种问题。

---

① The ISIS Twitter Census [EB/OL]. (2016 - 6 - 1) [2024 - 4 - 2]. https：//www.brookings. edu/wp-content/uploads/ 2016/06/isis _ twitter _ census _ berger _ morgan.pdf.

② 姚瑶. 社交媒体在新生代恐怖组织中的应用——以"伊斯兰国"为例 [J]. 传播与版权，2015，（4）：103 - 104.

二、我国对网络传播秩序的主张

习近平主席在 2015 年 12 月 16 日举行的第二届世界互联网大会开幕式上发表的主旨演讲中首次提出"构建网络空间命运共同体"四项原则和五点主张。[①]

"网络空间命运共同体"的四项原则包括尊重网络主权、维护和平安全、促进开放合作、构建良好秩序。五点主张包括加快全球网络基础设施建设，促进互联互通；打造网上文化交流共享平台，促进交流互鉴；推动网络经济创新发展，促进共同繁荣；保障网络安全，促进有序发展；构建互联网治理体系，促进公平正义。

"网络空间命运共同体"为全球互联网治理体系提出了中国方案，得到了国际社会的积极响应。"网络空间命运共同体"思想旨在构建和平、安全、开放、合作的网络空间，实现网络空间平等尊重、创新发展、开放共享、安全有序的目标，同时依照共同推进、安全共同维护、治理共同参与、成果共同分享的发展方向来建立多边、民主、透明的全球互联网治理体系。

社交媒体是社会治理的重要平台，是政府、政治人物、政治组织与民众沟通的重要平台，这已是社会共识。我们也要看到一些组织或者个人也在利用社交媒体平台制造社会失序等问题，影响甚至破坏社会治理，让社会动荡、失序。对于社交媒体的社会治理应坚持构建"网络空间命运共同体"的主张，为构建清朗的网络空间而共同努力。

---

① 习近平在第二届世界互联网大会开幕式上的讲话 [EB/OL]. (2015 - 12 - 16) [2024 - 4 -2]. http://www.gov.cn/xinwen/2015 - 12/16/contant _ 5024712.htm.

第十八章

社交媒体时代的公共
关系、广告与营销

第一节　社交媒体时代的公关变革

公共关系部门的存在价值就是消除信息的不对称性，促进民众更好地与他人和机构之间的沟通，达到交流、沟通、劝说的目的。大众媒体时代，公共关系主体与公共关系客体的沟通有各种渠道，以大众传播渠道效率为最高。

一、社交时代公关的变化

第一，信息主体越来越多元。大众媒体时代公共关系之所以大行其道，主要是信息存在不对称性，需要一个机构或者个人将传者和受众结合起来。以往，大众媒体是人们获取信息的主要渠道，对于公共关系部门而言，掌握渠道在很大程度上就掌握了公共关系活动的主动权。进入社交媒体时期，公共关系的专业性受到了挑战。公共关系在大众媒体时代所依托的渠道优势被解构了，在社交媒体时代，意见领袖、网红多如牛毛，影响力虽然参差不齐，但是如果他们联合起来，其影响力也远远超越作为中介机构的公共关系部门。

第二，内容来源更加复杂。公共关系部门呈现的内容一般是经过反复挑选的内容，通过媒体的大规模传播，达到传播效果、澄清事实、树立品牌、化解危机等目的。在社交媒体环境下，每一个用户都可能通过自己证实或者"证伪"公共关系机构呈现的事实，公共关系部门在进行信息传播的时候，面临广大用户的各类监督，也就是说公共关系部门的独家话语权被消解了。

第三，公共关系渠道的区隔化。公共关系掌握的主阵地从大众媒体转变为自媒体、意见领袖和网红等在线社群节点。既有愿意为公关公司提供支持的节点与社群，也有专门对各类节点与消息提出质疑的群体，渠道的可控性明显减弱，不确定的风险显著增加。

第四，用户与社群的解读与反应更加自主。用户对信息的解读不再是单一方式，而是多种方式互证，即便是刷屏的内容也会有人质疑其意图。公共关系已经过了"只要你说我就必须听"的阶段，事实和逻辑成为用户判断真假的依据，甚至即便公共关系机构讲出了事实，可能也会被其他声音质疑。

第五，社交媒体信息传播更加迅速。大众媒体时期公共关系部门需要借助大众媒体平台发布信息，信息发布的节奏要跟随大众媒体的节奏，信息的形式也要符合大众媒体的形式，媒体传播效果主要依托大众媒体的重复播放来保证。社交媒体平台上的信息急速扩散，对应的危机处理方式也要适当做出改变。以微博为例，其扩散速度远远超过报纸和电视，当危机来临时，24小时再发布和回应已是极限，应该越快越好。

第六，声誉维护面临历史的考验。在社交媒体时代，公共关系事件处理的结果代价很大：一是尽人已皆知；二是永久被留存；三是相同事件的处理结果变成对标。一旦形成危机事件，即便成功处理，也会沉淀在社交媒体平台上，时时被拎出来讨论。

二、社交媒体时代个人与单位的公共关系策略

人人都有媒体，企业也有媒体；公共关系从第三方主导，转化为以个

人为主、以单位为主，社交媒体时期的公共关系需要新的策略。

第一，全员公关。社交媒体时代，全员公关成为可能，全员公关既包括企事业单位，也包括一个城市或者一个国家的成员。因为在社交媒体平台上，每个成员都有自己的账号，可以形成向外传播的态势。全员公关有三个原则：首先是规范化原则，其次是礼貌化原则，最后是恪守谅解原则。① 各单位都应该有意识地对所属人员进行类似的提醒或者培训，从而形成步调一致的组织文化。

第二，专业公关。公共关系的专业性体现在把握社交媒体信息传播规律方面，包括对社交媒体传播对象的分析与了解，对在线社交网络的分析与了解，对传播内容的科学化处理，通过大数据分析趋势的能力等。专业的公关从业人员应该具有汇聚社交网络影响力节点或社群并形成影响力的能力；出色的文本策划与写作能力；出色的社交沟通与联络能力及某个领域的专业化能力；出色的数据分析能力，能够对文本和用户进行深入挖掘与分析；精准有效地提高信息传播的有效性；能够对各类公关需求进行分类处理，匹配合适的传播内容。

第三，重点做好危机管控。社交媒体平台上危机传播管理已经成为个人与单位的主要应对方向。近年来，一系列的事实表明，如果个人和单位做不好危机公关，最终可能会演变成无法挽回的灾难性事件，类似事件一再出现，一些赫赫有名的大品牌或痛失市场，或负责人下台，或品牌崩塌。社交媒体时代的危机管控从一门其他人的学问变成了每个人和每个单位的学问。

做好危机公关应遵循的基本原则——3T 理论：① tell your own tale（以我为主提供情况）；② tell it fast（尽快提供情况）；③ tell it all（提供全部情况）。② 具体做法包括：① 在平日就要有相关的公共关系应对协调机构，大的机构可以设定专门的公共关系应对部门，小的机构可以成立委员会；② 平日要有危机应对预案及应对平台的选择，在重大突发事

---

① 居延安. 公共关系学 ［M］. 上海：复旦大学出版社，2008：171.
② 居延安. 公共关系学 ［M］. 上海：复旦大学出版社，2008：318－325.

件中首选无圈层限制的社交平台如微博进行信息发布；③ 当危机发生时，要亲赴现场了解事实，掌握第一手的资料；④ 分析情况确立对策，有针对性地制定策略；⑤ 安抚公众，缓和对抗，针对焦点诉求，及时处理，需要整合各类资源，迅速化解；⑥ 迅速采取相关行动。

案例：

腾讯视频台风报道中的漏字事件

2019 年 8 月，腾讯视频编辑在推送台风新闻报道的时候，出现明显漏字问题（见图 18-1），酿成重大失误，结果引发山东省网民大规模不满。后经过调查，腾讯迅速做出回应，对相关责任人进行了严肃处理，从而平息了舆论的愤怒。

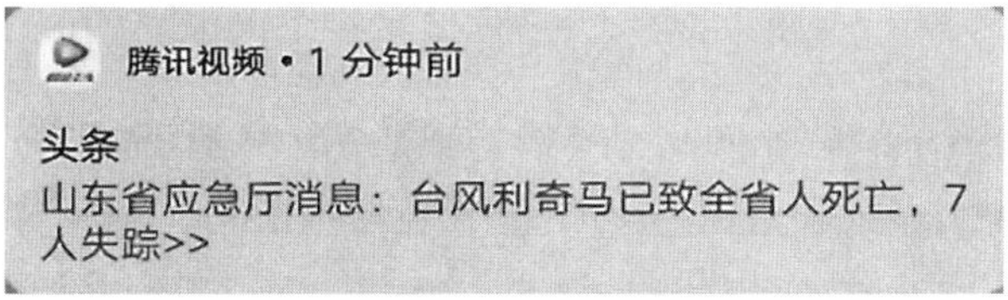

腾讯视频·1分钟前

头条
山东省应急厅消息：台风利奇马已致全省人死亡，7
人失踪>>

图 18-1 腾讯视频灾情报道推送截图①

第四，个人公共关系成为新兴的公共关系领域。社交媒体时代全民即媒体，公共关系成为每个人的必修课程。用户要传递何种信息、表达何种感情、塑造何种形象，都可以通过自己把关实现个人公共关系的构建。社群是构建个人形象的对象群体，社群对用户的期待会直接导致用户个人把关的整体方向。比如，有些人在微博、朋友圈、知乎平台上希望塑造专业化的形象，他就会选择与专业有关的内容，一段时间以后，个人形象逐渐通过自己的把关而形成。还有一些人尚未意识到个人形象与用户生产的内容是有密切联系的，个人的内容生产其实也是个人公共关系的一部分。有些人位高权重，工作很忙，但他又特别喜欢在社群中放一些美食美景的照片，以致给社群造成了一种印象，即他一直在游山玩水、品遍珍馐，就是

---

① 山东全省人死亡？腾讯视频就推送事件道歉［EB/OL］.（2019-8-12）［2024-4-2］. http://www.ceweekly.cn/2019/0812/263973.shtml.

不工作。社群形象的展现其实就是一次个人公共关系活动。

社交媒体时代的公共关系从业者面临极大的挑战，如何在用户、内容、传播渠道都发生变化的前提下重塑核心业务能力是亟待解决的一个问题，仅仅通过个别要素的改变难以适应整体的挑战，必须从视野、能力、生态等层面进一步改革公共关系部门。

第二节　社交媒体时代的广告

广告是大众媒体鼎盛时期媒体的主要营利工具，报纸、电视、广播等都依赖广告带来的营收持续发展，广告产业为国家经济发展贡献了巨大的利润。

大众媒体时期，广告企业的优势主要在于：第一，渠道优势。优质广告代理企业显著的特点就是能够掌握大量的传播渠道或者重要传播渠道的独家代理权，渠道就是优势。第二，专业团队的优势。广告企业是专业人才汇聚的中心，大量的创意与策划人才都聚集在这里，形成专业优势。第三，内容优势。在内容的创作上，广告企业具有更加成熟的内容生产优势，具有完整的内容生产流程与创意机制，能够很快地执行相关项目。第四，研究优势。从广告主的角度来看，投资在广告上的效能一定要能够通过第三方的测评呈现，才能使广告投放的效果形成闭环结构。

一、社交媒体广告的变化

进入社交媒体时代，上述优势几乎都发生了变化。

第一，社交媒体的 UGC、PGC、MGC 全面取代了大众媒体时代大众传播渠道，广告企业在广告方面不再具有特殊之处，从理论上讲，人人都可以成为广告的发布者。在大众媒体鼎盛时期，4A 广告公司与大众媒体之间连接紧密，在媒体机构内部也有广告部门与之对接。比如，中央电视台体育频道整体外包给广告公司，广告公司从中获得丰厚的利润。在社交媒体时期，这种独一无二的渠道优势正在被消解，社交媒体拥有多种营利模式，既有广告，又有销售，也有周边商品的销售等。

第二，渠道优势不再。一批有重大影响力的在线社交网络节点在社交媒体平台上兴起，它们不但自带强大的流量，还进一步分流了大众媒体现有的流量，比如影响力营销（网红）。随着智能化应用的普及，社交媒体广告以智能形式向目标用户推送内容，实现精准化匹配、效果及时测量、策略瞬间优化的方式，智能推送的形态正在影响广告与用户之间的互动关系。这一点传统的广告企业很难独立完成。

第三，内容变革。社交媒体时期的广告形态都发生了巨大变化，如动静结合、虚实结合、游戏化、轻量化等，这些内容往往与一定的技术能力结合在一起，在这一点上，传统的广告企业往往有力有不逮的感觉。简单地把大众媒体上的广告形态移植到社交媒体平台往往出现水土不服的情况，按照大众媒体逻辑进行广告内容生产，无异于"刻舟求剑"。

第四，社交媒体平台新型业者主导变革。大众媒体时代，承接广告业务主要是媒体平台的广告部门及广告业务公司，或者两者兼而有之，大众媒体的广告业者主要是完成渠道整合和内容匹配。在社交媒体平台上，一些社交媒体用户正在演化为广告主，比如一些意见领袖或网红开始自己接单，一些公众号本身就向社群推送广告，还有一些社交媒体账号通过组建团队更加专业化地推送广告。

二、社交媒体业者的应对

第一，用户研究与用户洞察。用户是广告的最终对象，用户的变化决定了广告微观、中观、宏观层面的变化，精准发现用户是社交媒体广告最终产生效果的基本要求。这就包括对用户画像、用户行为、用户接触偏好、影响用户认知行为的因素、用户变迁的研究等。

第二，渠道再造。社交媒体平台主要基于在线社交网络形成，社交媒体信息扩散有其自身逻辑，那就是基于节点、社群、内容性质而扩散，从广告商的角度来看，固定单一的渠道肯定难以对接社交媒体用户变化多样的需求。社交媒体时代的广告企业应该重构基于重大节点、核心社群为主的渠道联合体。

第三，内容创新。在社交媒体平台，用户长期浸润于新的内容环境中，对于内容创新的需求非常强烈。内容创新是广告业生产的基础，社交媒体的内容创新也是根据用户的变化情况而改变的，需要回到对用户与社群的洞察上来。

第四，从业者的能力建设。社交媒体广告创意需要新的从业人员，这些从业人员不但要深刻理解社交媒体的框架，也要能够掌握对社交媒体用户、社群、内容进行分析的研究工具，还需要有一大批掌握新技术的团队来辅助广告机构，才能支撑广告企业不断发展。

事实上，广告在社交媒体时代面临巨大危机，很多广告企业面临生死存亡的考验，这不仅是由社交媒体平台自身的特性决定的，也是由于广告业者转型不及时造成的。当然，危机中也有机遇，只要广告业者抓住社交媒体的传播规律，在用户、渠道、效果、数据等层面上下功夫，还是能够在社交媒体平台上有所作为的。

第三节　社交媒体平台营销的新形态

营销与广告不分家，营销活动常伴随某一类的广告，广告也有助于营销。与广告相比，营销目前对社交媒体适应情况更好一些，或者说，营销业者已经找到了社交媒体传播的规律。营销的理论基础来自多学科，特别是心理学和社会学，在社交媒体环境下，营销又有新形态。

一、洞察用户传播动力与黏性规律，提高营销效果

在社交媒体环境下，用户的传播能力被释放，在众多的传播动力中，信息属性、情绪与利益获得往往成为信息扩散的主要动力，可以被用来激发大规模的信息传播。社交媒体营销业者既要能够在瞬间激发用户的传播

动力，比如网红直播带流量，促使用户在直播过程中购买物品；也要能够持续培养用户的黏性。如曾经红极一时的"罗辑思维"就形成了极强的用户忠诚度，其营销方式就是将节目变成用户每天必不可少的"早课"，最终形成了极高的用户忠诚度。

二、数据与算法推动智能营销

智能营销主要是基于用户大数据进行用户特征自动识别，并实施内容自动化精选推送、渠道自动化配置选择、效果自动化跟踪分析的营销策略。另外，几个环节也需要整合计算，形成精准营销的整体优化算法，动态提高智能营销的精准性与有效性。[①] 营销科技（martech）在人工智能、大数据、先进算法的共同推动下，识别效率、运算速度、自我优化的能力也在不断提升，未来营销将越来越多与技术，如数据、信息科技、人工智能等学科和产业发生交互与融合，成为革新传统营销理论与模型的内在动力。

三、社交媒体营销的新挑战

第一，通过虚假消息诱导用户分享。2016 年 11 月 25 日，罗尔在微信公众号发表了《罗一笑，你给我站住》一文，由于文章内容极为悲情，诱导大批用户为其女儿罗一笑转发、捐款，短时间内筹集 200 多万元资金，后有知情人士爆料罗尔事实上有多套房产、一家公司，引发社交媒体用户集体愤怒，严厉谴责其所作所为，随后罗尔通过原渠道退回捐款。

第二，侵犯用户隐私。一些社交媒体平台甚至直接使用大数据"杀熟"。比如，不同用户使用同一平台购买同一航班的机票，平台给经常使用者比第一次使用者的报价高。

第三，营销信息过度。比如，通过朋友圈进行商业营销，诱导用户大

---

① 赵旭隆，陈永东. 智能营销［M］. 上海：上海文艺出版社，2016：26.

量分享。

第四，唯流量，唯技术，唯算法，鼓吹算法中立。一些社交媒体平台将相关问题推给用户，认为用户自身行为决定了用户接触的广告内容，对于广告的推广没有必要监管，很多问题内容的处理还处于真空状态。

公共关系、广告与营销一向被认为是新闻传播最主要的应用领域，目前也面临着在社交媒体环境下的模式转型问题，公关与广告受到的冲击最大，营销受到的影响相对较小，经过一番挣扎之后，营销业者已经找到了社交媒体时代的发展路径。

第十九章

社交媒体的规制

第一节　社交媒体存在的主要问题

一、信息问题

社交媒体存在的信息问题包括：① 虚假消息。内容生产主体越来越多元，虚假消息也呈上升趋势，一些虚假消息造成了恶劣的社会影响，比如自媒体账号"咪蒙"肆意造假，发表虚构的文章《一个出身寒门的状元之死》，结果直接被封号。②"三俗"内容。有些社交媒体账号为了获得流量，诉诸标题党，比如"吓尿体""惊呆体""震惊体"等，有的更是传播不雅视频，造成恶劣社会影响。③ 非科学内容。一些被包装起来的所谓的健康大师、养生大师、美容大师，通过社交媒体平台长期兜售各类非科学的内容。④ 撕裂社群话语。社交媒体平台上经常出现容易引发相互攻击的内容，最终导致社群撕裂。⑤ 违背伦理与道德的内容。比如直播轻生和暴力内容。2019 年新西兰的枪击事件让人们再一次看到了不加限制的直播内容造成的恶劣后果。

二、不法行为

社交媒体存在的不法行为包括：① 侵犯著作权。社交媒体平台上，著作权成为焦点问题，比如微博与微信公众号就出现了所谓"洗稿"的问题，抄袭问题突出，而未经允许肆意修改他人作品从而侵犯他人著作权的问题也很多。② 网络欺诈。一些不法分子通过各类手段进行网络欺诈，包括捐赠欺诈、公益欺诈、使用钓鱼链接等。③ 网络赌博。一些基于微信群组技术特性的网络赌博冒了出来，这种方式更加隐匿，更加难以发现，依法追责的困难更高。④ 网络暴力。社交媒体连接线上与线下，在网络中的传播的戾气也会转为线下的真实攻击。

三、用户在线社群行为

社交媒体用户在线社群行为包括：① 群体极化。在线社群也会呈现群体极化的情形，一旦用户某种情绪爆发，群体往往走向极化。② 社交媒体操纵。一些用户将自己的话语权拿出来进行交易，为他人在各类电商刷单、刷流量、刷排名，形成了所谓的由社交媒体操纵的"灰色地带"。

四、数据与安全问题

社交媒体中的数据安全问题包括：① 社交媒体安全问题突出。人人都参与社交媒体，各类数据都存储在各类社交平台上，然而由于管理疏漏，目前社交媒体的各类安全问题层出不穷。比如，2018 年脸书就出现了严重的用户数据泄露事件。除了个人信息泄露以外，在国家层面也出现了对个人信息的侵犯。比如，因斯诺登而东窗事发的美国"棱镜计划"。② 大数据霸权。社交平台大量掌握了用户的数据，本应取之于民，用之于民，一些平台却无视公民权利，无限制地将用户数据商用。比如，面向用户过度推荐信息，拒绝用户的"被遗忘权"诉求，采取各类手段长期强制获取用户信息，以获取最大利益。③ 数据开放步调缓慢。有学者提出"数据开放"（open data）要求，特别是针对公共部分，目前数据开放进展还比较有限。

五、算法追责问题

智能媒体用户生产的内容已经进入社交媒体的内容系统，也出现了各类错误内容，产生了负面影响。比如，一些假新闻被某些平台通过算法推送到热搜，那么，判定责任的话，到底是算法有罪、开发算法的人有罪，还是生产假新闻的人有罪？从目前技术发展的情况来看，算法尚不具备所谓的自主意识，还是要从平台方和开发者的角度思考这个问题。算法体现的是开发人的意志，算法所导致的问题往往也是开发者在设计时就已经存在的问题，而对于那些发布假新闻的人更要直接追究责任。算法本来就不是完美的，故而对算法的追责最终还是要落实到对人的追责。

> **小贴士：**
>
> 深度伪造技术（deepfake），是被称作"生成式对抗网络"（GAN）的机器学习模型将图片或视频合并叠加到源图片或视频上，借助神经网络技术进行大样本学习，将个人的声音、面部表情及身体动作拼接合成虚假内容的人工智能技术。[①]深度伪造最常见方式是 AI 换脸技术，此外还包括语音模拟、人脸合成、视频生成等。它的出现使得篡改或生成高度逼真且难以甄别的音视频内容成为可能，观察者最终无法通过肉眼明辨真伪。但让人担心的是，这种技术一旦被滥用，则可能给国家安全甚至世界秩序带来新的风险。此外，深度伪造技术也会给个人权益带来损害。视频换脸技术门槛降低，普通人也能制作换脸视频，别有用心之人利用深度伪造技术可以轻易绑架或盗用他人身份，甚至可以说深度伪造技术有可能成为实施色情报复、商业诋毁、敲诈勒索、网络攻击和犯罪等非法行为的新工具。[②]

---

① 宋凡.《民法典》时代下"深度伪造"科技风险与应对模式［J］. 中国电信业，2020，No. 238（10）：30 - 34.

② 警惕深度伪造技术［EB/OL］.（2020 - 6 - 19）［2024 - 4 - 2］. http：//www. 81. cn/jfjbmap/content/ 2020-06/19/content _ 264200.htm.

第二节　中外社交媒体规制的要素

一、我国社交媒体的法律管理框架

我国的网络立法经历了三个阶段。第一个阶段以 2000 年为时间节点，这个时期的互联网立法主要以域名管理、电信条例、计算机信息系统安全等互联网基础设施领域为主。第二个阶段是 2000—2011 年，社交型网络成为互联网的主流，用户成为互联网服务的核心，互联网服务提供商与用户之间的交流互动更为密切。此阶段的互联网立法以互联网信息服务、互联网行业管理及网络交易法为主。第三个阶段是从 2011 年到现在，以微信的出现及广泛发展应用为标志。移动互联网的发展使得通过手机 App 进行社会交往、网上购物、网上支付、网上出行等成为社会生活的常态，同时电信网络诈骗、个人信息泄露等负面影响也给互联网行业敲响了警钟。因此，第三阶段互联网立法的重点以网络信息安全、个人信息保护和电子商务等为主。[①]

就社交媒体平台而言，我国针对信息问题、平台服务、数据安全、网络行为规范等方面出台了大量的法律法规，用以规范用户的信息发布行为和网络行为，约束网络平台服务方的资本冲动，构建了法律、行政法规、部门规章、司法解释、规范性文件、政策文件 6 个层次的规制框架。我国与社交媒体规制有关的规制体系如下。

（一）法律

《中华人民共和国网络安全法》《中华人民共和国电子签名法》《全国人民代表大会常委会关于加强网络信息保护的决定》《全国人民代表大会常务委员会关于维护互联网安全的决定》《中华人民共和国个人信息保护法》《中华人民共和国数据安全法》《中华人民共和国密码法》《中华人民

---

① 黄志荣. 中国互联网立法研究［D］. 中共中央党校，2017.

共和国网络安全法》。

（二）行政法规

《国务院关于授权国家互联网信息办公室负责互联网信息内容管理工作的通知》《信息网络传播权保护条例》《互联网上网服务营业场所管理条例》《计算机软件保护条例》《外商投资电信企业管理规定》《互联网信息服务管理办法》《中华人民共和国电信条例》《计算机信息网络国际联网安全保护管理办法》《关键信息基础设施安全保护条例》。

（三）部门规章

《互联网域名管理办法》《互联网新闻信息服务管理规定》《互联网信息内容管理行政执法程序规定》《外国机构在中国境内提供金融信息服务管理规定》《电信和互联网用户个人信息保护规定》《规范互联网信息服务市场秩序若干规定》《互联网文化管理暂行规定》《互联网视听节目服务管理规定》《互联网等信息网络传播视听节目管理办法》《互联网信息服务深度合成管理规定》《数据出境安全评估办法》《互联网用户账号信息管理规定》《互联网信息服务算法推荐管理规定》《网络安全审查办法》《汽车数据安全管理若干规定（试行）》《网络信息内容生态治理规定》《儿童个人信息网络保护规定》《区块链信息服务管理规定》《生成式人工智能服务管理暂行办法》。

（四）司法解释

《最高人民法院关于审理利用网络侵害人身权益民事纠纷案件适用法律若干问题的规定》《最高人民法院、最高人民检察院关于办理利用信息网络实施诽谤等刑事案件适用法律若干问题的解释》《最高人民法院关于审理侵害信息网络传播权民事纠纷案件适用法律若干问题的规定》《最高人民法院、最高人民检察院关于办理利用互联网、移动通信终端、声讯台制作、复制、出版、贩卖、传播淫秽电子信息刑事案件具体应用法律若干问题的解释》《最高人民法院、最高人民检察院关于办理利用互联网、移动通信终端、声讯台制作、复制、出版、贩卖、传播淫秽电子信息刑事案件具体应用法律若干问题的解释（二）》《最高人民法院最高人民检察院关于办理非法利用信息网络、帮助信息网络犯罪活动等刑事案件适用法律若干问题的解释》。

（五）规范性文件

《互联网用户公众账号信息服务管理规定》《互联网群组信息服务管理规定》《互联网跟帖评论服务管理规定》《互联网论坛社区服务管理规定》《互联网新闻信息服务许可管理实施细则》《互联网直播服务管理规定》《移动互联网应用程序信息服务管理规定》《互联网信息搜索服务管理规定》《互联网站从事登载新闻业务管理暂行规定》《互联网新闻信息服务单位约谈工作规定》《即时通信工具公众信息服务发展管理暂行规定》《互联网用户账号名称管理规定》《互联网新闻信息服务新技术新应用安全评估管理规定》《微博客信息服务管理规定》《工业和信息化部 国家互联网信息办公室关于进一步规范移动智能终端应用软件预置行为的通告》《关于实施个人信息保护认证的公告》《互联网跟帖评论服务管理规定》《互联网弹窗信息推送服务管理规定》《移动互联网应用程序信息服务管理规定》《国家互联网信息办公室关于开展境内金融信息服务报备工作的通知》《关于印发〈常见类型移动互联网应用程序必要个人信息范围规定〉的通知》《互联网用户公众账号信息服务管理规定》《关于印发〈网络音视频信息服务管理规定〉的通知》。

（六）政策文件

《关于加强国家网络安全标准化工作的若干意见》《关于变更互联网新闻信息服务单位审批备案和外国机构在中国境内提供金融信息服务业务审批实施机关的通知》《关于加强党政机关网站安全管理工作的通知》《关于推动资本市场服务网络强国建设的指导意见》《互联网新闻信息服务单位内容管理从业人员管理办法》《关于印发〈关于加强网络直播规范管理工作的指导意见〉的通知》《关于印发〈App 违法违规收集使用个人信息行为认定方法〉的通知》。

随着智能媒体进入社交媒体平台，一般法律管辖的主体发生了变化，从以自然人为对象变为以算法和机器人为对象，类似的关系面临新挑战。

二、中国社交媒体平台的管理

在社交媒体的管理中，平台服务提供方受到国家法律和法规的约束，也受到资本与平台本身的牵制，还受到用户活跃度等多方面因素的影响。从平台方的角度来讲，既要保证用户的活跃度，又要符合国家法律规定；既要不断获取利益，也要约束用户的各类行为，在多点要素中达到平衡。服务提供方各有不同，在平台管理方式上，大多数社交媒体都推行了相应的规定制度。

（一）综合型平台的管理

综合型平台覆盖的服务范围最广，连接的社会要素也最丰富。如前文所述，综合型平台就是一个"平台社会"，需要从平台层面对所有社交媒体参与者的行为进行规范。比如，微信的《微信个人账号使用规范》中规定："2. 内容规范。微信用户需要遵守《腾讯微信软件许可及服务协议》及相关法律法规的规定，发送的内容如违反相关规定，一经发现，腾讯将根据违规程度对微信账号采取相应的处理措施，并有权拒绝向违规账号主体提供服务。如删除违规内容、限制与该主体相关账号功能、封禁与该主体相关账号等。所谓违规内容，包括但不限于：2.1.2 内容侵权。2.1.2.1 发送或传播侵犯他人知识产权的内容，如发送或传播侵犯他人著作权、商标权、专利权等内容的；2.1.2.2 未经授权发布他人身份证号码、联系方式、家庭住址、微信号、照片等个人隐私资料，侵犯他人肖像权、隐私权等合法权益的；2.1.2.3 捏造事实公然丑化他人人格，或者通过侮辱、诽谤等方式损害他人名誉、荣誉，侵犯他人名誉权、荣誉权等合法权益的；2.1.2.4 未经授权发布企业商业秘密，侵犯企业合法权益的……"[①]

---

① 微信个人账号使用规范［EB/OL］.（2024 - 4 - 2）［2024 - 4 - 2］. https://weixin110.qq.com/security/readtemplate?t=security_center_website/article&artid=120813euEJvf160303a2veAV.html.

（二）垂直型平台的管理

垂直型平台的管理属于自律的范围。一般而言，垂直型平台要基于国家法律法规、部门规章、公序良俗、道德伦理等多种因素制定管理自律框架。垂直型平台，比如微博，因为最早经历各类平台管理的难题，因此，相对而言，对平台活动参与者的管理措施比较规范。例如，微博平台目前制定出来的平台规则包括：《微博使用协议》《微博开发者协议》《微博社区管理规定》《微博社区委员会制度》《微博商业行为规范》《微博信用规则》《微博人身权利投诉处理》《微博个人信息保护政策》《视频上传注意事项》等。以《新浪微博社区管理规定（试行）》为例，其中规定："第二十四条：用户纠纷类违规，主要包括：（一）泄露他人隐私，主要表现为：① 泄露身份信息：公开他人真实姓名及身份证号、电话号码、家庭住址。用户已公开或授权公开的除外，涉及公共利益的除外。② 泄露其他信息：公开他人不愿被知悉的不危害社会的信息。如性取向、生理及心理缺陷、财产状况、信用卡、电子消费卡、上网卡、上网账号和密码、交易账号和密码、网上购物使用的账号和密码、IP 地址、浏览网页的踪迹或活动内容、私生活镜头以及社会关系等，他人可通过合法公开渠道得知的或涉及公共利益的除外……"①

三、国外对社交媒体的最新规制

（一）美国

美国是第一个大规模发生深度伪造换脸事件的国家，也是第一个回应深度伪造问题的国家，对于深度伪造换脸的治理相对比较完善。美国国会提出《深度伪造责任法案》，对深度伪造虚假信息加强监管和规制。《深度伪造责任法案》规定深度伪造记录要有显著的披露。深度伪造制作者在其

---

① 新浪微博社区管理规定［EB/OL］.（2024 - 4 - 2）［2024 - 4 - 2］. https：//service. account.weibo.com/h5/roles/gongyue.

制作的深度伪造换脸记录中，应当包含一个嵌入的数字水印，该水印清楚地说明该记录中改变的音频或视频元素，表明该段视频属于深度伪造合成视频。视频信息、音频信息和视听信息披露的内容也不相同，主要分为以下三种：① 仅包含视觉元素的深度伪造记录应在图像底部制作一份清晰易读的文本书面声明，并对深度伪造换脸对原图像改变的程度进行简要描述。② 在音频信息披露中，应在深度伪造记录开始时，制作一份明确表述的口头声明，并对更改程度进行简要描述。如该纪录的长度超过两分钟，则需要另外附加口头声明以及描述。③ 在既有音频又含视觉元素的深度伪造记录中应同时包含上述两项披露内容。违反披露义务会被处以高额罚款或者监禁。[①]

总体而言，美国的相关立法强调"深度合成"技术的虚假性。在提及虚假信息危害性的治理时，要求先由市场主体预防，社交平台和视频平台自我规制，而后采用联邦和地方立法强制性规制，形成自下而上的治理模式。[②]

（二）德国

德国议会联邦议院通过法案——《网络强制法》（*Network Enforcement Act*），即通常所说的"Facebook 法案"。这一法案规定，Facebook、Twitter 及其他社交媒体如果不在 24 小时内删除网站上"明显的非法内容"，包括仇视性言论、诽谤、煽动及暴力言论等，那么就会面临上限达 5 000 万欧元的罚款。《网络强制法》于 2017 年 10 月生效。[③]

（三）澳大利亚

2019 年 4 月 4 日，澳大利亚通过一项政府提交的法案，认定社交媒体平台放任用户"直播"暴力画面即构成犯罪，企业主管将面临牢狱之灾和

---

① 石东秀｜让深度伪造换脸的法律规制［EB/OL］.（2022-1-11）［2024-4-2］. https://m.thepaper.cn/baijiahao_16252261.
② ［法治护我心］深度合成技术"多点开花"，各国规范有哪些不同［EB/OL］.（2023-1-15）［2024-4-2］. https://m.gmw.cn/baijia/2023-01/15/36304264.html.
③ 德国通过新法案：社交媒体不删除仇视言论或被罚 5 000 万欧元［EB/OL］.（2017-7-1）［2024-4-2］. http://tech.qq.com/a/20170701/005431.htm.

高额罚款。根据这项法案，无论注册地在哪里，社交媒体平台没有及时删除"令人厌恶的暴力内容"，可以视为触犯澳大利亚刑法，可判处3年监禁再加1050万澳元或相当于企业年营业额10%的罚款；社交平台明知用户"直播"发生在澳大利亚境内的暴力行径而没有通报澳联邦警察，将处以最高84万澳元罚款。①

（四）英国

2019年4月8日，英国发布《在线危害白皮书》，提议立法强化社交媒体等网络平台自我监管，以保护用户免受有害内容影响，包括虐童影像、网络欺凌、极端思想和恐袭言论。根据白皮书，新立法将适用于任何能让用户分享内容并与他人在线交流的平台，包括社交媒体、公共论坛、信息服务和搜索引擎。运行平台的企业如果不作为，将受到罚款处罚，高级主管将承担个人责任。白皮书还提议，设立独立监管员，所需资金可能从行业内的企业征收。据英国《卫报》（*The Guardian*）报道，白皮书出台在相当大程度上与莫莉·拉塞尔（Molly Russell）事件有关。2017年，年仅14岁的拉塞尔自杀身亡。之后，她的父亲发起了要求杜绝互联网有害内容的活动，抨击知名图片分享网站Instagram的大量涉及自残自杀的内容是导致拉塞尔结束生命的原因。②

（五）欧盟

2018年5月，欧盟通过了欧盟史上最严的个人信息保护法《通用数据保护条例》（*General Data Protection Regulation*，GDPR）。主要内容包括："1. 禁止处理的数据类型。除GDPR法规第9条、第10条例外规定的情形，应禁止处理以下数据：基本的身份信息，如姓名、地址和身份证号码等；网络数据，如位置、IP地址、cookie数据和RFID标签等；医疗保

---

① 澳大利亚立法严惩社交媒体"网络直播暴行"［EB/OL］.（2019 - 4 - 6）［2024 - 4 - 2］. https：//news.online.sh.cn/news/gb/content/2019 - 04/06/content _ 9250173.htm.

② 英拟立法严管社交媒体［EB/OL］.（2019 - 4 - 9）［2024 - 4 - 2］. https：//news.sina.com.cn/w/2019 - 04 - 09/doc-ihvhiewr4205971.shtml.

健和遗传数据；生物识别数据，如指纹、虹膜等；种族或民族数据；政治观点；性取向等。① 2. 数据主体的权利。① 数据主体访问权。不管是系统提供的隐私说明或是签订的合同必须能让数据主体或用户能够随时访问到这些信息。② 数据主体更正权。当个人信息被收集、存储和处理时，要提供相关接口和入口让数据主体或用户随时能够对自己的个人数据进行修改。③ 数据主体擦除权（被遗忘权）。除条例第 17 条 21③规定的情形，企业要提供给数据主体或用户擦除其个人数据的权利。④ 数据主体限制处理权。当数据主体对个人数据的准确性有争议、认为处理是非法的、为了提起法律辩护等情形时，企业要提供给用户限制处理权。⑤ 数据携带权。企业收集、处理的用户数据要进行格式化整理，并且能够支持格式化导出且机器可读。⑥ 数据主体反对权。使用用户数据一定需要经过用户同意，未经用户同意直接使用用户画像，用户有权反对。② ⑦ 同意条件。数据处理的前提是用户同意，书面声明中的同意请求应当'具有明显的辨识度并使用清楚、直白的语言，以容易理解且容易获取的方式呈现，否则视为无效'。16 岁以上儿童的同意可以是处理其个人数据的合法条件，不满 16 岁的儿童，只有当其监护人授权同意时，处理其个人数据才是合法的。3. 数据处理安全。① 企业在对数据进行收集、处理等活动时应该采取如下安全措施保证个人数据安全。数据脱敏技术、数据完整性技术、数据访问控制技术、数据备份技术、数据恢复和响应技术。② 设置数据保护官（Data Protection Officer，DPO）。4. 违法处罚。监管机构可征收高达 2 000 万欧元的严重处罚，或者上一年全球年营业额的 4％，以较高者为准。组织在发生数据外泄时必须在 72 小时内，即刻通报给监管机构。并且，若外泄会给个人带来风险，也应该及时通知当事人。"③

---

① 《GDPR》专题解读［EB/OL］.（2018 - 5 - 28）［2024 - 4 - 2］. http：//www.sohu.com/a/240996815_185201.

② GDPR 重点条例分析［EB/OL］.（2018 - 5 - 24）［2024 - 4 - 2］. https：//mp.weixin.qq.com/s?_biz=MjM5NjA0NjgyMA==&mid=2651073504&idx=2&sn=f1632a4d81c73ce8ee00f924f30a97fd&chksm=bd1fb96b8a68307dbe3ab1bf47291c159dbda180f2a55c6f830c892c0a96fdc9fd126b1658b8&scene=0&xtrack=1.

③ GDPR 通用数据保护条例-要点总结［EB/OL］.（2018 - 7 - 27）［2024 - 4 - 2］. http：//www.ciotimes.com/InfoSecurity/154670.html.

在 GDPR 实施后不久，脸书和谷歌等即遭到了举报和投诉，成为 GDPR 法案的第一批被告。而一些公司甚至直接关闭了针对欧盟用户的业务。GDPR 公布后，另外一些人开始担心欧洲的创新经济会因为这部严格的法律而折戟沉沙，欧盟委员会的人工智能高级专家组于 2018 年 12 月发布了《可信人工智能伦理指南草案》，该指南提出了一个可信人工智能（trustworthy AI）框架，强调伦理的规范性和技术的鲁棒性，并提出总计 10 项可信人工智能的要求和 12 项技术、非技术性用于实现可信人工智能的方法，在要求方面包括可追责性、数据治理、普惠性设计、AI 自主性的管控、非歧视、尊重和强化人类自治、隐私保护、鲁棒性（可靠性和可重现、精确性、弹性与应急预案）、安全性与透明性。在方法方面包括两层，第一层次是技术性方法，如将伦理和法律纳入设计、设立可信 AI 的架构、测试与验证、可追溯与可审计、可解释性。第二层次是非技术性方法，如监管、标准化、责任落实、行为守则、教育和培养伦理观念、多方沟通、包容与多元等。同时设计出一套评估清单，便于企业和监管方进行对照。[①] 数字经济中的平台具有网络效应和赢者通吃的雪球效应，容易形成超级平台事实上拥有重要市场力量的格局。由于平台形成了庞大的双边或多边用户网络，其可以收集海量的数据形成更为庞大的市场影响力量，并且在事实上会加大用户的转换成本，对市场竞争格局造成实质性影响。数字经济平台生态系统对竞争的挑战，引起各国关注，并相继推出或修改法律、提出新的政策以适应数字经济的新格局。

继《一般数据保护条例》（GDPR）之后，《数字市场法》可谓是欧盟针对数字市场的规范又一重磅立法。该法案在立法上首次提出了守门人制度作为数字经济反垄断监管和规制的新路径，基于对于数字平台巨头造成竞争威胁的考虑，为保障具有竞争性和公平性的数字市场秩序，规定一系列专门的原则和义务，对于平台的一系列行为模式设立了规制框架。[②]

---

① 李宁，贺佳瀛，黄紫斐. 欧盟可信人工智能的伦理指南（草案）介绍［J］. 信息安全与通信保密，2019（01）：69-77.
② 刘晓春，李清逸. 欧盟《数字市场法》守门人制度解读与启示［J］. 中国对外贸易，2022（09）：35-37.

参 考 文 献

一、中文文献

［1］艾伯特拉斯洛·巴拉巴西. 链接：商业、科学与生活的新思维［M］. 许华伟，译. 杭州：浙江人民出版社，2013.

［2］保罗·莱文森. 新新媒介（第 2 版）［M］. 何道宽，译. 上海：复旦大学出版社，2014.

［3］陈静茜. 表演的狂欢：网络社会的个体自我呈现与交往行为［M］. 北京：北京交通大学出版社，2014.

［4］陈力丹. 舆论学：舆论导向研究［M］. 上海：上海交通大学出版社，2012.

［5］崔以琳.“快报事实，慎报原因”：突发事件报道的良策［J］. 新闻记者，2010（5）：23 - 25.

［6］邓建国. 媒体融合基础理论与前沿实践［M］. 上海：复旦大学出版社，2017.

［7］丁柏铨，王雄，董秦. 新闻舆论引导论［M］. 北京：中国社会科学出版社，2001.

［8］丁兆云，贾焰，周斌，等. 社交网络影响力研究综述［J］. 计算机科学，2014，41（1）：48 - 53.

［9］方滨兴. 在线社交网络分析［M］. 北京：电子工业出版社，2014.

［10］宫承波，李珊珊，田园. 重大突发事件中的网络舆论［M］. 北京：中国广播电视出版社，2012.

［11］古斯塔夫·勒庞. 乌合之众：大众心理研究［M］. 冯克利，译. 桂林：广西师范大学出版社，2007.

［12］郭庆光. 传播学教程（第 2 版）［M］. 北京：中国人民大学出版社，2011.

［13］国家互联网信息办公室. 中国互联网 20 年（网络安全篇）［M］. 北京：电子工业出版社，2014.

［14］韩运荣，喻国明. 舆论学原理、方法与应用［M］. 北京：中国传媒大学出版社，2013.

［15］何塞·范·迪克. 连接：社交媒体批评史［M］. 北京：中国人民大学出版社，2021.

［16］侯锷. 问政银川：互联网＋社会治理方法论［M］. 北京：国家行政学院出版社，

2015.

[17] 黄升民. 新媒体：从"去中心化"到"再中心化"［C］. 中欧国际工商学院. 2008年中国传媒产业高峰论坛论文集，2008.

[18] 基尔特·洛文克. 社交媒体深渊：批判的互联网文化与否定之力［M］.苏子滢，译 重庆：重庆大学出版社，2020.

[19] 姜胜洪. 网络谣言应对与舆情引导［M］. 北京：社会科学文献出版社，2013.

[20] 杰夫·豪. 众包：大众力量缘何推动商业未来［M］. 牛文静，译. 北京：中信出版社，2009.

[21] 凯斯·R. 桑斯坦. 极端的人群：群体行为的心理学［M］. 严宏毅，郭彬彬，译. 北京：新华出版社，2010.

[22] 凯特·艾科恩. 遗忘的尽头：与社交媒体一同成长［M］. 骆世查，译 成都：四川大学出版社，2023.

[23] 凯文·德里斯科尔. 猫世代：网络社交媒体简史［M］. 北京：原子能出版社，2023.

[24] 科尔曼. 算法导论（原书第 3 版）［M］. 北京：机械工业出版社 2013.

[25] 克莱·舍基. 未来是湿的：无组织的组织力量［M］. 胡泳，译. 北京：中国人民大学出版社，2009.

[26] 李彪. 舆情：山雨欲来——网络热点事件传播的空间结构和时间结构［M］. 北京：人民日报出版社，2011.

[27] 李卫东. 智能新媒体［M］. 北京：中国工信出版社，2021.

[28] 里卡尔多·法尔奇内利. 图像：从文艺复兴到社交媒体［M］. 狄佳，译. 贵阳：贵州人民出版社，2023.

[29] 林顿·C. 弗里曼. 社会网络分析发展史［M］. 张文宏，刘军，王卫东，译. 北京：中国人民大学出版社，2008.

[30] 林聚任. 社会网络分析：理论、方法与应用［M］. 北京：北京师范大学出版社，2009.

[31] 刘建明. 基础舆论学［M］. 北京：中国人民大学出版社，1988.

[32] 刘宁，赵宏宇，刘书斌，等. 智能搜索和推荐系统：原理、算法与应用［M］. 北京：机械工业出版社，2021.

[33] 刘鹏飞. 如何应对网络舆情［M］. 北京：新华出版社，2013.

[34] 刘强. 大数据时代的统计学思维［M］. 北京：水利水电出版社，2018.

[35] 刘晓春，李清逸. 欧盟《数字市场法》守门人制度解读与启示［J］. 中国对外贸易，2022（09）：35—37.

[36] 刘毅. 网络舆情研究概论［M］. 天津：天津人民出版社，2007.

[37] 罗家德. 复杂：信息时代的连接、机会与布局［M］. 北京：中信出版社，2017.

[38] 马西莫·莫鲁齐. 社交媒体十五问［M］. 胡思敏，译. 浙江出版集团数字传媒有限公司，2017.

[39] 马中红，陈霖. 无法忽视的另一种力量［M］. 北京：清华大学出版社，2015.

[40] 玛丽·吉科. 超链接：互联网、数字媒体和技术—社会生活［M］. 黄雅兰，译. 北京：清华大学出版社，2019.

[41] 孟小平. 揭示公共关系的奥秘——舆论学 [M]. 北京：中国新闻出版社，1989.

[42] 米歇尔·德鲁因. 数字化孤独：社交媒体时代的亲密关系 [M]. 北京：人民文学出版社，2023.

[43] 牛静. 社交媒体使用行为研究：互动、表达与表露 [M]. 北京：社会科学文献出版社，2019

[44] 帕维卡·谢尔顿. 社交媒体：原理与应用 [M]. 张振维，译. 上海：复旦大学出版社，2018

[45] 彭剑. 社会化媒体舆论传播及引导研究 [M]. 上海：上海三联书店，2016.

[46] 彭兰. 社会化媒体 [M]. 北京：中国人民大学出版社，2015.

[47] 蒲红果. 说什么怎么说：网络舆论引导与舆情应对 [M]. 北京：新华出版社，2013.

[48] 乔·费德勒. 模因机器：为什么社交媒体如此有吸引力 [M]. 北京：原子能出版社，2024.

[49] 舍恩伯格. 大数据时代 [M]. 杭州：浙江人民出版社，2013.

[50] 斯图尔特·罗素. 人工智能：现代方法（第 4 版）（上下册）[M]. 北京：人民邮电出版社，2022.

[51] 谭旭，庄穆妮，梁俊威，等. 社交媒体大数据智能情感分析技术 [M]. 北京：清华大学出版社，2023.

[52] 汤姆·斯丹迪奇. 从莎草纸到互联网：社交媒体 2000 年 [M]. 林华，译. 北京：中信出版社，2015.

[53] 王雄. 新闻舆论研究 [M]. 北京：新华出版社，2002.

[54] 王喆. 社交媒体新世代的互动传播 [M]. 北京：科学出版社，2018.

[55] 吴军. 智能时代 [M]. 北京：中信出版社，2020.

[56] 吴联仁，闫强，易兰丽. 社交媒体用户行为动力学研究 [M]. 北京：旅游教育出版社，2015.

[57] 西摩. 推特机器：为何我们无法摆脱社交媒体？[M]. 上海：上海文艺出版社，2022.

[58] 谢金文. 新闻媒介与社会 [M]. 北京：北京大学出版社，2015.

[59] 邢杰，赵国栋，徐远重，等. 元宇宙通证 [M]. 北京：中译出版社，2021.

[60] 徐威. 微信大号是如何炼成的："上海发布"政务微信运营手册 [M]. 上海：上海人民出版社，2015.

[61] 许小可. 社交网络上的计算传播学 [M]. 北京：高等教育出版社，2015.

[62] 燕道成. 群体性事件中的网络舆情研究 [M]. 北京：新华出版社，2013.

[63] 杨兴坤. 网络舆情研判与应对 [M]. 上海：上海三联书店，2013.

[64] 杨治良. 记忆心理学 [M]. 上海：华东师范大学出版社，2012.

[65] 叶皓. 突发事件的舆论引导 [M]. 南京：江苏人民出版社，2009.

[66] 伊恩·古德费洛，约书亚·本吉奥，亚伦·库维尔，等. 深度学习 人工智能算法 [M]. 北京：人民邮电出版社，2017.

[67] 于尔根·沃尔夫. 计算机与网络简史：从算盘到社交媒体的故事 [M]. 杭州：浙江人民出版社，2023.

［68］禹卫华. 从大众传播到社交媒体传播：经典传播理论模型的要素更新与边界拓展［J］. 中国出版，2023，（24）：25－33.

［69］禹卫华，廖佩伊. 社交媒体"刷屏"现象：从社群共振到影响因素［J］. 现代视听，2019（11）：6.

［70］禹卫华. 社交媒体舆论［M］. 上海：上海交通大学出版社，2020.

［71］禹卫华. 微博客舆情监测与主动引导机制报告［R］. 上海：上海交通大学，2018.

［72］禹卫华. 政务新媒体的模式创新［M］. 上海：上海交通大学出版社，2018.

［73］喻国明. 解构民意：一个舆论学者的实证研究［M］. 北京：华夏出版社，2001.

［74］约翰·R. 苏勒尔. 赛博人：数字时代我们如何思考、行动和社交［M］. 刘淑华，张海会，译. 北京：中信出版社，2018.

［75］曾鸣. 智能商业［M］. 北京：中信出版社，2018.

［76］曾润喜，张薇. 网络舆情学［M］. 北京：科学技术文献出版社，2014.

［77］张国良. 现代大众传播学［M］. 成都：四川人民出版社，1998.

［78］张国良. 传播学原理［M］. 上海：复旦大学出版社，2004.

［79］赵国栋，易欢欢，徐远重，等. 元宇宙和元宇宙通证［M］. 北京：中译出版社，2021.

［80］赵宏田. 用户画像：方法论与解决方案［M］. 北京：机械工业出版社，2020.

［81］赵云泽，张竞文，谢文静，等. "社会化媒体"还是"社交媒体"？——一组至关重要的概念的翻译和辨析［J］. 新闻记者，2015（6）：63－66.

［82］郑满宁. 共振与极化：社交网络的动员机制［M］. 北京：人民日报出版社，2016.

［83］朱冰尧. 微博舆论从"去中心化"向"再中心化"的转移［J］. 新闻战线，2014（3）：79－82.

［84］H. 哈肯. 信息与自组织：复杂系统的宏观方法（第2版）［M］. 本书翻译组，译. 成都：四川教育出版社，2010.

二、英文文献

［1］Andy Anderson. Social Media：How to Skyrocket Your Business Through Social Media Marketing! Master Facebook，Twitter，YouTube，Instagram，& LinkedIn［M］. Taschenbuch，2016.

［2］CarolynMae Kim. Social Media Campaigns：Strategies for Public Relations and Marketing［M］. Routledge，2016.

［3］Chen，M.，Yu，W.，& Cao，X. Experience Pandemic Fatigue? Social Media Use May Play a Role：Testing a Model of Pandemic Fatigue Development from a Social Media Perspective［J］. Health Communication，38（14），3346－3356.

［4］Christian Fuchs. Social Media：A Critical Introduction［M］. SAGE，2017.

［5］Guy Kawasaki，Peg Fitzpatrick. The Art of Social Media：Power Tips for Power Users［M］. Portfolio，2014.

［6］Jason McDonald. Social Media Marketing Workbook：How to Use Social Media for Business［M］. Taschenbuch，2017.

［7］Jeremy Harris Lipschultz. Social Media Communication：Concepts，Practices，

Data，Law and Ethics［M］. Routledge，2015.

［8］Jose van Dijck. The Culture of Connectivity a Critical History of Social Media［M］. Oxford University Press，2013

［9］Mari K Swingle. I Minds：How Cell Phones，Computers，Gaming，and Social Media Are Changing Our Brains，Our Behavior，and the Evolution of Our Species ［M］. New Society Publishers，2016.

三、网络资源

［1］Facebook.［EB/OL］.（2024 - 4 - 2）［2024 - 4 - 2］. https：//baike. baidu. com/item/Facebook/7449587? fr＝aladdin.

［2］WhatsApp 创始人：从领救济到身价 68 亿［EB/OL］.（2014 - 2 - 20）［2024 - 04 - 02］. http：//tech.163.com/14/0220/14/9LHIFTO3000915BF.html.

［3］WhatsApp 创始人曾领救济应聘脸谱网遭拒［EB/OL］.（2019 - 8 - 20）［2020 - 04 - 30］. http：//www. chinadaily. com.cn/hqzx/201402/20/content＿17294529.htm.

［4］X 官网（推特）［EB/OL］.（2024 - 4 - 2）［2024 - 4 - 2］. https：//www. twitter.com.

［5］抖音官网［EB/OL］.（2024 - 4 - 2）［2024 - 4 - 2］. https：//www.douyin.com.

［6］国家互联网信息办公室［EB/OL］.（2024 - 4 - 2）［2024 - 4 - 2］. https：//www.cac.gov.cn/wxzw/zcfg/A093703index＿1.htm.

［7］脸书官网［EB/OL］.（2024 - 4 - 2）［2024 - 4 - 2］. https：//www.facebook.com.

［8］群邑智库. 一个骨骼奇异的公司 LINE［EB/OL］.（2016 - 9 - 29）［2024 - 4 - 2］. https：//mp.weixin.qq.com/s/pjLJG7ZJgK4nehxUliOpsg.

［9］沈星佑. 微信八年：从 1. 0 到 7. 0 版本，一个通讯工具的进化史［EB/OL］.（2019 - 1 - 18）［2024 - 4 - 2］. https：//www.163. com/dy/article/E5QJAF ON05313SBC.html.

［10］挖数. 日本互联网行业为什么被中国"碾压"？［EB/OL］.（2019 - 9 - 17）［2024 - 4 - 2］. https：//ishare.ifeng.com/c/s/7q2JHd9COEi.

［11］微博官网［EB/OL］.（2024 - 4 - 2）［2024 - 4 - 2］. https：//www.weibo.com.

［12］微信 VSLINE，LINE 是如何火遍日本的？［EB/OL］.（2016 - 5 - 11）［2024 - 4 - 2］. https：//mp. weixin.qq.com/s/rq7mXzInZ7r90tEU2QT8g.

［13］微信官网［EB/OL］.（2024 - 4 - 2）［2024 - 4 - 2］. https：//weixin.qq.com.

［14］为喝上咖啡发明网络摄像头（图）［EB/OL］.（2013 - 12 - 5）［2020 - 4 - 30］. http：//news. sina.com.cn/w/p/20131205/014328888073.shtml.

［15］小红书官网［EB/OL］.（2024 - 4 - 2）［2024 - 4 - 2］. http：//www.xiaohongshu.com.

［16］知乎官网［EB/OL］.（2024 - 4 - 2）［2024 - 4 - 2］. https：//www.zhihu.com.

后　记

　　写完这本书已经是 2019 年国庆长假的最后一天了。如果从 2014 年秋天开设"社交媒体"这门课开始，屈指算来，花在这本书上的时间已经快 6 年了。这本书的草稿曾经摆在我工作台上、枕头上、办公桌上、咖啡桌上、飞机餐桌上、高铁座位上，算是形影不离的伙伴。

　　为了统稿完成这本书，我也曾独自前往莫干山一周，卧看山林竹海，听雨廊下后坞，只为静下心来，心无旁骛。粗略算一下，如果从第一版开始，此书已修改了不下 20 遍，打印的修订稿摆起来也有 1 米多高了吧，并不是写不出来，而是因为本书作为国内最早对社交媒体理论框架进行探索的成果之一，从章节到框定定义，都需要斟酌再斟酌，直到没有更好的选择，才最后落笔。

　　社交媒体是新闻传播学、社会学重要的研究领域，国内缺乏教材，国外的情况大致也是如此，而在实践层面的现实是社交媒体的发展已经超越了以前的学术研究框架，迫切需要有新框架支撑现在以及将来的研究，这样一本教材就显得格外重要。

　　如我在书中所说，事实上我国社交媒体的发展在很多层面已经走在了世界前列，因此，经过修订，向世界介绍中国经验的英文版也已经在计划中。

　　从想写这本书到基本上写完，个中辛苦我自有感受，写一本新书的代价就是作者必须顶住很多现有理论框架的压力及其他学者的质疑，建立新框架、新体系、新方法，独自开发出一个能够站得住脚研究框架。说实话，对于一个每年都有考核任务的高校教师而言，写一本新教科书，代价是巨大的，写一本新书的时间可以写很多篇论文。但就我而言，社交媒体是我所钟爱的领域，也是中国新闻传播学研究领域最有可能出现所谓本土化成果的地方。实际上，中国社交媒体的实践是有特色的，在一些领域是领先的，需要有人进行初步的总结，发挥抛砖引玉的作用。

行笔至此，要感谢的人很多，首先感谢恩师张国良教授，开启我传播学研究新领域。其次，感谢家人的支持，没有家人的支持这本书是写不完的，特别是太太数年来无条件地支持我写一本看似根本没有希望写完的书，令人感动。也要感谢上过我本科"社交媒体"课程及研究生"社交媒体"课程的同学，他们贡献了大量的资料与文献。还要感谢我带的研究生，多年来他们的研究几乎都是围绕着社交媒体在展开，有些研究成果已经体现在本书的部分章节中，比如陈琪君和陈璐的研究。最后感谢在写作过程中给过我意见和建议的各位专家，比如上海交通大学的李本乾老师、郭良文老师、阎峰老师，复旦大学的邓建国老师、南加州大学的克雷格（Craig）老师等。

写书不易，写本好书更不易，虽然完成了一本教材，但它还有很多不足，也恳请各位读者不吝赐教，让这本教材能够越来越好。

禹卫华

2019 年 10 月 7 日

于上海交通大学闵行校区

第二版后记

2020 年第一版付梓之后，出版社不断通知我，这本著作挺受欢迎，很多高校都采用了这一版教材，我突然有一种"教材可很多年不用改"的窃喜。然而，技术的变革是时代永恒主题。当我觉得可以歇一歇的时候，基于算法的社交媒体平台快速兴起，于是，从知识体系层面回应就成为应有之义。2022 年底，以生成式人工智能为代表的智能传播形态又突然涌现，刚刚修改完毕的文稿又要对此进行回应与增补。尽管技术变革都需要有所回应，但每一次回应又让教材更加丰富。

2022 年 9 月，在搜集了大量多学科资料之后，我只身驱车前往崇明岛，每天晚上在"月涌大江流"的瀛洲沿江跑步，归来，便在一家民宿的二楼"上弦月"独居一室，闭关写作。民宿周末满客，但周间常常只我一人，四周无声也很清净，虽心中苦闷，倒也可在困倦时移步下楼，或欣赏下窗外田园风景，或深夜数下点点繁星，由于我住得比较久，老板全家也都知道我是专门来写书的，不是来岛上度假的。

虽然使用电脑编辑更方便，但可能是阅读习惯的问题吧，我还是觉得只有打印出来才能阅读地更加深入。离岛之后，无论生活还是工作，只要有时间，我就把初稿打印出来修改一遍又一遍，交大闵行校区二餐边上的打印室小伙计从此也就认识了一位，经常来打印，但从来不装订的码字老师。

又到付梓之时，首先感谢获得国际传播学会 2024 年"费雪奖"的张国良老师，20 年来，张老师一直鼓励我坚持在创新层面持续探索。其次，感谢我的太太对写作的全力支持，每一次的闭关写作场所都是她"甄选"，还给我提供诸多社交媒体案例，并为最后的书稿校对。还要感谢黄强强副总编辑，社交媒体系列丛书从第一本到今天，就是源于我跟他在出版社咖啡厅的一次对话，从此定下来学科研究方向，社交媒体研究才枝繁叶茂。也要感谢学院彭大银书记和徐剑院长，这两年，彭书记每次遇到我都鼓励我围绕社交媒体方向做深做透，徐院长也给了多方面的大力支持，学院的单世联老师、葛言老师、郭良文老师、姚君喜老师、阎峰老师、牟怡老师、王大可老师、郗艺鹏老师等都给本书提供了宝贵建议。其他学院的马超老师（计算机视觉）、张伟楠老师（强化学习）以及吴湛微老师（交互设计）也都为本书提供了宝贵的交叉学科建议。我新近毕业的研究生的最新研究成果也都被纳入了相关章节。在此一并感谢。

禹卫华于上海

2024 年 7 月